余胜海 著

没有退路就是胜利之路

任正非

讲给华为人的 100 个故事

华中科技大学出版社
http://www.hustp.com
中国·武汉

图书在版编目(CIP)数据

任正非讲给华为人的 100 个故事:没有退路就是胜利之路/余胜海著. —武汉:华中科技大学出版社,2021.4
ISBN 978-7-5680-7009-6

Ⅰ.①任… Ⅱ.①余… Ⅲ.①任正非-生平事迹 ②通信企业-企业管理-经验-深圳 Ⅳ.①K825.38 ②F632.765.3

中国版本图书馆 CIP 数据核字(2021)第 045744 号

任正非讲给华为人的 100 个故事:没有退路就是胜利之路　　余胜海　著
Ren Zhengfei Jianggei Huaweiren de 100 ge Gushi:
Meiyou Tuilu Jiushi Shengli zhi Lu

| 策划编辑:亢博剑　孙　念
| 责任编辑:孙　念
| 封面设计:璞茜设计
| 责任校对:曾　婷
| 责任监印:朱　玢

出版发行:华中科技大学出版社(中国•武汉)　　电话:(027)81321913
　　　　　武汉市东湖新技术开发区华工科技园　　邮编:430223
录　　排:华中科技大学惠友文印中心
印　　刷:湖北新华印务有限公司
开　　本:710mm×1000mm　1/16
印　　张:23
字　　数:319 千字
版　　次:2021 年 4 月第 1 版第 1 次印刷
定　　价:55.00 元

本书若有印装质量问题,请向出版社营销中心调换
全国免费服务热线:400-6679-118　竭诚为您服务
版权所有　侵权必究

PREFACE 自序

小故事，大道理

但凡成功的领导者，都善于讲故事。华为公司创始人、总裁任正非不仅是一位伟大的企业家和商业思想家，还是一位讲故事的高手。30多年来，他给华为的员工讲了很多个故事，在华为广为流传。

任正非很少公开演讲，他的言论主要见于华为内部讲话或接受媒体访谈，其讲话中经常穿插一些小故事。这些故事生动朴实，寓意深刻，通俗易懂，幽默风趣，发人深省，非常有感染力，让华为人听得热血沸腾，不知不觉产生共鸣。

任正非喜欢看书，学识渊博，善于总结提炼，能够把枯燥无味的事物讲得妙趣横生；把尽人皆知的事情讲得新颖别致，耐人寻味；还能把复杂的大道理用简单直白的几句话讲透，做到大道至简，让人心悦诚服。

讲管理理念很容易流于空洞，让听者乏味。但任正非通过寓言、哲理、典故、见闻和形象的比喻巧妙地解决了这个问题，这就是他的高明之处。如力出一孔、扁鹊大哥、狼狈组织等故事，大家都能从这些生动、具象的故事中得到启发。

在创业初期，任正非经常把外国的电信巨头比作大象，把华为比作老鼠；把竞争对手比喻为狮子，把华为比喻为"土狼"，并号召华为员工以100

比 1 的兵力蚕食狮子的边缘战场,直至腹心,使狮子的优势变得越来越微弱。经过 30 多年发展,昔日的老鼠已变成狮子,当时的那些大象,有的已经倒下。其实,任正非在那时就给员工种下了华为精神的种子。

行伍出身的任正非喜欢讲战争故事,用军事术语描述商业运作。如一线炮火、红军蓝军、少将连长、伊尔-2 战机、班长的战争等等,他讲得激情投入,员工们听得热血沸腾,从而引发代入感,听完之后,工作一天的劳累也烟消云散了。再加上故事生动有趣,振奋人心,而且易记,因此深受华为人的欢迎。

实际上,每一个军事术语,都代表着任正非在管理中对组织、对哲学、对人才、对战略的独家解读。在华为人的反复提及和讨论中,这些故事帮助他们达成了共识,最终成为华为独特的管理文化。

任正非讲故事颇具幽默感,这往往让故事变得更有趣,更能引人入胜,激发员工斗志。在 20 世纪 90 年代中期,任正非在员工大会上问道:"你们知道,2000 年之后华为最大的问题是什么吗?"大家异口同声地回答:"不知道。"任正非告诉大家:"是钱多得不知道如何花。"(会场上一片大笑。)他不动声色地接着说:"深圳空气很潮湿,你们买房子的时候,客厅和卧室可以小一点,但是阳台一定要大一点,天气好的时候,别忘了经常在阳台上晒晒钱,否则你的钱就发霉了。"当员工们听到老板给他们描绘的整天"晒钱"的生活场景,大家都欢欣鼓舞,干劲冲天。这就是故事的力量。由于任正非采用了极其幽默的方式,这个故事一直流传至今。

讲故事是传播企业文化、价值观,激发员工斗志,开拓员工眼界,提升员工思想境界最有效的手段之一。作为华为人的精神领袖,任正非经常向员工传递公司的价值观和公司愿景,并引领他们朝着目标迈进。

特别是在华为创立之初,任正非经常给员工讲故事、讲未来,慷慨激昂地向员工传递他的理想,向员工描绘华为未来会变成什么样子。

1994 年,任正非说出了令人震撼的十年狂想:"十年之后,世界通信市场三分天下,华为必有其一!"当时,华为还十分弱小,很多人都觉得他是痴人说梦。谁也没有料到,任正非把自己的愿景变成了现实。2004年,华为成为国际通信设备行业三巨头之一。2017年,华为超越爱立信,成为全球最大的通信设备厂商,实现了从追赶到超越,三分天下,华为独大。

2019年5月,美国将华为列入"出口管制实体清单",禁止华为从美国公司购买技术和零部件。一年后,美国又使出终极"撒手锏",切断华为全球所有芯片来源。

在至暗时刻,一向低调的任正非频繁接受中外媒体采访,回应外界关切,大讲华为的故事,从容淡定,谈笑风生。从历史到现实,从国家到个人,从科技到生活,他侃侃而谈,让全世界看到中国企业和企业家坚强与豁达的一面,也让人感受到改革开放40多年浸润下一位中国企业家的豪情、智慧与修养。

其实,华为的遭遇,是非曲直,中国人自己最清楚。相信世界上绝大多数不带偏见的人,心中也自有一杆秤。

给人印象深刻的是,任正非在接受采访时,将处于极度困难时的华为比作二战期间的一架伊尔-2战机,"被打得像筛子一样……依然坚持飞行,终于安全返回"。任正非告诉员工,"没有伤痕累累,哪来皮糙肉厚。自古英雄多磨难。回头看,崎岖坎坷;向前看,永不言弃"。并引用美军马丁·邓普西上将说的话来激励华为人:"要让打胜仗的思想成为一种信仰,没有退路就是胜利之路!"这个故事并不复杂,却把华为人永不屈服的决心和坚强斗志表述得淋漓尽致,向全世界传递出华为人的心声和向死而生的雄心壮志!

华为遭遇如此不公、受打压如此暴烈,连任正非的家人都受到牵连,但任正非并没有气急败坏,没有怨天尤人,一再表示华为"要虚心向美国学习","愿意采购美国芯片"。这更加彰显了这位当代中国企业家的胸怀与格局,增强了世界对华为的信心,赢得了世界大多数合作伙伴的信任和支持。

在美国步步紧逼之下,缺少芯片的华为于2020年11月出售了荣耀,通过这种方式让荣耀渠道和供应商得以持续生存,这是华为断臂求生的自救之举。任正非在送别荣耀时表示,希望新荣耀"做华为全球最强的竞争对手,超越华为,甚至可以喊打倒华为"。他的胸怀、格局令无数人发自内心地敬佩,而他在出售荣耀后的送别会上的讲话,堪称中国商界2020年度最强音!这是近几年来我看到的中国企业家最好的演讲之一。

小故事,大道理。任正非把讲故事当作给华为人"赋能"的一种独特方式。一个个生动的故事,用鲜活的生命力,撞醒、激发、创造着华为人的生命,他们"力出一孔,利出一孔",把华为推上了让竞争对手难以企及的高度。

每个人都爱听故事,讲故事胜过讲道理。任正非告诉我们,讲故事也是一种领导力。所以,管理者要学会讲故事,讲好故事,好故事胜过百万雄师。

本书精选了任正非讲的100个经典故事,这些故事深入浅出,可读性强,浓缩了任正非的商业思想、管理哲学、人生智慧的精华。学习华为,从品读任正非讲的故事开始,相信这100个故事定会让您受益无穷,开启您的智慧人生,助您成就一番事业!

目录

第一部分　苦难与坚守 / 1

玉米饼 / 2

半夜扒火车回家看望父母 / 4

难忘的军旅生涯 / 6

被国企"炒鱿鱼" / 10

"逼上梁山" / 12

"七国八制"时代 / 17

差点卖掉华为 / 21

请不要神话我 / 23

芭蕾脚 / 27

第二部分　梦想与使命 / 31

"巨大中华"的兴衰 / 32

三分天下有其一 / 37

中华有为 / 41

研发不成功就跳楼 / 44

"我深深爱上了贝尔实验室" / 47

拒绝机会主义 / 52

用大阳台晒钱 / 57

不上市 / 59

全营一杆枪 / 62

给母校起校训 / 65

"傻"出来的世界第一 / 69

"南泥湾计划" / 72

第三部分　机制与管理 / 75

抓住人的五层欲望 / 76

"铁三角"模式 / 85

扁鹊大哥 / 90

狼狈组织 / 93

一线炮火 / 95

干部"之"字形成长 / 97

花 40 亿人民币拜 IBM 为师 / 99

"削足适履" / 103

深淘滩，低作堰 / 108

抬石头修教堂 / 111

拧麻绳 / 113

眼镜蛇的特质 / 116

是轮值制度救了我们 / 118

少将连长 / 122

不拉马的士兵 / 125

歪瓜裂枣 / 127

分粥 / 130

无为而治 / 133

第四部分　常识与真理 / 137

为客户而存在 / 138

把豆腐磨好 / 143

华为美如林志玲 / 145

不赚大钱 / 148

"他又不是我的客户" / 151

"知本主义" / 153

力出一孔,利出一孔 / 156

第五部分　精神与文化 / 159

板凳要坐十年冷 / 160

不让雷锋吃亏 / 162

我最欣赏两个人 / 167

烧不死的鸟是凤凰 / 170

不眠的硅谷 / 174

丹柯精神 / 177

"我还很年轻" / 179

蓬生麻中,不扶自直 / 182

华为是一只"大乌龟" / 184

从零起飞奖 / 186

不畏艰难 / 189

第六部分　战略与格局 / 193

我的导师就是毛泽东 / 194

农村包围城市 / 200

"东方快车计划" / 203

"东方丝绸之路" / 209

红军与蓝军 / 212

在有凤的地方筑巢 / 217

老鼠与大象 / 220

鲜花插在牛粪上 / 223
班长的战争 / 225
"天才少年计划" / 229
华为不造车 / 231
造芯片光砸钱不行 / 234
不做企业明星 / 240
一杯咖啡吸收宇宙能量 / 243
不要煽动民族情绪 / 246
送别荣耀 / 248
"我不记恨美国" / 252

第七部分　自省与进步 / 255

自我批判是个宝 / 256
北国之春 / 261
不做"黑寡妇" / 268
华为的冬天 / 271
个人是渺小的 / 275
不当鸵鸟 / 277
"泰坦尼克"号 / 281
"瓦萨"号战舰 / 283
"无人区"的迷茫 / 286
常怀"空杯心态" / 290

第八部分　哲思与洞见 / 295

一桶糨糊 / 296
有舍才有得 / 298
静水潜流 / 301
非洲尖毛草 / 303

不做"完人" / 306
我是个"宅男" / 310
华为之熵 / 316
灰度 / 320

第九部分　铁骨与柔情 / 325
向死而生 / 326
投降没有出路 / 330
伊尔-2 战斗机 / 332
星光不问赶路人 / 336
请客吃饭,上级买单 / 339
"我一生中最大的憾事" / 341
悼念杨琳 / 343
"我对不起女儿" / 346

后记 / 352

Chapter 1

第一部分

苦难与坚守

玉米饼

任正非 1944 年 10 月 25 日出生于贵州省镇宁县，他的父母在一个偏远贫困的山区任教，生活条件异常困苦，任正非兄妹七个，他排行老大。

那时，一家九个人，全靠父母微薄的工资来生活，有时候连孩子几块钱的学费都交不起，经常要到处向人借钱。即使在这样的环境下，任正非的父母依然坚持让孩子们都上学读书，没有让他们放弃学业。

在任正非的心底，20 世纪五六十年代留给他的印象最深刻的画面，是每天早上母亲塞在他手中的一块玉米饼，而这是"从父母与弟妹的口中抠出来的"。2001 年 2 月，任正非在《我的父亲母亲》一文中写道：

我的青少年时期是在极度贫困中度过的。我在 19 岁之前没穿过一件新衣服，直到高中毕业从没有穿过衬衣。直到上大学时，妈妈给我做了两件衬衣，我当时拿着新衬衣，真想哭。因为，我知道我有了衬衣，弟妹们就会更难了。因为上学的孩子多，每到新学期母亲就开始为子女的学费发愁，经常要到处向人借钱。

在那个物质极度缺乏的特殊年代，最让人难忘、难以忍受的就是饥饿了。我从小到大，最深的记忆就是吃不饱，我最大的梦想是能吃一个白面馒头。

虽然为饥饿所折磨，作为长子的我不敢随便动家里的存粮，因为我知道父母也一起挨饿,而且还要留给弟妹们吃。

在高三那年,母亲经常早上额外塞给我一个小小的玉米饼,支撑我上学读书。

1963年,我考上了重庆建筑工程学院(现合并为重庆大学),但此时家里的经济状况更加捉襟见肘,弟妹的处境也更加艰难。母亲竭尽全力为我准备了两件衬衣和一条拼接起来的被单,陪伴我度过了四年艰苦的大学生活。

其他弟妹有些高中、初中、高小、初小都没读完,他们后来适应人生的技能,都是自学来的。

任正非时常想起这段往事,感慨地说:"我能考上大学,小玉米饼的功劳巨大,这个小小的玉米饼是从父母与弟妹的口中抠出来的,我无以报答他们。如果不是这样,也许我创办不了华为这样的公司,社会上可能会多一名养猪能手,或街边多一名能工巧匠而已。现在回顾来看,艰苦的生活以及心灵的磨难是我人生的一种宝贵财富。"

【故事点评】

任正非的青少年时期是在极度贫困中度过的,从小到大,他最刻骨铭心的记忆就是吃不饱,最大的梦想是能吃一个白面馒头。饥饿贫寒的经历让任正非养成了不自私、不贪婪的品性,让他常怀感恩之心,并时刻保持艰苦朴素的生活习惯。而这些基因,都是他从父母那里传承下来的。家庭对他的性格形成产生了极大的影响,有理由相信:任正非身上的企业家特质主要是在苦难的生活经历中塑造的,而这些特质必然会深刻地影响任正非,让他明白"活下去"的重要意义。

半夜扒火车回家看望父母

1963年,19岁的任正非考上了重庆建筑工程学院。三年后,"文化大革命"开始了,诸多领域的工作都陷于停滞,有的地方甚至出现"武斗"。在"文革"时期,任正非的父亲任摩逊(中学校长)被关进了牛棚,受尽了折磨,甚至想自杀。

任正非在《我的父亲母亲》《我的青春岁月》中讲述了他在重庆读大三的时候,因为担心父亲,在半夜偷偷扒火车回家看望父母的故事。

1967年,在重庆"武斗"很激烈的时候,我担心父亲,晚上扒火车从重庆回到贵州看望父母。因为没有来得及买票,在火车上遭到红卫兵的毒打。

我说补票,被红卫兵严词拒绝,几个人上去硬是把我推下火车。下车后又挨了车站工作人员的一顿打。

没办法,我只好步行十几里路回家,回到家里已经是三更半夜了。父母见我回来了,来不及心疼,就催促我明日一大早回学校。因为父母怕人知道,受牵连,影响我的前途。

第二天一早我就走了,又回到重庆。

临走时,父亲把他的一双旧皮鞋送给我穿,并嘱咐道:"记住知识就是力量,别人不学,你要学,不要随大流。""学而优则仕是几千年证明了的真理。""以后有能力要帮助弟妹。"

背负着这种嘱托,任正非坚持把电子计算机、数字技术、自动控制等课程自学完,还将樊映川的高等数学习题集从头到尾做了两遍,学习了逻辑、哲学。他还自学了三门外语,当时已到可以阅读大学英语课本的程度。

由于受"文化大革命"的影响,家里的孩子只有任正非坚持读完了大学,他的弟妹有的连高中都没读完,就辍学了。后来,他们为了适应社会,都是自学成才。任正非认为:"现在来看,物质的艰苦生活以及心灵的磨难,是我们人生的一种成熟的机会。"

任正非回忆说:"我当年穿走爸爸的皮鞋,没念及爸爸那时是做苦工的,泥里水里,冰冷潮湿,他更需要鞋子。现在回忆起来,感觉自己太自私了。"

【故事点评】

一个人的青春岁月是他一生中最宝贵的记忆。任正非大学期间刻苦学习,因为他背负着父母的期望,深知知识就是力量,知识改变命运!如果说贫苦的童年生活塑造了任正非的品格,那么青年时期的大学学习经历,则奠定了他的战略思维,其中的发展轨迹非常清晰。如,任正非创办华为后非常尊重人才,在华为推行"知本主义",不断激活华为人及企业组织的内在活力等。

难忘的军旅生涯

1968年,任正非大学毕业后在一家建筑工程单位任工程师。1974年任正非应征入伍,成为基建工程兵。

任正非之所以选择当兵,是因他认为"那时当兵比作为普通老百姓的机会多一些,就积极想去当兵,觉得当兵是一种光荣"。

任正非所在的部队是成立于1966年的基建工程兵部队,也是解放军体系中新成长起来的一个新兵种。周恩来总理曾勉励这个崭新的兵种:"能工能战,能文能武,以工为主。"

任正非入伍后很快就参与了一项大规模的军事工程建设任务,这项工程的代号叫作"011"。

任正非入伍后不久,正值西南地区的战略地位凸显,国家领导人意识到在西南地区兴建一座大型兵工厂来增强新时期的国防实力刻不容缓,因此组织决定从基建工程兵部队中挑选一批精兵强将去完成这项艰巨而光荣的任务。

能参加这次任务,任正非感到非常高兴。因为,这项任务是要在贵州安顺地区兴建军用飞机和航空发动机制造厂,这里是他的家乡,他有机会请假回家看望父母和弟弟妹妹们。

后来,部队派有文化、又懂一点技术的任正非参与辽阳化纤总厂工程的建设任务。

2001年2月,任正非在《华为人》报上公开讲述了自己这段艰苦的军旅经历。

当时中央希望要让中国每个人每年都能穿上一套新衣服,就从法国引进了世界最先进的化纤设备,兴建了一个大型的化纤厂。这个化纤厂在辽阳太子河边上,生活条件非常艰苦。

部队进入施工现场时,数十平方公里的现场,没有一间房屋,部队全部都睡在草地上,当时是七八月份。后来工厂拨款建了大批的土坯房,漏风、漏水。那段时间我的体会:一是,接触了世界最先进的技术;二是,吃着世界上最大的苦。当时法国生产的化纤设备,自动控制水平非常高,至少当时全中国还没有这么先进的工厂,这是我第一次知道了什么叫世界先进技术,还学会了吃苦。我们住的这种土坯房,既不抗冻,也不防风,最低温度可以达到零下28摄氏度。当时中国处于极度困难时期,肉和油的供应极少,主要食物是很难吃的杂交高粱。我们一边学习最先进的技术,一边过着最原始的生活,这就是那段时间的经历,用一个词总结,就是"冰火两重天"。但那段时间,我过得很快乐。那时在其他地方读书太多是要受批判的,唯有在这个工厂还可以看书,因为不学习就搞不懂这些现代化设备。

值得一提的是,任正非在特别简陋的科研环境下,取得了多项成果,其中他的两项发明还填补了国家相关领域的空白。

1977年10月14日《文汇报》报道了任正非成功研制我国第一台空气压力天平的新闻,任正非至今仍保留着这份已经变黄的报纸。下面我们来重温这则刊登于40多年前的报道:

解放军基建工程兵某部青年技术员任正非在仪表班战士的配合下,研制成功我国第一台高精度计量标准仪器——空气压力天平,为我国仪表工业填补了一项空白。经国家有关计量部门鉴定,仪器设计方案正确,精度、灵敏度好。

空气压力天平是一种用来检验高精度仪表的仪器。过去我国的仪表工厂、仪表使用单位和检验部门检验仪表压力、流量、液面等，使用的是标准双管活塞压力计和充水、充汞单管压力计。空气压力天平与双管活塞压力计和充水、充汞压力计相比，不仅精度高，而且体积小，重量轻，用途广泛，操作方便，而且对于消除汞害、改善工作条件也有很大的好处。这种仪表是最近几年刚出现的，目前世界上只有几个工业发达的国家能制造。

由于贡献突出，1978 年 3 月，任正非还出席了全国科学大会，成为 6000 名代表中最年轻的一个，同时也是军队代表中少有的党外人士。

任正非出席全国科学大会回到部队后，上级动员他入党，于是他积极入党，并享受技术副团级待遇。最让他高兴的是，在部队党委的直接关怀下，他的父亲任摩逊也平反了，并担任当地重点中学的校长。

任正非回忆说："我在入党前，兵部指派一个叫许国泰的记者来考察我。他调查完后给我们师政委汇报。他在调查我的时候，叫我跟他出去散步，我说先换个衣服。他跟着到了我的卧室，我在床下找袜子，闻闻哪个衣服袜子不臭就穿哪个，男孩都比较懒，换了衣服袜子就扔在地上。他看见我这么尽心地钻研技术，就告诉师政委他愿意做我的入党介绍人，师政委也说愿意做我的入党介绍人。就这样，我加入了共产党，走进时代的潮流。30 多年以后，我再次遇到许国泰，他才告诉我当年他代表组织去调查我个人的历史和表现时的情况。"

1982 年，任正非出席了中国共产党第十二次全国代表大会。任正非的父亲把儿子与党中央领导合影的照片，做了一个大大的镜框，挂在墙上，全家人都引以为荣。

任正非在大学期间主攻技术专业，而那时军队中最缺的就是技术人才，他因此而成为基础工程兵中的佼佼者。

1983 年，国家整建制撤销基建工程兵，任正非以副团级技术干部身份从部队转业（无军衔）。十年的军旅生活，任正非认为是自己最美好的人生阶段,他对这支部队充满深厚的感情。

任正非坦言:"那时的梦想,就是希望在改革开放大裁军之前,能够得到一个中校军衔再退伍,可惜没有实现。所以一直到现在,我都是一个没有获得军衔的退伍军人。"

【故事点评】

十年艰苦的军旅生涯虽然并没有给任正非带来多少物质利益和直接的事业帮助,却深深地影响了他的人生信念,并锻造了他钢铁般的意志和脚踏实地、雷厉风行、吃苦耐劳的工作作风,培养了他淡泊名利、宠辱不惊的心理素质。在部队坚持学习还让任正非成为优秀的技术干部,十年青春换来了最深厚的人生积淀,如果没有这十年的军旅生涯,也许就没有今天的华为教父。

作为一个当过兵的人,任正非身上时时体现出军人所特有的风格和气质。他在华为实行半军事化管理,让华为取得了辉煌成就。也可以说任正非的这种行事风格和务实的工作作风深深影响着华为,给华为带来了非同一般的管理思想和经营理念,练就了一支能打硬仗、战无不胜的华为铁军。

被国企"炒鱿鱼"

1983年,任正非从部队转业到深圳南海石油集团公司所属的电子分公司担任副总经理,主要是做贸易。

刚转业的任正非一腔抱负,本想在这个岗位上大干一场,继续为国家做贡献。但商场和部队完全不同,任正非为人老实、厚道,在部队里面摸爬滚打已久的他一时之间适应不了尔虞我诈的商场,后来,任正非在一笔生意中被人坑了,公司200多万元货款收不回来,他因此被国企"炒了鱿鱼"。

损失200万元货款,在20世纪80年代可是一笔巨款啊!那时候,全国人均月工资不到100元。

2019年,任正非在接受媒体采访时说过事情的经过。

那个时候有一家公司的副经理对我说,他可以凭关系买到电视机。我说好啊,那我们就去买,当时二话没说就把200万元货款付给了人家。但后来,我们去找他提货时,他却说:"没有电视机。"

当时,我听到此话就蒙了!

我到他的公司查看,发现什么都没有,就是个典型的"皮包"公司。然后我就去追要这笔货款。当时追要这笔货款的过程很痛苦,我们的上级并不认同我们,觉得我们乱搞,就是不给钱请律师打官司,没有办法,我只好自己去追讨,要了几次都无功而返,就这样被公司除名了。

当时，为了保住这份工作，任正非还向公司领导写了保证书，还表示不要工资，一定把 200 万元货款追回来，但是公司领导坚决要炒他的"鱿鱼"。万般无奈之下，任正非只好被迫离开了公司，成了一名无业人员，还背负了 200 万元的债务。这让他一下子跌入了人生的谷底。

回想起当初上当受骗、被国企除名的经历，任正非说："南海石油踹了我一脚，当时我充满了怨恨，现在却充满了感激。如果一直在那里混下去，现在我可能只是国企的一名普通职员。"

【故事点评】

几乎每个成功者的背后，都有一段不堪回首的坎坷经历。任正非被国企"炒鱿鱼"却因祸得福，后来创建了华为。就这样，深圳少了一个国企干部，中国多了一个高科技企业的教父。其实，任正非是一个有着强烈社会责任心的企业家，他的人生境遇跌宕起伏，但他始终不屈不挠，终于成就一番事业。他以自己的个性、智慧、毅力，在中国企业发展史上创造出傲人的业绩，也为世界信息与通信和智能终端的发展做出了不可磨灭的贡献。

"逼上梁山"

人们都说任正非现在很伟大,很了不起,但是可能不知道任正非当时是被生活所迫,逼上了"梁山",才创建了华为公司。

任正非创立华为,起步的生意是代理电信设备,通俗地说,就是"二道贩子"。这个"二道贩子",当时在林立的大象般的世界大公司面前,无疑就像一只不起眼的蚂蚁。虽然不知未来道路如何,但那时的任正非依然豪气满怀地说出了一句话:"华为要成为世界级的电信制造企业。"

2017年1月22日,华为创始人、总裁任正非在达沃斯论坛上与BBC主持人对谈,讲述了自己的创业经历。

我被南海石油开除公职后,背着一身的债务,家庭的重担全都落在我的肩上,我的身体查出患有严重的疾病,去找工作,跑了几家公司去应聘,都没人要。

我失去了经济来源,和父母租住在十几平方米的小屋里。阳台当成了厨房,生活陷入窘境。为了省钱,我的母亲通常在菜市场收档时,捡一些别人扔掉的菜叶、买便宜的死鱼来维持最基本的生活。

在这样极度困难的情况下,我面临着"活下去"的紧迫问题,于是创业成了我"逼上梁山"的选择。

1987年,朋友介绍我做程控交换机代理销售生意,但是当时在深圳成立一家公司需要注册资金20000元,我从部队转业时总共领了3000元转业费,没有钱,我只好去集资。

于是,我就找了5个合伙人,凑了21000元,在深圳的一间简陋的民宅里创办了深圳市华为技术有限公司。公司成立之初,主要业务是代理销售香港鸿年公司的模拟交换机,以赚取差价。

1987年,华为公司诞生地

为什么当时华为的注册资金只有21000元?股东为6个人呢?

任正非解释说,这主要有两个原因。

第一,深圳当时要求公司的注册资本不能低于20000元人民币;第二,要求技术类公司至少有6名股东。

当时深圳市政府下发了一个"1987年18号文件",目的就是要发展民营高科技企业。但是这个文件要求科技公司的注册资本不能低于20000元人民币,要有6名股东。华为公司的21000元注册资金和6个股东都是任正非凑出来的。

2019年5月20日,任正非在接受德国电视台采访时说:"华为公司创立时的6个股东其实有几人只是顶了一个名,没有出钱。如果当时政府给

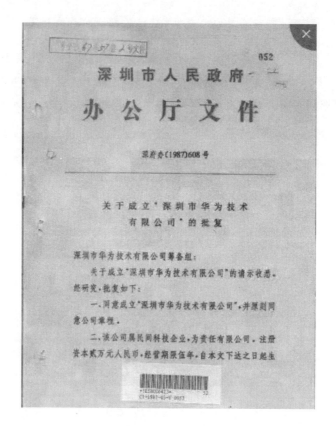

1987年深圳市政府关于成立华为技术有限公司的批复

我一个小官做,也许我就不会创业了,走从政之路,也许做到一个处长就退休回家钓鱼。'逼上梁山'以后,只好走创业经商之路,毕竟我只有这么点钱。"

公司成立后,由于任正非把利润压得很低,生意做得非常好,市场占有率越来越大,但是在华为运转得很好的时候,突然遭到了供应商的断货。被逼无奈之下,华为被迫自己研发、生产交换机。

1987年,我国的局用电话交换机总数量只有405万门,电话用户不到200万户,电话普及率仅为0.38%,世界排名在120名之后,低于非洲的平均水平。当时,装一部电话是奢侈行为,只有少数人家才能享受这种便利,而此时距美国人亚历山大·贝尔发明电话已经过去 100 多年,通信设施的极端落后,已经成为阻碍国民经济大发展的几大瓶颈之一。大规模、快节奏地推进通信设施建设,在当时的中国成为一项最紧迫的战略任务。然而,在当时的通信产业领域,中国却是一片空白,没有一家稍微像样的电信设备企业。在这种背景下,才有了后来的"以市场换技术"的重大决策。此时,全球范围兴起了一场信息技术革命。中国在通信领域的率先开放,既推动了我国通信设施的建设步伐,又实现了与世界信息技术发展潮流的对接。可以说,我国通信行业前景非常广阔,这正是任正非毅然决然选择自己研发程控交换机的原因。

任正非回忆说:"创办华为的前几年是在十分艰难困苦的条件下起步的。由于请不起搬运工,拉货的汽车到了,我们每个人都像搬运工一样,扛木箱卸货到仓库,客人要货时,我们再去装货。这个时期我的父母、侄子与我住在一间十几平方米的小房里,在阳台上做饭。他们处处为我担心,生活也十分节省。我听妹妹讲,母亲去世前两个月,还与妹妹说,她存有几万元,以后留着救哥哥,他总不会永远都好。母亲在被车撞时,她身上只带了几十元钱,又未带任何证件,是作为无名氏被抢救的。中午吃饭时,妹妹、妹夫发现她未回来,四处寻找,才知道她遇车祸。可怜天下父母心,一个母亲的心多纯。当时在广东买鱼虾,鱼虾死后就十分便宜,父母专门买死鱼、死虾吃,说这比内地买的还新鲜呢!晚上出去买菜和西瓜,因为便宜一些。我也无暇顾及他们的生活,以致母亲糖尿病严重我还不知道,是邻居告诉我的。

"华为有了规模后,管理转换的压力十分巨大,我不仅照顾不了父母,而且连自己也照顾不了,我的身体也是在那一段时间累垮的。我父母这时才去昆明我妹妹处定居。我也因此理解了要奋斗就会有牺牲。华为的成功,使我失去了孝敬父母的机会与责任,也牺牲了自己的健康。"

谈起自己白手起家的创业经历,任正非曾感慨地说:"我 44 岁创业是

'逼上梁山',是因为活不下去了,不得不找条活路。其实,当初创业没有我们想象的这么浪漫,也没有那么精彩,更没有什么大理想,就是为了家人过上好生活。"

【故事点评】

初入商海的任正非因缺乏经验,导致200万元货款无法收回,最终丢掉工作,还背负了一身债务。就这样,时年44岁的他失去了收入来源,在遍地都是年轻人的深圳一时无法找到合适的工作,生活也随之陷入困境。他的母亲不得不经常去菜市场买死掉的鱼虾、捡拾烂菜叶回来做饭。万般无奈之下,任正非不得不走上自主创业之路。

艰难困苦,玉汝于成。任正非历经苦难的少年时代,千锤百炼的从军时光,被国企"炒鱿鱼"的坎坷经历,最终才大器晚成,开启了华为创业之路。这些对任正非而言都是人生最宝贵的财富,让任正非在阅尽人生百味后,吹尽黄沙始到金,最终成就了千亿级营收规模的华为商业帝国。

"七国八制"时代

开放,必定伴随着阵痛。曾几何时,世界跨国通信公司大举进入中国市场,价格高,服务差,甚至无服务。今天程控交换机每线价格10美元左右,而当年每线的价格为500美元,是现今价格的整整50倍,而且还不能及时交付产品。

20世纪80年代,中国的通信依靠固定电话,是程控交换机的时代。作为改革开放率先开放的市场之一,中国通信市场需求旺盛,国内冒出了400多家通信设备厂家,企业实力都非常弱小,无法与外国厂商抗衡。

当时,中国电信基础网络当中,从农话到国家骨干电话网络通信设备都是依赖进口,通信设备的关键核心技术都掌控在美国、德国及日本等发达国家之手,中国通信市场100%由外国公司占有。

有人做过统计,这些动用巨量外汇购入的昂贵设备分别是来自七个国家和八种制式的机型,故称"七国八制"。据说,在北京,几乎可以找到全部八种制式的机型。2019年10月22日,任正非接受欧洲新闻台采访时讲述了"七国八制"的由来。

所谓"七国八制"就是包括瑞典的爱立信、芬兰的诺基亚、法国的阿尔卡特、德国的西门子、美国的朗讯、加拿大的北电、日本的NEC和富士通。这么多国家,这么多制式,但都是适合城市使用的大型交换机,不适合农村的通信需求，规模太大，农村也承担不了这么高的成本。

任正非接受欧洲新闻台采访

跨国巨头们以傲慢的姿态，在中国市场上高价出售产品的同时，也享受着市场征服者的胜利的快感。

它们的通信设备不但价格昂贵，而且由于制式不同，电话经常掉线，给普通消费者的使用带来极大的不便。

当时中国农村通信市场刚刚启动，正好有缝隙和空间，我们华为从40门交换机起步，做到100门，做到200门，再做到2000门，然后开始做一些大型的程控交换机，能满足一些乡镇基层的使用需求，我们是这样一步步往上走起来的。

当时七个国家、八种制式，在中国的电信"地图"上涂满了各种"颜色"，全国交换机"版图"都被国外交换机厂商瓜分完毕。而这些来自不同国家和制式的交换机，凭借各自的技术壁垒，不仅使单用户价格高、软件升级以及售后维护服务费高，而且彼此之间技术互不相通，一度造成了中国通信市场的混乱，并为此让中国电信运营商付出了昂贵的成本。这个局面一直持续到1994年。

今天，五六十岁的人应该记忆犹新，在20世纪八九十年代，家里能装一部电话机是何等的有身份，因为仅装一部固定电话就需要几千元甚至上万元。当时所有通信设备全靠进口,再加上高昂的安装成本和通信资费,拥有一部家庭固定电话是一件非常奢侈的事情。而且,有钱还不一定能装上,需要送礼、托关系、批条子。剩下的,就是等,少则一个月,多则等半年才能装上电话。

任正非认识到,随着国家经济建设高潮的到来,大规模发展通信基础设施将是大势所趋。但国外技术的垄断和设备高昂的价格,成为经济发展最大的"拦路虎"。他很快做了一个决定:与其做代理,不如自己研发产品。

通信圈中的人都非常清楚这个行业的风险性,所以很多人不理解任正非为何不做代理,却把自己赚来的第一桶金用来搞自主研发。其实,任正非有着自己的看法:外国人到中国是为赚钱来的,他们不会把核心技术教给中国人,而企业最核心的竞争力就是技术。

凭借自主技术、优质的服务和低廉的价格,国产大容量程控交换机开始大规模占领市场。造成的直接结果就是"七国八制"的程控数字交换机价格开始直线下跌,单位价格从 500 美元降至 300 美元、100 美元,直至 30 美元。

对于老百姓来说,竞争的好处显而易见。装电话不再是少数人的特权了,电话装机费用一降再降,最终免费。电话在中国普及,不过用了五六年时间。

华为研发的我国首部万门数字程控交换机 C&C08 量产后,逐渐打破了外国公司的技术垄断与壁垒。我国固定电话的用户数从 20 世纪 90 年代初的 1000 万迅猛发展到 2005 年的上亿用户,整体通信设备面临从原有的空分、纵模技术向数字技术的飞速转换。

由于国内厂商的崛起,竞争日益激烈,国内程控交换机价格急剧下降。在"巨大中华"(巨龙、大唐、中兴、华为)的带领下,中国通信行业异军突起,一举夺回了"半壁江山"。

随着华为万门机的研发成功,"巨大中华"开始有了自己独立的技术和品牌,它们突破了国外厂商的重围,开始"反击"了。从此,"巨大中华,四柱擎天"的格局形成了,"七国八制"彻底成为历史。我们仰慕国际巨头的时代已经过去,终于扬眉吐气了。

【故事点评】

"七国八制"这则故事,令我们看到当时中国通信设备被外国企业垄断的被动局面以及任正非坚持自主研发的长远眼光。华为从一家小作坊发展成为全球通信行业领导者,其持续竞争实力,是依靠长期坚持自主研发和创新,不断深化和完善研发管理体制实现的。华为的自主研发打破了西方的技术垄断与壁垒,改写了全球通信设备市场的竞争格局,成功地实现了从单一产品到多元产品的快速发展,这些实践和经验都值得广大中国企业深入学习和借鉴。

差点卖掉华为

华为于 1987 年诞生于深圳的一处普通民宅,短短 30 多年,由一个小作坊成长为全球通信设备行业的领导者和世界 500 强企业。在华为的成长过程中,发生了许多鲜为人知的故事。

2019 年 5 月 22 日,任正非接受国内媒体采访时,首次讲述了他差点以 100 亿美元将华为卖给摩托罗拉的故事。

早在 2000 年初的时候,他就曾考虑将华为公司出售给美国摩托罗拉公司。后来,华为还与摩托罗拉达成了收购协议,合同都签订了,所有手续都办完了,出售金额为 100 亿美元。双方皆大欢喜,双方代表都购买了花衣服,大家穿着花衣服去海滩上赛跑、打乒乓球比赛,以示庆贺。但没有想到的是,2003 年,由于摩托罗拉公司董事会换届,原来拍板购买华为事宜的董事长卸任,新上任的董事长比较短视,不看好华为,否决了这项收购,华为才没有卖成。而 2000—2003 年这段时间,正是华为早期最为困难的一段时间。

因为当时任正非预判,按照当时发展的状况,华为的技术会达到世界先进水平,迟早会和美国对抗,那时美国一定会打压华为。当时希望把公司卖给摩托罗拉,就是为了给公司戴上一顶美国的"牛仔帽",实质上公司还是几万中国人在干,也体现了中国人的胜利。资本是美国的,这样有利于华为在国际市场上的扩展。

当时任正非及华为高层出售华为有两个打算。第一,有一部分人想去做拖拉机,当时中国拖拉机行业正面临崩溃,他们想把洛阳等地所有的拖拉机厂买下来。当时中国的拖拉机1000美元一台,但是质量有问题,总漏油、发动机不耐高温。他们认为用向IBM学习的IPD(集成产品开发)方法可以解决这个问题,拖拉机价格也可提到每台2000美元。他们认为虽不可能颠覆汽车产业,但可以创造世界上最大的拖拉机王国。第二,绝大多数人继续走通信道路,戴着摩托罗拉的"帽子",可以打遍全世界。两种选择都是光荣的。遗憾的是,这件事情没有成功。

任正非当年为什么要把华为卖给摩托罗拉呢?后来,笔者在华为采访时了解到,2000年还是功能手机时代,摩托罗拉和诺基亚在全球市场并驾齐驱,摩托罗拉在新兴的手机市场占据了垄断性地位,风头正盛。而当时以生产电信设备起家的华为才刚刚开始做手机。实际上,在达成收购意向之前,华为和摩托罗拉已开始合作,华为是摩托罗拉的OEM(原始委托生产)供应商之一。华为与摩托罗拉公司合作开发和设计了各种技术产品,并将这些技术产品贴上摩托罗拉的商标出售。

【故事点评】

任正非当初将华为以100亿美元"卖身"给摩托罗拉,一是想避免与美国发生摩擦,背靠摩托罗拉这棵大树好乘凉;二是随着2000年IT泡沫的爆发,华为进入"冬天",此时卖掉华为,储备现金流,为公司准备"过冬"的棉袄;三是可以跨界造拖拉机,打造拖拉机王国。在收购交易流产后,曾经的合作伙伴摩托罗拉也开始走向末路,华为反倒快速崛起。庆幸的是,当年因为变故,没有卖掉华为,数年后多了一个世界500强企业。

请不要神话我

1987年创办华为以来,任正非很少参加什么评选、颁奖活动和企业家峰会,也极少接受媒体的采访,曾经在华为官网上甚至连任正非的个人照片都找不到一张。

2013年11月,任正非出访法国,首次在法国媒体面前公开亮相。任正非在回答记者提问时说:

我不是一个聪明人。如果我聪明的话,就不会从事电信行业。如果我去养猪的话,这时可能是中国的养猪大王了。因为猪很听话,猪的进步很慢,电信的进步速度太快,竞争很惨烈,不努力就要落后,甚至死亡。

网络媒体在描写我时,都想把我神话了,说我小学成绩好、大学有理想、当兵想做将军、创办华为要称霸世界……

这些都是媒体凭空杜撰的,其实我并不聪明,我读初二以前很贪玩,成绩并不好,父母管不住我。我母亲是一个小学校长,每次放学都牵着我的手回家,途中告诉我哪些同学成绩好,如何好。那时候我没有感触,直到今天我才明白当时母亲是在"炼钢",恨铁不成钢,当初麻木到一点不明白,傻乎乎地度过了人生。

我创业是很艰险的,创业时压力巨大,生存条件很差,完全不明白市场经济为何物,刚从军队出来,认为赚别人的钱是欺骗行为。经过几年的发展,开始走入快车道。越快,矛盾越多,各种问题交集,完全力不从心,精神几近崩溃。

2000年前,我是忧郁症患者,多次想自杀,每次想自杀时就给孙亚芳董事长打个电话。当时我知道这是一种病态,承受不了这么大的社会压力,知道关键时刻要求救。

我创业时没有什么理想,更没有"称霸世界"的雄心,我最大的愿望就是"活下去",我也许是无能才这么开放。我当兵时,也不算优秀的军人,我的家庭出身不是贫下中农,得不到重用。我没有想过要当将军这件事,当年做出成绩后,我曾梦想过部队能给我一个中校军衔,结果大裁军让我的梦想破灭了。所以,我重新再做一个梦时,不可能一开始就有伟大的梦想,我们是走过非常崎岖的道路以后,才开始明确了自己的发展方向。但我无论身处什么样的环境,我都很快乐,因为我不能选择自己的处境。

小时候家里很贫穷,我也认为自己很快乐,因为当时,我也不知道别人的富裕是什么样的,直到40多岁以后,我才知道有那么好吃的法国菜。

我父母都是教师,虽然他们没有给我们宽松的物质生活条件,但在我们的教育上付出非常大。

面对记者的提问,任正非还一再表示,"我不是一个低调的人,我不接受媒体采访,外界总是说我低调、神秘、伟大,其实我知道自己,名实不符。我不是为了抬高自己,而故意隐藏起来,而是因害怕而不敢张扬。在华为公司,真正聪明的、伟大的、值得讴歌的是十几万华为员工,以及客户的宽容与牵引,我只不过用利益分享的方式,将他们的才智黏合起来。"

在谈到当时为什么选择做通信行业时,任正非坦言:"那个时候就是错误地认为电信是个大产业,容易做,就糊里糊涂地进入电信行业了。进入电信行业之后才知道电信行业门槛很高,投入很大,风险很高,竞争很激烈，很难做，它的产品太标准了，对小公司来说是很残酷的。但是后来我们退不出来了，所有的钱都投进去了，因此也不可能改行了，只好硬着头皮在电信行业前行。"

他还表示，"其实，近十来年，华为才下定决心要走向世界前列，但不是世界第一，'第一'是社会上给华为编造的。"

2019年5月20日，任正非接受德国电视一台采访，采访中记者提及任正非被外界视为中国的乔布斯。对此，任正非回答："我不是乔布斯，因为乔布斯对人类贡献非常大，他创造了移动互联网，而且他在哲学上追求完美。所以我不能叫中国乔布斯，这不是谦虚，是真心不认为自己伟大。"

任正非还告诫创业者：创业时不熟不做。如果不了解一个行业，第一要有极强的学习能力，去了解这一行业，在相关的公司用心工作积累实践经验；如果要进入生产和研发领域，那么最好从代理其他品牌的产品销售开始，掌握销售渠道后再进入生产环节。在创业之初，创业者要在创业领域的研发、生产、管理、销售等关键环节做到一精多通，才能大幅度提高创业的成功率。

【故事点评】

很多人认为任正非低调的表现是很少接受媒体采访，但他自己并不这样看。"我一贯不是一个低调的人，否则不可能鼓动十几万华为人。"任正非说过"请不要神化我"，"我不认为自己伟大"，"我不是民族英雄"，"也没有称霸世界的雄心"。任正非不愧是中国企业家的典范，他从不在乎外界对他的评价，也不愿被审视，不屑被争论，更不愿意做一些沽名钓誉的表面文章。在他看来，华为所取得的任何一点成绩，都是全体员工共同奋斗取得的，他只是公司的一位文化教员。人感知到自己的渺小，行为才开始伟大。朴素的任正非，撑起了华为的一片天，他表现出的不卑不亢、平和谦卑的态度非常值得赞许。

　　笔者观察华为已有23年了,如果分析任正非与媒体沟通的轨迹,可以发现他接受媒体采访几乎都是在公司遇到重大挑战的时候,目的就是通过媒体进行呼救和危机公关。作为一个商业帝国的掌舵人,任正非的低调是策略,高调则一定有重要的战略性目的。在这点上,他并没有什么独特的偏好和陈规,"低调内敛"也许是他极其务实的理性选择。

芭蕾脚

2015年1月4日,华为公司在全球许多机场及媒体投放了一幅平面广告,这幅画面上没有什么影视明星,而是一只脚穿着芭蕾舞鞋,优雅光鲜,脚尖点地,而另一只"烂脚"却赤裸并伤痕累累,左边写着"我们的人生/痛,并快乐着",看后让人心酸。

后来,任正非谈到"芭蕾脚"广告时,他感慨道:"成功的背后都是苦难。回顾华为20多年发展历程,全是一把辛酸泪!"

华为发布的企业形象平面广告:痛,并快乐着!

2015年1月22日,在达沃斯论坛上,任正非讲述了"芭蕾脚"背后的故事。

这只"烂脚",其实是美国摄影家亨利·路特威勒(Henry Leutwyler)的摄影作品集"芭蕾舞"中的一张。路特威勒花了 4 年时间拍摄这组芭蕾舞照片,其中的这一张芭蕾脚照片荣获大奖。

任正非说,他一看到这幅照片就怦然心动。"芭蕾脚"这幅作品所呈现的,就是芭蕾舞的极致美丽与背后的汗水,这不正是当下华为"痛并快乐着"的真实写照吗?!华为光鲜的背后,是十几万双"烂脚"孤独地行走在世界上!于是,华为买断了这幅照片的版权和使用权。

任正非还说,20 多年来,华为人除了比别人少喝咖啡,多干点儿活,其实不比别人有什么长处。就是因为华为起步太晚,成长的时间太短,积累的东西太少,所以华为人得比别人多吃一点苦,所以华为只有一只芭蕾脚,一只很烂的脚。他觉得华为人痛并快乐着,而华为就是凭那么一只烂脚,走向世界,走到今天!

据说,这幅"烂脚"广告在酝酿阶段,华为内部还广泛讨论过,持反对意见的人居多,达 96%。

当时,在华为心声社区上各种负面评论都有,诸如:"恳请公司在大面积铺开该广告之前,先做一个简单的测试","第一眼看上去非常恶心,第二眼看上去更恶心,第三眼看上去就要骂娘","这广告真有味道,希望不要投放在食堂等处","广告构思不错,但画面太虐心","这个广告令人不快,令人产生对华为深深的同情,但不会产生任何景仰和认同","整个广告不知所云,你苦关客户什么事,孤芳自赏?如果你 level 高,应该很 enjoy,不然岂不是自虐,怨妇?"

华为轮值董事长郭平说:"这个'芭蕾脚'广告就是华为的真实写照,这两只脚代表了华为的伟大与苦难!对内,华为仍然需要强化艰苦奋斗的思想和决心;对外,华为要向世界传递这一奋斗精神。或许这就是最好的形象广告。"

华为高级副总裁陈黎芳说:"这张照片是任正非亲自挑选的,那只伤痕累累的脚代表的就是任正非本人。英雄相惜,与时空无关,与相识无关。"

后来,华为人达成共识,坚决在国内外同时投放了这幅"芭蕾脚"广告。

华为的"芭蕾脚"广告发布后,《人民日报》于2015年3月19日发表评论:"这其中(芭蕾脚)有华为引以自豪的艰苦奋斗、以苦为乐的企业文化,也折射了中国品牌在海外筚路蓝缕、努力开拓的不懈精神。"

《中国青年报》在评论中指出:"在巨大成功之后,华为更希望自己以及世人记住的不是自己光鲜的一面,而是一种精神,一种情怀。这光鲜的一切是'痛并快乐着'的结果,'芭蕾脚'背后是华为连接世界的梦想。"

尼日利亚电力部部长和夫人一行来访华为,在深圳机场看到这一广告,觉得很特别,主动咨询随行人员:"华为这个广告代表什么意思?华为也搞芭蕾舞?为什么是两只脚?"随行人员说:"正如部长和夫人所知,华为是全球ICT(信息与通信)领导者,我们今日成功和辉煌的成绩,正如广告上芭蕾舞者的左脚,光鲜亮丽。但部长您知道华为是一个民营企业,而且身处高门槛、竞争激烈的ICT领域,其成功背后的艰辛,正如广告中的右脚。'我们的人生/痛,并快乐着',这传递的是我们华为人奋斗、坚持不懈的精神……"部长深受感动,主动请缨做宣传大使,他说:"这个广告非常有意义!这样的故事要讲给大家听,一定会得到很多人的认可,进一步了解华为。为什么不在整个西非做宣传?我可以负责西非的宣传!"

康德说:"驱使人前行的唯一原因乃是痛苦,痛苦高于快乐。快乐不是肯定的精神状态。"为什么是痛苦驱动人前行呢?尼采给出了精辟的解答:是因为"在强毅而能负载的精神里面,存在着尊严;在傲立着的尊严之中,存在着意志力;在意志力中存在着对最重的负担的内在渴求;在渴求之中,存在着欲望的爆发力"。

伟大的背后都是苦难!"人们总是崇尚伟大,但当他们真的看到伟大的面目时,却却步了。"罗曼·罗兰的这句话,在半个多世纪后,在中国的华为,找到了它最契合的注解。

【故事点评】

"芭蕾脚"这个故事告诉我们：伟大的背后都是苦难！一只"烂脚"上的伤痕代表了华为发展过程中遭遇的种种困难，包括任正非本人曾经面对的挑战，以及华为员工为公司做出的牺牲。这只"烂脚"讲述了一个可以传承的令人怦然心动的中国故事。在取得巨大成功之后，华为更希望自己以及世人记住的不是自己光鲜的一面，而是一种精神、一种情怀。这光鲜的一切是"痛，并快乐着"的结果，"芭蕾脚"背后是华为连接世界的梦想。

创业其实就是如此，从来就没有什么天上掉馅饼的事，所有的光鲜背后其实都饱含着不为人知的辛酸苦辣。作为全球ICT领导者，华为今日的成功，正如这幅平面广告上芭蕾舞者被优雅的芭蕾舞鞋包裹住的烂脚，看起来光鲜亮丽，内里却伤痕累累。这传递的是华为人艰苦奋斗、追求完美的精神！

有一种风光叫沧桑，照亮伟大前程的是苦难。华为的"芭蕾脚"对所有的企业管理者来说都是一次直达心灵的教育，也是一剂良药！

Chapter 2

第二部分

梦想与使命

"巨大中华"的兴衰

受国家政策的刺激,我国通信设施建设和通信制造业得到迅猛发展。20世纪80年代中后期,国内诞生了400多家通信制造类企业,国有企业、民营企业,多种所有制背景的公司纷纷崛起。

到20世纪90年代初,国内的通信业出现了四大巨头,人称"巨大中华",就是巨龙、大唐、中兴、华为。

"巨大中华"打破了国内电信设备市场由"七国八制"垄断的历史,一度成了民族电信制造业的代名词,在业内名声大噪。

2019年,任正非在接受记者采访时讲述了"巨大中华"的由来。

"巨大中华"这一叫法,是由时任信息产业部部长吴基传首创。20世纪80年代末至90年代中后期,中国电信市场呈喷发之势,本土力量应运而生,当时通信制造领域最好的几家企业分别是巨龙通信、大唐电信、中兴通讯、华为技术,吴基传取各家的头一个字串联起来,恰好是朗朗上口的"巨大中华"。于是,领导也好、媒体也好,经常会提到"巨大中华",具有强大的中国之意,并以此来代表民族通信制造业的崛起。

经过几年在程控交换机领域的攻城略地,到1998年,"巨大中华"这四家公司已经成为国内通信设备领域的标杆。华为年销售额达到89亿元,中兴41亿元,巨龙26亿元,刚成立的大唐也有9亿元。而这四家公司的利润都过了亿。

从这组数据可以看出，当时四家公司差距不大。

"巨大中华"崛起后，抓住国内"农话"的发展契机，走"农村包围城市"的道路。而当时国外厂商低估了中国农村的市场，认为中国农村经济落后、利润太小，拓展农村市场利润空间不大，因此只盯着城市的大单。在"巨大中华"的带领下，国内企业抓住这一空隙，迅速收复"失地"。

在这四家公司中，只有华为是民营企业，其他三家都是国有企业。但不同的是，中兴不仅是上市公司，而且采取了国有民营的运作机制。大唐也是上市公司。

从规模和效益看，"巨大中华"四家公司刚好是倒着排的。或许是巧合，发展较慢的"巨大"两家都在北京，而发展较快的"中华"两家都在深圳。北方的"巨大"没有跑过南方的"中华"。

从成立的时间上看，中兴和华为要远远早于巨龙和大唐，但实际上，论政策资源和技术实力，在很长一段时间内，位于北京的巨龙和大唐都优于位于深圳的中兴和华为。成立于1995年的巨龙由数家国有企业发起，目的是推动中国第一台万门程控交换机HJD04－ISDN(以下简称"04机")的产业化。04机早在1991年由解放军信息工程学院研究人员邬江兴主持研发成功，基本上代表了早期中国交换机领域的最高成就。

大唐尽管于1998年才正式成立，但其前身是1993年从邮电科学院分拆出来的电信科学技术研究院，这个研究院有40多年的历史，技术实力雄厚，国家也给予了它最大的扶持，在成立当年的10月便在上海证券交易所成功上市。中兴虽然有国有企业的背景，但是国家并没有实际的资金投入。华为则是"巨大中华"中唯一的私营企业。因此，中兴和华为基本上都是白手起家。另外，两家企业的创始人侯为贵和任正非都没有通信行业的经验，在技术方面更没有任何现成的资源。

最先退出战场的是巨龙。1998年，华为销售额为89亿元，中兴超过40

亿元,巨龙超过 30 亿元,规模最小的大唐是 9 亿元,4 家企业的利润均在亿元以上,其中,巨龙的 04 机已经占到全国网上运行总量的 14%。从这些数据可以看出,虽然四大企业之间存在一定差距,但考虑到成立时间的问题,以及潜在的资源优势,仍然可以把它们看作同一个阵营。

然而 3 年后的 2001 年,华为的销售额已经增长到 255 亿元,利润超过 20 亿元;中兴的销售额达到 140 多亿元,利润 5.7 亿元;大唐销售额 20.5 亿元,利润 3600 万元,而巨龙的销售额只有 3 亿~4 亿元,亏损 9000 万元。此时,排第一的华为与巨龙的营收差距已由 1998 年的不到 3 倍扩大到 60 多倍,差距已经非常明显。

到 2002 年以后,国内通信市场已经难觅巨龙的身影,有关人士透露,巨龙仅靠前些年的海外订单维持生存。尽管中国普天集团(其前身为中国邮电工业总公司,邮电工业总公司也是巨龙的大股东之一)曾分别于 1996 年、1999 年(2 次)、2000 年 4 次重组巨龙,人们也曾寄希望于中国普天能让巨龙重现往日的辉煌,但结果中国普天自身也是业绩不佳,经营状况日趋严峻。

巨龙的败落还有另外一个原因,就是缺乏一个长远的发展规划。巨龙研制出 04 机后,过于急功近利,在生产布局上犯了短视的错误。

大唐的情况比巨龙稍好,甚至当时凭借 TD－SCDMA(电信联盟关于 3G 的 3 大标准之一,知识产权为大唐所有,但尚未产业化。其他两大标准为 WCDMA 和 CDMA2000)可望在 3G 领域一显身手,但是由于它起步比中兴和华为晚 10 年以上,在规模上不具有可比性,而且毋庸置疑的是,它的增长乏力,后劲不足,与中兴和华为的差距已经越来越大。1998 年时大唐的销售额约为华为的 10%,中兴的 22.5%;2001 年时,其销售额约为华为的 8%,中兴的 15%。到 2003 年时,大唐的销售额仅为华为的 6%,中兴的 8%。而且,在中兴和华为的优势领域如移动、数据、光通信,大唐几乎没有作为,仅仅靠微电子和 TD－SCDMA 获得一些增量收入,其未来则完全视TD-SCDMA的产业化进展而定，过大的不确定性使其前景堪忧。

时光荏苒，大浪无情。中国通信业走到今天，经历无数风雨，曾经的"巨大中华"借时代的力量壮大，如今巨龙，已经消失在人们的视野之中，大唐已在竞争中遭受重创，只有华为和中兴在市场的搏杀中不断发展壮大。

到2000年左右的时候，中兴和华为转战海外，一路挥戈，脱颖而出，逐步将巨龙和大唐远远甩在了身后。

让我们记住"巨大中华"这4家通信设备企业的创始人：巨龙创始人是邬江兴，曾被称作通信行业的"民族英雄""中国大容量程控交换机之父"；大唐电信创始人是周寰；中兴公司的创始人侯为贵，是航天部下属企业691厂原技术干部；华为创始人任正非是退伍军人。

后来的20多年中，这4个男人在中国和世界的电信界演绎了无数曲折的、过山车式的、激荡人心的商业和人生的悲喜剧。但毋庸置疑的是，他们和他们所创立的企业，在当时的背景下，都肩负着某种使命，即为中国的通信事业建功立业，在不远的未来向国际行业巨头发起挑战！

这是一代人的宿命。"巨大中华"这4家通信设备企业的掌门人都出生于20世纪四五十年代，厚重的家国情怀、强烈的理想主义、使命感、道德感、领袖欲与奉献精神集于一身。他们是这一代人中的佼佼者，内心中总是燃烧着火焰，充满着躁动，以及对固有环境的反叛。所以，每当时代给予他们一丁点儿的机会，他们都会选择挑战，哪怕胜算并不是很大。

华为能够从国内外强大的竞争对手之中异军突起，有人说靠的是客户关系和价格优势。有趣的是，1994年任正非在内部讲话中曾经提到，"在当时产品良莠不分的情况下，我们承受了较大的价格压力，但我们真诚为用户服务的心一定会感动上帝，一定会让上帝理解物有所值，逐步地缓解我们的困难。"所以，如果当时让任正非来总结华为能够突围的原因，他一定会说是因为华为身上的狼性文化——敏锐的嗅觉，不屈不挠、奋不顾身的进攻精神，以及群体的奋斗。

华为能够从"巨大中华"中脱颖而出,并超越竞争对手,成功登顶,成为全球最大的通信设备制造企业,今天的辉煌,基于过去的苦难和以用户为导向,长期坚持研发高投入。

【故事点评】

胜者为王是丛林法则。在中国人自己的家门口,刚刚出生不久的牛犊们——几百家电信设备企业,以各自为战的方式展开了与"大象"们的血腥竞争。"巨大中华"的成长,正是奠基于数百家中小企业被"大象"踩死的累累白骨之上。到后来,曾经冲在最前面的"功勋企业"巨龙也倒下了。

短短30余年,市场上不折不扣地上演了一部错综复杂、跌宕起伏的中国电信史——它既是一部中国电信基础网络的成长、扩张、升级史,也是改革开放后中外企业之间充分自由竞争的发展史,更是一部中国企业在市场化环境下的成长、变迁史。

从"巨大中华"到"中华",昔日中国电信设备巨头的变迁给人们留下深刻的启示。有人说,中国电信设备市场从一开始就是一个货真价实的"国际市场",因为在中国电信市场启动之初,就已能够看到所有的国际电信巨头的身影。从"七国八制"圈地上争得自己的安身立命之所,到今天正在开启5G大幕中,中兴、华为已然获得相对强大的话语权,"中华"上演的后来居上的历史,实际上也是一部中国公司与跨国巨头边学习边竞争的历史。

三分天下有其一

华为公司从做贸易转型为自主研发后的办公地点在深圳市南山区的深意工业大厦,一位华为老员工和笔者聊天时说:"听说上班的地方叫'深意工业大厦',脑海中就浮现出来电视上看到的深圳的摩天大楼,结果到了一看,原来是这么一座矮矮的破楼,顿时有点失望。"

深意工业大厦的确是非常破旧,电梯只有一部货梯,开起来嗡嗡地响个不停;楼层很低矮。

20世纪90年代末,深圳治安远不如现在,深意工业大厦门口的南山大道上,偶尔也会发生摩托车飞车抢劫,曾经有华为女员工中午出去走在大路上被抢走包。

在坂田基地建设前,华为在深圳除了深意工业大厦,主要研发基地都在深圳的科技园。华为在科技园租了很多栋写字楼,1号楼,2号楼……依次排下去。除了科技大厦5号楼看起来好一些,其他的房子都是工业厂房改为写字楼,外表看起来都和深意工业大厦一样,很破旧。

深意工业大厦后面,有很多小吃店和超市、发廊。在2000年之前,内地很多地方的普通工资一个月只是200元左右,深圳一般工厂的工人、服务员等的工资大概是700—900元,而华为的工程师本科毕业就是4000元起薪,更别说一些高级别的人员,所以那时候华为的员工绝对都是有钱一族,很多人非常羡慕。

深意工业大厦、科技园附近的很多小店为了招揽生意,都给华为员工打折扣。深意工业大厦楼下的辉记海鲜是大家最常去的地方。所以那时候还有个别刚毕业入职华为的员工,下班后就戴着工卡到处转,接受路人羡慕的眼光。还有人进去小店就很傲气地问:华为工卡打几折?

后来任正非觉得这帮小毛孩不知道天高地厚,太不像话了,于是让公司人力资源部专门下发通知,要大家低调点,不要嚣张。

在华为成立早期,任正非经常给员工讲故事,描绘华为未来的发展前景。2019年11月11日,任正非在纪录片《华为的真实故事》中讲述了华为的创业史。

我44岁开创华为时没有半点经验,集资了21000元作为资本,没有国家的支援。当时华为通过代理销售交换机赚了第一桶金,但是在卖得很好的时候,突然遭到了供应商的断货。被逼无奈之下,华为被迫开始自己制造产品。

那时候无路可走,根本不会想不成功会怎么样。在没日没夜的加班过程中,得了"妄想症",我当时拿着大茶缸对员工说,"十年后,世界通信市场三分天下,华为有其一!"

"三分天下有其一"这个故事被人津津乐道,流传至今。

当时华为仅有200名员工,很多人都觉得他是痴人说梦。尽管如此,多年来,任正非一直秉承并在各种场合向员工传递这一信念。

为了实现"三分天下"的宏伟目标,华为从1996年开始拓展海外市场,一群饥饿的"土狼"从华为总部深圳坂田基地出发,开始向国外迁徙、觅食。

华为从1996年开始进军国际市场,其间曲折颇多。1996年华为在香港完成了第一单海外业务,1999年迎来了国际市场上真正的零突破——在也门和老挝正式中标。

在这个阶段,任正非已经发现华为同国际大公司之间的差距。特别是交货时间和研发周期都比对手所需的时间长。1999年华为的海外业务收入占其总营业额还不到4%。华为以机动策略开辟海外市场,躲过国际巨头的视线,通过提供一应俱全的产品以及难以置信的低价,尽管"屡战屡败"仍执着地坚持"屡败屡战"的国际扩张策略。

2000年,华为正式拉开国际化序幕,开始在海外市场全面拓展,包括泰国、新加坡、马来西亚等东南亚市场和中东、非洲等区域市场以及发达国家市场,并取得了良好的销售业绩。

任正非回忆说:"华为刚走出去的那个阶段是很艰苦的,一个人在几个国家来回转悠,但是一直没有单子。第一次中标是在1999年,越南和老挝两国招标是华为在国际市场上第一次真正中标。国际化的初级阶段华为的重心还是在发展中国家。"

经过1999年到2001年的艰苦努力,华为在国际市场的销售业务慢慢地拓展开了。在各个国家,华为派出来的人基本上生存下来,海外机构也建立了起来。在2001年,华为海外市场的销售收入达到了3亿多美元,2003年达到10.5亿美元。2004年,华为实现全球销售额462亿元人民币,其中海外销售额22.8亿美元,业务范围覆盖了90多个国家和地区的300多家运营商,不仅在发展中国家市场大步前进,在发达国家市场也有实质性的突破。世界电信运营商前50强中,华为已经合作22个,欧美发达国家市场,华为已经进入14个,包括德国、法国、英国、西班牙、葡萄牙、美国、加拿大等。华为3G已经跻身全球第一阵营,尤其在R4软交换商用领域已经居世界领先水平,成了国际通信设备行业三巨头之一,占据了全球通信设备市场的"三分天下",任正非把自己吹的牛变成了现实。

到2017年,华为销售收入超过爱立信,成为全球最大的通信设备厂商,改变了世界通信设备制造业的竞争格局,实现了从追赶到超越,成为全球通信行业的领导者。

值得一提的是,经过10多年探索,华为从管理、研发、人才、产品、文化等方面入手,整合全球化资源配置,遵从国际法律,实现了全球化管理、全球化研发、全球化人才、全球化营销、全球化文化打造了一个全球化的核心链条,华为的国际化发展经验为中国本土企业提供了一个可资借鉴的样本。

【故事点评】

很多人都认为任正非是一个理想主义者,实际上他更像一个伟大的梦想家。正因为有梦想,他才比同行们走得更远,才会比其他人获得更大的成功。

作为一位杰出商业领袖,任正非经常向员工传递公司愿景;作为一位思想导师,他引领华为人朝着目标迈进。三十年创业,筚路蓝缕,华为所取得的成绩,已足以让国人骄傲。华为给我们带来的,不只是近万亿的销售收入和巨额利润,华为在商业模式、战略、技术、产品、品牌、营销、销售、人力资源管理、财务管理、企业文化与全球化领域的探索,都是中国商界取之不尽的财富。

中华有为

关于华为公司名称的由来,外界有多个版本。直到2020年,任正非在接受记者采访时,首次讲述了"华为"的由来。

1987年8月,我们将21000元人民币筹措到位后,决定租用深圳郊区一座破旧的民宅作为公司办公室。当时,深圳有很多这样的皮包公司。

房子租好了,但公司的名字却没有想好,我们6位合伙人一直为这个问题苦恼着,冥思苦想也想不出一个好的名字。

有一天,我坐在办公室里一抬头,恰巧看到办公室对面的墙上有一幅"心系中华,有所作为"的标语,于是,我灵机一动就将公司起名"华为",意为"中华有为",为中华崛起而为之。

很多人都认为"华为"起得好,大气,寓意也好!其实,另外三家中国电信设备公司名称都很牛,其创始人和任正非一样,都是那个时代的"狂人",从他们给公司所起的名称可见一斑!

巨龙——巨,就是巨大,"龙"乃中国的象征,"巨龙"寓意巨龙腾飞;大唐——"唐",唐朝是中国历史上最鼎盛的朝代之一,大唐盛世,也有"中国精神"的寓意;中兴——中华复兴。

后来,任正非接受记者采访时吐露了心迹:"当年,我创办华为公司,只想让全家人吃饱饭,没有什么大理想。"当然,这是任正非的谦虚!

但是，谁也没有想到，1987年从2.1万元资本起家的华为公司，从当时的6名员工，发展到如今的19.4万人，业务遍及世界170多个国家，服务全世界三分之一以上的人口。

下面我们通过一组数据，就可以看出华为究竟有多么强大。

据华为财务报告显示：2019年华为实现全球销售收入8588亿元人民币，同比增长19.1%，净利润627亿元人民币，经营活动现金流914亿元，同比增长22.4%。华为在《财富》世界500强中名列第49位。

2019年，华为研发费用支出1317亿人民币，折合189亿美元，约占全年收入的15.3%。近10年，华为公司累计投入的研发费用超过6000亿人民币，折合860亿美元。

2019年，华为在全球共获得授权专利16243件，其中中国授权专利5147件，欧美授权专利8756件，占比54%。同时根据欧洲专利局最新数据，2019年华为欧洲专利申请量排名第一。截至2019年底，华为在全球累计持有有效授权专利85000多件，其中90%以上均为发明专利。

在2019"福布斯全球品牌价值100强"榜单，华为排在第97位，成为唯一上榜的中国品牌。在百强品牌中，有56个来自美国公司，前10名中有80%是美国公司的品牌。这是华为连续三年进入"福布斯全球品牌价值100强"榜单，依旧是唯一上榜的中国品牌。华为创造了中国乃至世界企业发展史上的奇迹，成为中国人引以为傲的民营科技公司。

【故事点评】

干大事业，梦想是必不可少的。尤其是在改革开放初期，有梦想、能画饼的不乏其人。任正非就是一位胸怀大志、激情四射的梦想家，更是一位富有想象力的理想主义者。1987年，他筹集到2.1万元创业资本金之后，一家名叫"华为"的公司在深圳成立了。公司起名"华为"，意为"中华有为"，为中华崛起而为之。任正非做到了！

华为是中国通信制造行业最具代表性的企业。在创立之初，资本短缺，技术匮乏，人才稀少，而华为所面对的都是无比强大的对手。当时，华为与拥有上百年历史的大公司相比，就是蚂蚁与大象的差距。蚂蚁对抗大象，不仅需要理想，更需要勇气和胆识。如果，任正非当初不倾其所有，奋力一搏，就不可能有今天的华为！

令国人骄傲的是，在过去的30多年中，华为在"枪林弹雨"中抓住了信息与通信产业每一个爆发的节点，并在每一个涉足的细分领域迅速赶超对手，成为全球信息与通信行业领导者，创造了中国乃至全球企业发展史上的奇迹。华为成为亮丽的"中国名片"。

目前，面对全球数字化浪潮和美国的极限打压，华为已经意识到危机的存在和挑战的艰巨。但作为行业领导者，华为拿出了"向死而生"的勇气和坚强定力，砥砺前行，与运营商和合作伙伴一起共建更加美好的万物互联世界！而此时的任正非，比任何人都清楚，当下最重要的任务不仅是要攻克某一技术难关，而是要在万物互联5G时代和6G时代到来之前，开展一场深刻而彻底的自我变革，全面提升自己的核心竞争力、商业领导力和思想领导力，只有这样，华为才能蜕变为真正的行业领导者；只有这样，华为才能抓住时代赋予华为的大机遇；也只有这样，华为才能拥有更广阔的视野和更宏大的格局！而践行这一切，必然一路荆棘，不过可喜的是，华为已经在路上！

研发不成功就跳楼

1991年的深圳是一片投资创业热土。这一年的8月7日,深圳证券交易所正式发布新股购买证,来自全国各地的150万炒股大军涌入深圳,竞相购买股票。这个时期,各地房地产也迅速得以发展,知识无用论盛行,一夜暴富使社会上到处弥漫着浮躁、投机取巧之风,实体经济受到了很大的冲击。

面对股市和房市的双重诱惑,任正非却做出了一个出乎所有人意料的决定——将全部资金投入在新型数字交换机的研发上。任正非讲述了当时的情况:

在20世纪90年代,中国交换机市场清一色都是外国的产品,巴黎统筹委员会对七号信令等技术进行出口限制,华为无法获取,华为就从原理开始,最后做出了数字交换机。

众所周知,通信设备行业是一个资金、技术密集的行业,除了来自国内友商的竞争,跨国公司更是虎视眈眈,这意味着华为只有开发出更加优秀的产品才能生存下来。

1992年,我们的研发团队没日没夜搞研发,凭借ZX-500交换机,华为的产值首次突破1亿元,利润超过2000万元。

有了钱,我们就毫不犹豫地又启动了JK1000纵横式交换机研发项目,由于缺乏经验,被寄予厚望的JK1000刚推出,就成为落后产品,只卖出200多套。

JK1000交换机的失败,让华为损失巨大,耗干了辛苦攒下的家底,甚至到了给员工打白条发工资的地步。重压之下,我孤注一掷,四处借钱,将宝押在了新项目C&C08数字交换机上。

我们还专门召开了C&C08数字交换机研发动员大会,当时我站在5楼会议室窗边沉静地对研发人员说:"这次研发如果失败了,我只有从楼上跳下去,你们还可以另谋出路。"

说这番话时,站在5楼会议室窗边的任正非显得异常冷静。

任正非的"跳楼"决心,深深地激起华为员工拼搏的激情。如今回忆起这件悲壮往事,任正非感慨万千:"经过研发人员近两年的艰苦努力,C&C08交换机于1993年12月研发成功,其价格比国外同类产品低三分之二,而且性能稳定。1994年8月,万门程控数字交换机C&C08在江苏邳州电信局投入试用,经过两个月的上线调试,最终大获成功,横扫中国电信市场。"

万门程控数字交换机C&C08为华为占领了市场。这可以说是华为的分水岭,从此华为成为一家以技术为核心竞争力的通信科技企业。

1994年华为一年的销售收入就达到8亿元,此后每年翻倍增长,C&C08交换机成为同行业历史上销量最大的交换机。华为的数字交换机研发成功,打破了西方技术垄断,给华为插上了腾飞的翅膀。

从1992年开始,华为每年的研发投入一直保持在销售收入的10%以上。投入比例之高,当属中国公司之最。也正因如此,华为才能走到全球ICT行业的最前沿。

2019年,任正非表示,"今后华为将加大研发投入力度,每年保持150亿—200亿美元。"华为研发投入上的力度之大在全球范围内均属少见。

截至2019年底,华为员工总数为19.4万名,业务遍及170多个国家和地区，服务 30 多亿人口。如果华为没有不惜血本搞研发，就不可能取得今天的成就。

【故事点评】

ICT 行业是一个资金、技术密集的行业，除了来自国内友商的竞争，外国的电信巨头们更是虎视眈眈，这意味着华为只有研发出更加先进的产品才能生存下来。任正非的"跳楼"决心，深深地激起华为员工拼搏的激情。华为研发的 C&C08 万门机，横扫中国电信市场，成为当时中国销量最大的交换机。

30 多年来，华为不惜血本搞技术创新，每年坚持把研发投入保持在销售收入的 10% 以上，投入比例之高，当属中国公司之最。也正因如此，华为在 ICT 领域，能够走在最前沿。如果任正非没有"敢赌"的勇气，恐怕就不会有华为的今天。

"我深深爱上了贝尔实验室"

1997年岁末,任正非带领华为高管走访了休斯公司、IBM、贝尔实验室等著名公司。这次访美之行,让任正非最为震撼的行程是参观贝尔实验室。

贝尔实验室位于美国新泽西州茉莉山下,曾经是这个星球上最伟大的实验室。贝尔实验室是晶体管、激光器、太阳能电池、发光二极管、数字交换机、通信卫星、电子数字计算机、蜂窝移动通信设备、长途电视传送、仿真语言、有声电影、立体声录音,以及通信网等许多重大发明的诞生地。自1925年以来,贝尔实验室共获得25000多项专利,平均每个工作日获得4项专利。

贝尔实验室原属AT&T,由国家垄断经营电信业务获得的巨大利润,支持其每年达20亿—30亿美元的研究经费。雄厚的资金、自由的环境、宽松的体制等缔造了贝尔实验室的传奇,使得贝尔实验室曾一度成为美国科研机构中的领袖。

任正非回国后专门写了一篇题为《我深深爱上了贝尔实验室》的文章刊发在1998年1月初的《华为人》报上,详细介绍了他参观贝尔实验室的见闻和感想。

任正非在文章中写道:

我们一行首先参观了贝尔实验室名人成就展,我特意走进巴丁原来工作过的房间,怀着崇敬的心情去巴丁50年前发明晶体三极管的工作台前站了一会,并在巴丁的纪念栏下照了相。巴丁发明了晶体三极管,开创了人类的电子新纪元,促进了人类社会极大的发展。贝尔实验室负责人送了一个纪念巴丁发明三极管五十周年的纪念品给我。

我年轻时听说贝尔实验室每天产生一项专利,现在是每天产生四项专利。贝尔实验室现在归属朗讯,科研与预研明显已往产品方向转移。但其科研能力在整个世界仍然十分超前。我们今天有幸参观了贝尔实验室,中午还与贝尔实验室的专家共进了午餐。

我们还参观了贝尔实验室1997年的重大突破:波分复用和以波分复用为基础的光路由器。光交换不是基于空分交换,而是波长交换。刻在一个6英寸硅片的光路由器,具有几十万门的交换能力,这意味着十年之内交换与传输将有重大的突破。

随后,我们还听取了贝尔实验室资深技术主管玛丁的报告,与之讨论了对未来预测的问题。

在贝尔实验室,亚洲人占11%,其中华人居多。有许多人都取得了重大的成就。可以说,那个时代的贝尔实验室,代表了全球科技的最前沿,是先进技术和创新思维的源泉。

任正非访问贝尔实验室,竟然饱含着泪水说:"我10多年前就听说过贝尔实验室,每天发明一项专利,现在是平均每天四项,实在是太了不起了,我对它的感情超过了爱情。"

能让任正非如此盛赞的贝尔实验室,确实有其伟大之处,这个实验室产生了11位诺贝尔奖获得者,4位图灵奖获得者,16人获美国最高科学、技术奖——美国国家科学奖章和美国国家技术奖章,对人类的科技进步有着伟大贡献。

贝尔实验室不仅仅获得了美国国家技术奖,创造了历史,更重要的是,如果没有贝尔实验室的一系列发明,人类现在的生活是不可想象的,我们根本就不会生活在现代社会,还生活在马腿送信、鸿雁传书、戏台表演的年代。

任正非对这次访问感触颇深。他感慨地说:"科学的入口处,真正是地狱的入口处,进去了的人才真正体会得到。基础研究的痛苦是成功了没人理解,甚至被曲解、被误解。当我看到贝尔实验室的科学家的实验室密如蛛网,不由得对这些勇士肃然起敬。华为不知是否会产生这样的勇士。"

任正非在参观完贝尔实验室后,心潮澎湃,他暗自下定决心,回去后即使砸锅卖铁、背负贷款、哪怕不成功就跳楼也要自己搞研发。

任正非回国后告诉所有华为员工:"我已经深深地爱上了贝尔实验室!将来华为也要建像贝尔实验室一样的实验室。"这一激昂陈词旨在鼓舞员工,让华为研发人员坚信:自己总有一天会超越贝尔实验室的研究人员!

当时,有很多人说任老板是白日做梦!

于是,一场持续 5 年的变革大幕开启,华为进入了全面学习西方经验,反思自身,提升内部管理的阶段。任正非在《我们向美国人民学什么》的文章中写道:"这次访美我们重在学习管理。学习一个小公司向规模化转变是如何走出混沌的。要真正培养一批人,需要数十年理论与基础的探索,至少在心理素质上就关山重重,任重道远。还不知有没有人愿意在这如火如荼的时代甘坐 10 年冷板凳,并且要冒一生心血不成功的'懊悔'之险。"

紧接着,华为创建了 2012 实验室和诺亚方舟实验室。2012 实验室主要研究新一代通信、云计算、音频视频分析、数据挖掘、机器学习等,主要面向的是未来 5—10 年的发展方向,其很好地支持了华为在 4G、5G 领域的突破。

2012 实验室的成立,表明任正非要在中国创造一个"贝尔实验室",他的做法在很大程度上借鉴了贝尔实验室的做法。研发高科技产品,从无到有做创造,需要大量的资金投入,首先要解决经费的问题。任正非通过修订《华为基本法》，将经费的问题解决。《华为基本法》第二十六条规定："顾客价值观的演变趋势引导着我们的产品方向。我们的产品开发遵循在自主开发的基础上的广泛开放合作的原则。在选择研究开发项目时，敢于打破常规，走别人没有走过的路。我们要善于利用有节制的混沌状态，寻求对未知领域研究的突破；要完善竞争性的理性选择程序，确保开发过程的成功。我们保证按销售额的10%拨付研发经费，有必要且可能时还将加大拨付的比例。"

因此，华为每年都会招纳大量的技术研发人员，在2012年华为通过猎头公司、公开招聘、校园招聘等形式招聘了大批技术型人才。其中包括光伏开发工程师、变频器工程师、数通接入网传送网技术支持工程师、核心网络技术支持工程师、功率半导体模块硬件电路设计工程师、网络技术工程专家、视频监控工程师、无线PS工程师、软件开发交付工程师、软件工程师（终端产品线）、无线技术支持工程师、UPS开发工程师等。

华为每年都招聘大量优秀人才，引入和培养大批工程商人。这在任正非看来，这些工程商人全身心投入各项研发工作中，而且甘坐10年冷板凳，即使不成功也不"懊悔"，这些人才是真正的勇士。

但谁也没有想到，从1997年到2007年的十年间，风光了70年之后的贝尔实验室的命运在20世纪末被彻底改变，走向了衰败，而华为则迅速崛起。华为在海外设立了17个研发中心，所获得的专利技术数量在全球名列第一，成为全球最大的ICT基础设施和智能终端提供商和5G时代领导者。

【故事点评】

任正非就是一个科学精神的追随者，任正非对那些改变了人类命运的科学家们的崇拜和敬仰，也是在访问贝尔实验室时期形成的。这种崇敬和对知识的追求也最终改变了他一生的命运。

笔者注意到一个细节：1997年访问美国公司时，在IBM任正非表现出更多的敬畏，而在贝尔实验室，他则表示"十分高兴"。访问贝尔实验室让任正非斗志大增，他认为华为人要学习美国人的创新精神、管理精神和艰苦奋斗的精神，并告诉华为员工："我已经深深地爱上了贝尔实验室，将来华为也要建像贝尔实验室一样的实验室。"于是，华为2012实验室便应运而生，面向全球招聘顶尖人才，大胆开展通信领域的理论与基础探索，取得了丰硕成果，有力地支持了华为在4G、5G领域的突破，成为全球ICT基础设施和智能终端领导者。

拒绝机会主义

任正非在华为内部多次强调：在大机会时代，技术创新要拒绝机会主义，集中所有的弹药对准一个冲锋口。他在 1994 年的《胜利祝酒辞》中关于产品技术的一段话更是让人肃然起敬：

紧紧围绕电子信息领域来发展，不受其他投资机会所诱惑。深圳经历了两个泡沫经济时代，一个是房地产，一个是股票。而华为公司在这两个领域中一点都没有卷进去，倒不是什么出淤泥而不染，而是我们始终认认真真地搞技术。房地产和股票起来的时候，我们也有机会，但我们认为未来的世界是知识的世界，不可能是这种泡沫的世界，所以我们不为所动。

十年前，"互联网思维"在国内很火，"风口论"盛行，"飞猪"满天飞，华为有些干部受到"互联网思维"的影响，想当"飞猪"赚快钱。而任正非却告诫华为高管们：

大机会时代，千万不要做机会主义者，我们要有战略耐性。互联网虽然促进了信息的生产、交流、获取和共享，但没有改变事物的本质，即使在互联网时代，车子还是车子，内容还是内容，豆腐还是豆腐。

在任正非的眼中，互联网并未改变商业的本质，"拥抱变革，融入移动互联时代是必须的。但要想在移动互联时代持续成功，却需要具备超越互联网思维的商业能力"。

对于互联网的理解就像下棋一样,有的人只看到眼前,有的人看到了下一步,而有的人则看到了三步甚至五步以外。显然,任正非是后者。

2005年7月,任正非在公司内部会上再次强调:"通信行业是一个投资类市场,仅靠短期的机会主义行为是不可能被客户接纳的。因此,我们拒绝机会主义,坚持面向目标市场,持之以恒地开拓市场,自始至终地加强我们的营销网络、服务网络及队伍建设,经过九年的艰苦拓展、屡战屡败、屡败屡战,终于赢来了今天海外市场的全面进步。"

华为在1995年决定进军海外市场后,就着手制定了一系列打开海外市场的战略方针,这场征程是长期投入的过程,绝不是去"捞一把金"就撤走,所以,任正非在一开始就告诫华为的员工,进军海外市场要拒绝机会主义,一定要本着踏实肯干、艰苦耐劳的精神才行。

作为一家技术型的企业,华为想要通过技术的优势在国际市场上打开局面,在一开始并不容易。在国内,华为虽然能够算得上是技术领先的企业,但来到国际市场上,想要通过技术获得订单在一开始几乎是不可能的,因为海外那些同行的技术本来就是世界一流的,华为在这方面和它们相比没有什么竞争力。但如果华为想要通过降价来拉拢客源,也是不可取的,毕竟想要打开市场,最终靠的还是过硬的产品质量。

所以,在国际市场上,就不能采取那些投机取巧的营销方式,要靠实力说话。这也就是为什么在进军海外市场之前,任正非会要求被派驻到海外的华为工作人员一定要本着实事求是的原则,在技术和生产上一定要精益求精,不得有半点松懈,要把每一个研发产品做到最好,持续为用户创造价值,只有这样才能用过硬的产品质量来慢慢打开市场。

抱着打持久战的准备,任正非并没有急于在一开始时就想要赚回利润。华为刚进入海外市场时,因为没有什么名气,订单接得非常少,销售额增长得十分缓慢。任正非没有为此改变初衷,他依然坚持"海外市场拒绝机会主义"这个原则,没有像其他一些利益至上的企业那样,施展各种手段圈钱。

贪婪和恐惧是人的两个本性,特别是在利益的诱惑面前、在成功的时候,人是最容易飘飘然,禁不住诱惑的。回顾过去,1998 年所谓的房地产和股票泡沫和现在比实在是小巫见大巫。

在大机会时代,拒绝机会主义,始终聚焦管道战略。过去三十年来,华为抵抗住了很多"赚快钱"的诱惑,拒绝今天的快钱,才能持续赚到钱。

最典型的就是 2002 年到 2006 年的小灵通建设高潮,那个时候的 UT 斯达康多么风光,而任正非却坚定认为小灵通是过渡产品,生命周期不会太长久,华为不应该从本来还不强大的无线产品线中分兵去做,而是要集中精力研发 3G 通信技术。后来的事实证明任正非的坚持是对的。2007 年开始 UT 逐渐跌落神坛,而华为十年磨一剑的 3G 产品 2006 年在欧洲打开市场,从此一路高歌猛进,带领华为进入了一个新十年。

然而这种坚持背后所付出的艰辛恐怕只有任正非自己最清楚,在《一杯咖啡吸收宇宙的能量》中他说:"我当年精神抑郁,就是为了一个小灵通,为了一个 TD,我痛苦了八到十年。"

领袖有时候也是痛苦的,因为他前面没有人引路,所有的艰辛都要自己扛,扛下来要靠坚强的意志和坚定的信念。拒绝机会主义的坚定信念还是来自于对企业核心价值观的理解,即只有用真正有优势的产品为客户创造更多的价值才是真正的以客户为中心。

任正非多次强调,华为在国际市场上要坚决杜绝机会主义,坚持普遍客户原则。他建议在海外的华为干部要下到市场第一线,海外华为办事处要"多配车,跑起来"。什么叫机会主义?根据列宁的说法,机会主义是牺牲根本的利益,贪图暂时的局部的利益。"拒绝机会主义"是任正非的信条,凭着这个信念,华为依靠实力和坚忍不拔的精神,攻克了海外市场。

2000 年,华为刚进入泰国时,本希望在泰国卖 GSM 相关设备。但是,当时的泰国移动通信市场，GSM 网络已经被国外几家大的设备商瓜分殆尽，这种情况下应该怎么办？按照一般厂商的做法，肯定是暂时撤出，等时机成熟后再进行市场开拓。这种做法被华为人看作是典型的机会主义，是任正非明令禁止的。

仔细做了市场分析后，华为发现，当时泰国的移动运营商 AIS 面临着与中国移动差不多的市场形势：虽拥有 180 万用户，但第二大移动运营商 DTAC 紧随其后，竞争趋于激烈，急需新业务促进用户数的增长。于是，华为找到了一条需要充足耐心和毅力的曲折迂回的突破途径。

华为从做试验局开始，说服 AIS 投入智能网建设，并且在 45 天内为其建成智能网。5 个月内，AIS 便收回了投资，AIS 对华为有了初步的信任。由于用户数发展很快，每隔 3—5 个月 AIS 的智能网就扩容一次，华为的解决方案帮助 AIS 实现了滚动发展。结合当地旅游业的特色，华为帮 AIS 开通了在手机上进行"小额投注"的博彩业务。在 3 年多的时间里，AIS 的用户数从 200 万户发展到了 1200 多万户。在这个过程中，华为一步步赢得了 AIS 的信任，一点点赢得了市场，完成了一项看似不可能的任务。

【故事点评】

"大机会时代拒绝机会主义"是任正非的信条，凭着这个信条，华为坚守初心，始终聚焦管道战略，坚持自己的价值观，攻克了海外市场。

华为从不追求短期利润最大化，保持对未来的持续投入。人们看见了华为在经营上的成功，没看见华为在冰山下的努力。2020 年，在外部环境的巨大压力下，华为的研发投入仍然突破了 200 亿美元的规模，6G 研发已经在路上。未来几年，华为每年的研发经费会将保持在 200 亿美元左右，其中 15%—30% 投入基础技术研究和创新。用今天的钱，构建未来的能力。

这个故事告诉我们,大机会时代,科技企业要想长远发展,必须拒绝机会主义,抵抗"赚快钱"的诱惑,始终聚焦管道战略,坚持自己的价值观,坚持自己已经明晰的道路与方法,用今天的钱,构建未来的能力,稳步地前进。正如任正非所说:"拒绝今天的快钱,才能持续赚到钱。"

用大阳台晒钱

很多人都认为任正非是一个理想主义者,实际上他更像是一个伟大的梦想家。正因为有梦想,他才比同行们走得更远,才会比其他人获得更大的成功。

相信很多跟随任正非的老员工,一定还记得这样一件小事。在1991年的时候,华为公司仍然在艰苦的环境中研发程控交换机。当时进展缓慢,很多人都不确定能否成功,何况此前已经有了多次失败的经历。而这一次是否能够研发成功,将直接决定华为的命运。当时很多人并不看好任正非可以打破困境,也并不看好华为的前景。但是任正非显得信心十足,"我们所从事的这个行业,发展的前景是不可限量的"。

那时候任正非的身边围着一群热血青年,他们都很有干劲。作为了解人性的大师,任正非从不避讳与员工谈钱。"我希望员工有挣大钱的企图和愿望。"他直白地表现出对金钱的渴望,"华为之所以要艰苦奋斗,就是为了挣更多的钱,让员工分到更多的钱,让员工及其家人过上高品质的生活"。任正非还给大家描绘了一个未来美好生活的图景。

1998年任正非在员工大会上问台下的员工:

2000年以后,华为最大的问题会是什么?

当时很多人都回答不知道。

任正非笑呵呵地说:"是钱多得不知道怎么花,你们家买房子的时候客厅可以小一点,卧室可以小一点,但是阳台一定要大一点,还要买一个大坝子,天气好的时候别忘了经常在阳台上晒钱,否则你的钱全发霉了。"

当时听到这话,员工们都没当真,只把这当成一个美好的心灵安慰而已,但是谁能想到在十几年之后,很多人真的有了坐北朝南带大阳台的房子。而且他们的工资几乎是行业内最高的,奖金也是最丰厚的,和国内的其他同行相比,他们真的成了不缺钱的一群人。

【故事点评】

任正非"用大阳台晒钱"这种生动形象的说法在当时看来不太现实,大家心中也只是默默地描绘未来生活的"钱景"而聊以自慰。不过后来,华为员工的确实现了财务自由,过着衣食无忧,整天"晒钱"的生活。

纵观华为 30 多年发展史,很多重大突破都是由最初一个小小的梦想开始的。可以说任正非本身就是一个造梦者,而他自己只是依靠这些梦想带领华为不断壮大和发展下去。当华为还只是一颗种子的时候,他就想象着华为成为参天大树了,等华为慢慢成长起来,任正非又开始憧憬华为成为覆盖全世界的通信帝国。正因为坚持梦想,华为这个当初注册资本只有 2 万余元的小公司,从蜗居深圳开始走向世界。当初痴人说梦,最终梦想成真!

不上市

华为是否上市、什么时候上市一直是社会关注的热点,也是华为高层接受采访时经常被问及的问题。一般而言,上市后企业将会获得更为方便快捷的融资方式、更强的影响力,有助于迅速做大做强,对人才亦有额外的吸引力。大多数企业都以上市为目标,甚至将上市当作终极目标,但华为一直以来都未曾表示考虑上市。

随着美国对华为的禁令的颁布,国人对于华为的支持力度达到了一个新的高度,甚至不少人呼吁华为尽快上市,他们要购买华为的股票,支持华为的发展。

2019年5月21日,华为创始人、总裁任正非在与中国媒体的圆桌座谈上再度表示华为不会上市,并给出了明确的解释:

华为不会上市,华为不轻易允许资本进来,因为资本贪婪的本性会破坏我们理想的实现。我们只为理想而奋斗,不为金钱而奋斗。华为之所以能超越竞争对手,原因之一就是没有上市。

实际上,任正非早在2014年就明确表示,华为坚持不上市,并道出三大缘由:

一是猪养得太肥了,连哼哼声都没了。科技企业是靠人才推动的,公司过早上市,就会有一批人变成千万富翁、亿万富翁,他们的工作激情就会衰退，这对华为不是好事，对员工本人也不见得是好事，华为会因此而增长缓慢，乃至于队伍涣散。

二是上市不利于公司决策。以华为如此分散的股权结构，任何一家投资者都可轻而易举地形成相对控制权。但当以逐利为本性的金融资本左右华为的发展格局时，华为就离垮台不远了。不上市，资本再贪婪，也不会影响到企业的发展。一旦上市，公司面临着公司控股权旁落的问题，控股权的旁落不可避免。

三是上市不利于企业的长远发展。华为能走到今天，并超越一些跨国巨头，成为一家具有竞争力的国际公司，就是因为华为总是"谋定而图远"，以十年为目标来规划公司的未来，而不像其他业界同行，总是被资本市场的短期波动牵着鼻子走。资本是最没有温度的，也是最没有耐心的。上市后，投资者会追求短期利益，不会增加研发投入，华为将丧失竞争力和发展后劲。不上市，华为才有可能继续领先世界。

以上说法确实有一定的道理。尤其是后者，作为一家良心企业，华为不上市的做法常常让消费者为之感动。

上市是很多企业的梦想。只要具备一定的成长性和资产规模，上市是老板和员工孜孜以求的荣耀和财富梦想。

企业上市，不仅企业可以不断地融资、圈钱。当然，最为诱人的是，上市能让大股东与高管们一夜暴富，快速成为千万富翁、亿万富翁，甚至是拥有几十亿、上百亿资产的富翁。

但是，任正非却一直抵制资本的诱惑，坚持华为不上市。而华为也因此成为世界五百强中少数没有上市的公司之一。

【故事点评】

华为能存活到今天，没有堕入"流星"的行列，重要因素之一就是远离资本力量的诱惑与控制。资本市场能够快速催肥一个企业和一批创业家，但也能够轻而易举地摧毁它和他们的"虚幻的成功"。也正因如此,对于华为来说,不上市确实对企业的发展更加有利。而华为的发展事实也表明,企业发展不一定非要走上市这条路,这需要视各家企业的发展状况而定。

任正非知道华为真正需要的不是名气,也不是资本,唯有客户,才是华为持续走向成功的根本。华为能够存活 30 多年,重要因素之一就是远离资本力量的诱惑与控制。在任正非看来,做百年企业胜过做短期的世界五百强企业。

全营一杆枪

任正非在内部讲话中,多次提到"全营一杆枪"。"全营一杆枪"是一句台词,出自电视连续剧《绝密543》。2018年,任正非在华为产品与解决方案、2012实验室管理团队座谈会上发言时讲了"全营一杆枪"的故事。

电视剧中的背景设定是:1958年,中国空军最早的导弹部队成功组建。有一个地空导弹二营,营长叫肖占武。他带领全营性格各异的战士,克服技术、资源、人员素质、作战条件等重重困难,击落来犯敌机,首开世界防空史上用地对空导弹击落U-2高空侦察机的纪录。

"全营一杆枪"是二营官兵自己想出的口号,围绕二营的使命——打下飞机,体现了全营不同角色都要聚焦使命目标、互助协同、共担荣辱的导向。要实现"全营一杆枪",对团队的领导力、团队成员的专业性以及对考核激励、协同机制等都有很高的要求,是一项艰巨的任务。

二营在完成导弹发射的整个过程中,需要三套班子密切配合:一套灵活沉着的指挥班子,一套全过程动作准确的操作班子,一套技术精湛的维修班子。二营官兵就像大脑指挥身体作出行动一样精密配合、环环相扣。有一位空军首长把这一过程形象地称为"全营一杆枪",后来,"全营一杆枪"逐渐发展成为地空导弹部队的一种特殊的战斗精神。不仅仅体现在地空导弹部队上下一条心、团结友爱的精神文化上,更体现在他们精密协同的作战流程上。在"全营一杆枪"的作战体系下,举全力于一点,只为那一瞬间发射的精确命中,扫除一切来犯之敌!

任正非从"全营一杆枪"中受到启发。他指出:"未来二三十年,人类将进入智能社会。面向新的时代,公司致力于把数字世界带入每个人、每个家庭、每个组织(的身边),构建万物互联的智能世界。这既是激发我们不懈奋斗的远大愿景,也是我们所肩负的神圣使命。"

在任正非看来,华为公司要成为智能社会的使能者和推动者,这将是一个持久的、充满挑战的历史过程,也是华为的长期机会。在这一过程中,研发团队要扛起重任,成为公司走向未来的发动机。研发团队要坚持客户需求和技术创新双轮驱动,打造强大的"基础平台",这个基础平台就像东北的黑土地。传输和交换不是平台,但它是平台的基础,华为连接全世界170多个国家和地区、1万多亿美元网络存量的传输交换,把它转换成平台,让所有的"庄稼"成长,带给客户更好的产品和服务,这是华为人的一个理想。未来是赢家通吃的时代,华为主航道的所有产业都要有远大理想,要么就不做,要做就要做到全球第一。为此,华为要"打造一支胸怀梦想、充满活力、团结奋进的研发队伍,团结一切可以团结的力量,全营一杆枪,持续构建最具竞争力的产品和解决方案"。

任正非指出,"全营一杆枪"的目的就是要打下飞机。对华为公司来说,只有商业成功,才能说明市场销售与服务好,才能说明产品有竞争力,也才能说明技术领先。只有从2012实验室到P&S、从研发体系到市场体系都做到"全营一杆枪",华为才能实现商业成功。因此,华为人不能孤芳自赏,不能把问题全推到他人身上。"全营一杆枪"意味着面向客户需求,华为人要构筑从机会到变现的E2E全流程解决方案能力。一个营的官兵必须凝聚为一个整体,聚焦一个目标,才能取得胜利。

【故事点评】

"全营一杆枪",看似简单的五个字,却道出了地空导弹二营过五关斩六将、出奇制胜、战功显赫的制胜法宝。"全营"体现的是团队的格局观,"一杆"体现的是团队的文化血脉,"枪"体现的是使命。

对部队来说,"全营一杆枪"的目的就是要打下来犯的敌机;对华为公司来说,"全营一杆枪"意味着面向客户需求,各个部门要团结协作,互为补充,齐心协力,持续构建最具竞争力的产品和解决方案。正如任正非所说:"全营一杆枪,一个营的官兵必须凝聚为一个整体,聚焦一个目标,团结一切可以团结的力量,才能取得胜利。"

给母校起校训

谈起任正非对教育的关注，有一件事从没见诸媒体，不为人知。这件事就是任正非给母校贵州都匀一中起校训。

任正非毕业于贵州都匀一中，该校历史悠久，创立于光绪年间。任正非的父亲任摩逊曾任该校校长。

都匀一中出了任正非这么一个大企业家，现任校长胡立军希望他捐款支持学校的建设。

任正非爽快答应了。他说："捐钱可以，但我要问一下学校现在的校训是什么？"校长答不上来，因为没人想过这个事。

任正非跟校长说："如果你不把校训搞清楚，不讲清楚为什么要办学校，怎么样办学校，办成什么样的学校，你不说清楚这个事，那我不能给你捐钱。"

校长也说不清楚。于是任正非告诉校长："你要说不清楚，我来找朋友帮你说清楚，然后你们都认可了，就按这样做，我就支持你！"

任正非2019年在接受记者采访时讲述了自己给母校贵州都匀一中起校训的故事。2013年9月25日至26日，任正非在北京西城区华为的一套四合院召开了名为"华为与教育"的小型会议。25日是内部讨论与会议准备；26日上午是对都匀一中校训的讨论。

任正非与都匀一中校长胡立军等座谈

参会的有四位部级干部以及清华大学副校长谢维,中科院院士、清华大学纳米中心主任范守善,北京市西城区教委主任、四中校长程刚,贵州都匀一中校长胡立军,联想控股董事长柳传志,万通地产董事长冯仑,泰康人寿董事长陈东升,北京汇源董事长朱新礼,新华社对外新闻部主任严文斌,《创业家》杂志社社长牛文文,华为公司高级副总裁陈黎芳,华为公司顾问吴春波、田涛、黄卫伟、陈培根等一共30多人。

任正非请来了这么多大咖参会,大家还以为他有非常重要的公事需要研究讨论。

但大家万万没有想到,任正非却在会上说:"今天请大家来,是为一件私事,请朋友们来帮我的母校贵州都匀一中想一个校训。"

当时大家听了这次活动的缘由,一下子都特别兴奋。这是一件私事,但又是一件公事,是自己的事,又是别人的事。关键是大家从来没想过这个角度:"捐一笔钱给学校,一定要学校把校训讲清楚。"

冯仑说:"我事后一想,确实很有道理。一件事不在于钱,在于理,不在于事,在于它的起源和发心。"

于是,大家都激动起来,拿起桌子上的资料认真地看,才发现资料特别多,共搜集了全国 177 所高中、美国 26 所高中、全世界 37 所大学的校训。

这下把在场所有的人都难住了。任正非还给大家播放了一段视频,讲的是都匀一中的历史。大家看完资料看视频,边看边写。

这个时候冯仑才发现,校训挺有意思、挺有讲究。有的往大里写,有的往小里写;有的写给学生,强调品格;有的写给校长,讲的是办学宗旨;有的写给时代,如爱国、敬业。

最后,任正非让大家把意见都写在纸上,认真收集起来,进行分析对比,在此基础上,经过多日的思索,最后确定了都匀一中的校训:立志、崇实、担当。

而在确立了校训之后,任正非也是在第一时间便给母校校长打了电话,在告诉了他这个好消息的同时,任正非个人向都匀一中捐款 100 万元,资助该校的校园文化建设。他希望自己的母校能够在未来培育出更多的人才,能够为中国梦之实现而奋斗。

事后,冯仑感慨地说:"今天我想起这件事还是很感动。任正非为了给一个学校捐一笔钱,搞这么大动静,请这么多朋友,花这么多精力,就为了研究学校的办学宗旨、校训,要赋予这个学校一个灵魂,明确学校发展的愿景和方向,同时再给一笔钱,让都匀一中按照这个方向把学校办好。"

从任正非先定校训再捐款的做法,可以看出他对于母校的期望,在他看来兴办学校要有信念，并且还要将这些信念传达给学生们，这样才能够培养出未来的国家栋梁！

对任正非来讲，这些钱是小事情，但是做教育却是大事情，支持教育在于它的起源与发心，即便是拿钱捐款做好事，也要对钱的用处以及本该受益的人负责。

从任正非的行为，可以看出一个企业家的格局与担当，可以看出他是一个胸怀民族大义的人！

【故事点评】

任正非为贵州都匀一中所起的校训是"立志、崇实、担当"。这六个字是任正非对母校的期许——要踏踏实实办成一所百年名校，担当起时代、社会赋予的责任，这指引着都匀一中人砥砺前行。这何尝不是任正非的情怀和担当。人有志，才能在天地之间立得定，立得长久。

"傻"出来的世界第一

2015年12月18日,中国人民大学教授、华夏基石管理咨询集团董事长、《华为基本法》起草人之一彭剑锋率领清华大学EMBA企业家走进华为做最优实践案例研究,并对任正非进行了专访。当他问到华为成功的秘诀时,任正非说华为没有秘密,华为能有今天就一个字:"傻!"

"傻":华为成立20多年来,始终坚持只做一件事——坚守实业,专注ICT领域。

"傻":不搞房地产,不搞资本运作,坚持不上市。

"傻":集中全部战略资源,对准一个城墙口,千军万马扑上去,持续冲锋,终于炸开了这个通往世界的城墙口,将缺口冲成了大道,在大数据传送技术上,做到世界领先。

"傻":坚持不断变革,向IBM学习IPD集成开发管理体系,华为支付了40多亿元的学费。

"傻":坚持将每年销售收入的10%以上用于研发,近十年来,投入几千亿元搞研发,投入了世界上最大的力量去进行创新。没有技术创新与管理体系的"傻"投入,华为的技术就不会领先世界。

在我们这个社会,聪明的人太多,但往往"精致而利己"。而社会并不需要那么多利己的聪明人,而需要更多的"阿甘"。华为之所以能够走到今天,是十几万个像阿甘一样的华为人干出来的,华为没有其他秘密。

不忘初心,方得始终。回顾华为20多年成长历程,我们的确有点傻,就像一个阿甘,傻傻地埋头苦干、傻傻地坚守、傻傻地投入、傻傻地付出,最后"傻"出了世界第一!

华为是一个用理想牵引自身发展的伟大公司。任正非是一个坚守理想的企业家。创办华为三十余年来,他不忘初心,甘于寂寞,始终坚持只做一件事——专注ICT领域。

在华为的成长过程中,正逢中国房地产爆发,很多做实业的企业家都去做房地产生意,一夜暴富,赚得盆满钵满。面对巨大的诱惑,但任正非从没有动摇过,不说没做房地产,就连股票也没炒过。他不忘初心,坚守"上甘岭",坚守实业,坚守自己的理想和信念。

任正非说:"华为选择了通信行业,这个行业比较窄,市场规模没那么大,面对的又是世界级的竞争对手,我们没有别的选择,只有聚焦,只能集中配置资源朝着一个方向前进,犹如部队攻城,选择薄弱环节,尖刀队在城墙上先撕开一个口子,两翼的部队蜂拥而上,把这个口子从两边快速拉开,千军万马压过去,不断扫除前进中的障碍,最终形成不可阻挡的潮流,将缺口冲成了大道,城就是你的了。这就是华为人的傻干!"

华为不是上市公司,不受资本市场的约束和绑架,华为人可以为理想和目标"傻投入",所以华为可以拒绝短视和机会主义,只抓战略机遇,放弃非战略机会和赚快钱的机会,这是上市公司和股东们做不到的,只有理想主义者才能做到。华为为理想和远大目标敢于加大技术、人才、管理体系和客户服务的长期投入,看准了,就舍得为未来的目标持续投入,能避免短期行为,耐得住寂寞,忍受得了艰苦和磨难,回归商业精神的本质,坚定信心走自己的路。正如任正非所说:华为能有今天的地位,这都是华为人用命博来的。华为人就是比别人付出得更多,华为人付出了节假日,付出了青春时光和身体的健康。华为的成长靠的是常人难以理解和忍受的长期艰苦奋斗。

1992年正是深圳股市疯涨的时候,汹涌的人流带着一夜暴富的梦想涌入深圳证券交易所,通宵彻夜地排长龙买股票,而深圳证交所最早就设在华为办公楼的一楼,华为员工每天目睹着楼下发生的种种财富神话和骚动,但没有一个人受到影响和诱惑,所有人都在楼上埋头工作,对窗外的事充耳不闻。别人都把钱拿来炒股,而任正非却把钱投入研发,当时有人想不明白,说任正非是"任大傻"。这种身处风暴中的宁静自若,这种对自有核心技术研发的痴迷追求,让拜访华为的客户由衷地发出感慨:华为不成功是不可能的!

【故事点评】

不忘初心,方得始终。任正非的确有点"傻",他就像"阿甘",带领华为人傻傻埋头苦干、傻傻地坚守、傻傻地投入、傻傻地付出,最后"傻"出中国第一。由此可见,任正非和华为人的"傻"其实是一种生存智慧,是一份难得的坚守、执着和付出。他们不投机取巧,不走捷径,抵制各种诱惑,不为"风口"和短期利益左右。几十年如一日,不惜血本搞研发,集中资源对准一个城墙口冲锋,千军万马扑上去,最终由"傻投入"换来"傻回报"。

绳锯木断,水滴石穿。今天,各行各业都在寻觅"一举成名天下知"的突破式创新,却忽略了如果没有矢志不渝的坚持,创新只能是无本之木、空中楼阁。华为能够取得今天的辉煌成就,得益于任正非30多年如一日始终坚持自己的理想。

"南泥湾计划"

在美国的极限施压下,华为于 2020 年 6 月启动了"南泥湾计划"。

提起"南泥湾"这个词,大家应该不陌生。南泥湾是中国共产党军垦事业的发祥地,是南泥湾精神的诞生地。1941 年,为摆脱困境、战胜国民党的封锁,党中央和毛泽东同志号召边区军民积极开展大生产运动。

八路军第三五九旅奉命开赴南泥湾屯田垦荒,在"一把镢头、一支枪,生产自给保卫党中央"的口号下,指战员披荆斩棘,艰苦奋战,实行战斗、生产、学习三结合,战胜了重重困难,把一个荒无人烟的南泥湾,变成了到处是庄稼、遍地是牛羊的陕北好江南,成为全军大生产运动的一面光辉旗帜,同时也创造了宝贵的南泥湾精神。

南泥湾精神,是以八路军第三五九旅为代表的抗日军民,在著名的南泥湾大生产运动中创造的,是中国人民在困境中奋起、在艰苦中发展的强大精神力量。南泥湾精神,概括起来就是:"自力更生、艰苦创业,同心同德、团结奋斗。"

1965 年,随着我国著名歌唱家郭兰英的一首《南泥湾》红遍大江南北,南泥湾被全国人民所熟知。南泥湾的精神长期以来激励着中华儿女。

华为启动"南泥湾计划",意在号召华为人发扬艰苦奋斗、自力更生的南泥湾精神,补齐华为供应链的短板,解决"卡脖子"的问题。

如今，华为所遇到的困难，虽然无法与当年抗战时期相提并论，但是，要想解决华为产品规避美国供应链的问题，恐怕就需要拿出南泥湾精神来应对了。

2020年6月19日，任正非在内部讲话中指出："'南泥湾计划'，不是一个短期计划。公司的研发力量要聚焦，我们评价产品线，对没有前途、领路人多年都是在讲故事的，坚决裁掉一部分产品。Marketing（市场）不要空谈，不要产生一些专为上面写报告的高薪阶层，要走上前线，支撑胜利，创造利润。我们既要垂直向上探索新技术、新理论对产品的影响，也要重视产品在场景化中组合应用的竞争力。让喜马拉雅山的雪水流下来浇灌南泥湾、牡丹江，让它流过马六甲海峡，穿过红海、直布罗陀海峡，流向加勒比海。"

华为启动"南泥湾计划"，目的就是要推动华为产品规避美国供应链。逐步去美国化是华为的首要目标。而"南泥湾计划"的重中之重，是在制造终端产品的过程中，规避应用MG技术，以加速实现供应链的去美国化。华为希望在困境中，能够实现生产自给自足。未来的华为产品中，会看到越来越多的国产化组件，来自美方的零器件也将会逐步被取代。

接下来的新品将会成为首批不受美方影响的产品。在笔记本电脑领域，华为会采用国产操作系统加自己的芯片；在智慧屏领域，同样采用自主研发的鸿蒙操作系统和自研芯片。很快，拥有高度自主化的华为智能终端设备会陆续亮相，自给自足已经基本没有问题了。

目前，最令任正非头痛的是芯片制造这个难题，短期内是无法解决的。

华为芯片被"卡脖子"的关键在于缺乏光刻机、5nm芯片生产线等一系列的技术产品，鉴于目前国内主要芯片厂商的技术瓶颈，华为正在加速技术攻关，准备自己研制。芯片制造难度很高，过程艰难，时间很长，需要耐心。

2020年，任正非密集造访上海交通大学、复旦大学、西北工业大学、东南大学、南京大学、哈尔滨工业大学、清华大学、北京大学等十多所高校，并与这些高校签署了合作协议。这说明了，华为已经抓住了重点：人才、科研。华为没有焦虑，相反，华为已经在脚踏实地、紧锣密鼓地行动起来。这就是华为，一个发扬南泥湾精神的华为。"种子"已经播下，将在未来结出硕果。

【故事点评】

垦荒南泥湾，是一个悲壮又令人产生革命浪漫情怀，振奋人心、激发斗志的故事。面对美国的极限封杀，华为用"南泥湾"来命名自救计划，意味深长。南泥湾大生产运动就是全员艰苦奋斗，打持久战，实现生产自给。不得不说，任正非在企业管理和发展战略方面有大智慧，在华为最艰难的时候，用南泥湾精神鼓励华为员工。

在危难时刻，华为启动"南泥湾计划"的目的，就是要自力更生，打造不包含美国技术的产品，通过自主研发来规避应用美国技术制造终端产品，加速推进笔记本电脑和智慧屏创新升级，彻底解决芯片制造被美国"卡脖子"的问题。

技术去美国化的道路虽然布满荆棘，但是具有不服输精神的华为人，一定会战胜困难，夺取胜利。我们坚信，在不久的将来，国产的高端光刻机会有的，我们的半导体技术也会追赶到世界领先水平，我们也会有属于自己的中国芯！

Chapter 3

第三部分

机制与管理

抓住人的五层欲望

任正非是位深谙人性的高手。他认为:"管理就是洞察人性,激发人的欲望。一家企业管理的成与败、好与坏,背后所展示的逻辑,都是人性的逻辑、欲望的逻辑。欲望是企业、组织、社会进步的一种动力。只有抓住人的五层欲望,才有可能成功!"

因此,他在华为建立了基于人性、基于人的动机、基于人的欲望的激励机制,让近20万华为人"力出一孔,利出一孔",将华为推上了世界之巅,成为5G时代全球领跑者。

任正非讲道:

我们经常听到一种说法,叫无欲则刚。我想这个说法,第一,违背了人性;第二,无欲者很难做到所谓刚强、有力量。欲望其实是中性的,很大程度上,欲望是企业、组织、社会进步的一种动力。欲望的激发和控制,构成了一部华为的发展史。

从心理学的角度分析,知识型劳动者的欲望可以被分为五个层面:物质的饥饿感、安全感、成长的愿望与野心、成就感、使命感。

欲望的第一层面:物质的饥饿感

绝大多数人,甚至可以说每个人都有最基础层面的对物质的诉求,员工加入企业,最直接、最朴素的诉求就是财富的自由度。企业、组织能不能给员工提供相对的物质满足,实际上是企业人力资源最基础的部分。

欲望的第二层面:安全感

这是人类与生俱来的一种本能性的需求。人的一生大多都处在不安全的状态下。越是杰出人物、领袖人物,其内心的不安全感越强烈。华为正是因为拥有充满了危机意识的优秀管理者,又拥有十几万内心有强烈不安全感的人,大家抱团取暖,共同面对充满了风险、未知、恐惧的世界,才有了华为的"胜则举杯相庆、败则拼死相救"的文化。

欲望的第三层面:成长的愿望与野心

越是智力层面高的人,领袖欲望、野心的张力越强大。怎么能够把这些要出人头地、要做领袖、想拥有权力的人凝聚在一起?公司的价值评价和价值分配体系至关重要。当这些人的权力,跟他的欲望、雄心、野心相称的时候,他自然愿意在这样一个平台去发挥自己的才能,发挥自己的智慧。组织说到底就是要张扬队伍中每个人的雄心,同时又要遏制过度的野心。张扬雄心、遏制野心是所有管理者每时每刻都要面对的问题。

欲望的第四层面:成就感

成就感是指被社会认可,被大众认可的欲望等。华为成功有各种各样的因素,其中重要因素之一就是两个字——共享,共享发展的财富成果,同时也分享安全感,分享权力,分享成就感。把钱分好,把权分好,把名分好,这是相当重要的。

做老板的人,一定要把最基本的东西想明白。第一,财富这个东西越散越多;第二,权力、名声都是你的追随者赋予你的,假使哪一天你的追随者抛弃你,你的权力,你的所谓成就感,你的所谓聚光灯下的那些形象,乃至于财富,都会烟消云散,灰飞烟灭。

欲望的第五层面:使命感

使命就是肩负重大的任务和责任。使命感,即一个人对自我天生属性的寻找与实现。每一个人都有天生属于并适合自己的那个角色,无论你是医生还是科学家,又或者厨师也罢。也许你现在正从事着某个并不情愿的行业,这些都是使命感最浅层部分的表现,亦即人类为了生存而从事的初级使命感行为。

只有极少数人是拥有超我意识的使命主义者,乔布斯是,我任正非大概也属于这一类人。

管理就是洞察人性,激发人的欲望。任正非在华为从不忌讳与员工谈钱。他经常对员工说:"我希望我的员工有挣大钱的企图和愿望,能够对钱产生饥饿感,我们要培养他们对奖金的渴望、晋级的渴望、成功的渴望。"他直白地表现出对金钱的渴望,"我们之所以要艰苦奋斗,就是为了挣更多的钱,让员工分到更多的钱,让员工及其家人过上高品质的生活"。

对物质的饥饿感是人的本能,是驱动人拼搏进取的原动力。正是有了这种为了活下来、为了活得更好、为了物质上更自由的原始动力,人们的斗志才得以激发。人们如果没有欲望,就会失去奋斗心。

任正非指出,作为一个企业的领导者,其最基本的使命就是要为员工创造幸福生活。幸福从哪里来?虽然我们说物质条件好的、有钱的人不一定幸福,但对常人来说,没有钱是很难幸福的。特别是对基层员工来说,如果基本的物质条件不具备,买不起房,不能养家糊口,能幸福得起来吗?

"与懒惰相比,贪婪并不可怕,懒惰才是最大的敌人。"这是任正非对人性本能的一种深刻认识,基于此认识任正非在华为内部鼓励释放人的欲望,定义了人追求财富的正当性,极大地解放了华为员工们的生产力。

笔者在最近出版的《任正非:成就员工就是最好的人性管理》一书中写道:管理者的重要职责就是要张扬每个人的雄心,同时又要遏制过度的野心。军人出身的任正非,深谙欲望激发与约束之道。他将华为员工分为四种:奋斗者、贡献者、劳动者、惰怠者。用绩效考核和末位淘汰制度来激励奋斗者,奖励贡献者,善待劳动者,淘汰惰怠者,并通过激励制度的优化,来激发人好的一面,抑制人心中的贪婪,约束权力带来的傲慢,克服安逸、懒惰的天性,并通过严格的制度来驾驭人性,防止干部的贪婪和滥用权力,从而实现组织的目标。

任正非曾深入研读彼得·德鲁克的著作,对其从历史和哲学高度,而不是从技术层面来思考管理产生了强烈的共鸣。任正非认为:"从哲学、历史高度来揭示普遍规律,才有穿透性、指导性和震撼力。"

跌宕起伏的人生阅历,大量的阅读和思考,在商界多年摸爬滚打,使得任正非理性地认识到人性中"恶"的一面,而且认为利用、引导好人性的"恶"的一面,也可以使之成为推动社会进步的动力。他从不回避自己的这一认识,也不掩饰自己的这一观点。

但他并不因此对人感到绝望,也不因此愤世嫉俗,而是对人性的弱点充满了悲悯。在他看来,发展中的国有一些乱象,其根源不能归罪于"恶",而要归罪于对欲望的放纵,没有给欲望套上缰绳。中国有句古训说"君子爱财,取之有道",这个道就是公序良俗,是程序、规则、公德和法律。

任正非认为,"安全感是人类与生俱来的一种本能需求,人的一生大多处在不安全的状态下。越是杰出人物、领袖人物,其内心的不安全感越强烈"。

凡是卓越的企业家,都懂得充分利用人类的普遍需求,即对控制自己命运的渴望。一般认为,组织若是能够赋予员工人生的意义和生活上的安全感,他们几乎都愿意全心全意地为企业效力。

所以员工一方面积极追求自主权,一方面又积极寻求安全感,这听起来似乎不太合理,但这恰恰是人性矛盾之所在。如果企业不知道如何管理具有这种矛盾性的人,那就很难使他们的才能和积极性得到充分发挥。

华为拥有充满危机意识的优秀管理者,正是这些管理者带领大家抱团取暖,共同面对充满风险、未知、恐惧的世界,才有了华为的"胜则举杯相庆、败则拼死相救"的企业奋斗文化。

华为就是靠着这种企业文化的引导,成为一个弘扬正气、朝气蓬勃、员工相互信任的企业，员工的职业安全感自然就高。哪怕企业有严苛的管理制度，员工明明知道如果做不好，就会被淘汰，但员工的职业安全感还是油然而生。

有人说，任何强大的公司都不会给员工安全感，而是用最残忍的方式激发每个员工变得强大。凡是想办法给员工安全感的公司都会死亡，因为强大的人在舒适的环境中往往会失去拼劲。凡是逼出伟大员工的公司都升腾不息，因为在这种环境下，员工要么变成"狼"，要么被"狼"吃掉。

因此，华为必须逼员工努力奋斗，逼他们成长，逼他们变得强大。只有这样员工和公司才有未来，员工才有真正的安全感。

任正非认为，组织说到底就是要张扬队伍中每个人的雄心，同时又要遏制过度的野心；张扬雄心、遏制野心是管理者每时每刻都要面对的问题。雄心代表着进取心，而没有欲望就没有雄心，一个万念俱灰的人你能指望他去做什么事？但过度的欲望、雄心往往又会膨胀为野心。雄心是欲望的张扬，野心是欲望的泛滥。管理的重要职责之一就是对欲望的引导和克制。张扬雄心、遏制野心，这是任正非管理的灰度。

管理者既要给人才一个施展才华的地方，又要给他一个不越雷池的机制。而且随着时间的推移、人才的成长，对这个人的职位还要进行调整——要么上升，要么降级，既要保证不浪费人才，又要实行统筹安排，让最合适的人才在最恰当的岗位上奋斗。

欲望是一种巨大的力量。任正非的高明在于给员工制造饥饿感，"长"他们的欲望；然后创造条件，引导、满足他们的欲望，从而激发出他们无穷的力量。

成就感就是你的付出得到企业和社会的认可。四十多岁才开始创业的任正非对人性有深刻的洞察，于是，个体对财富自由度、权欲、成就感等的多样化诉求，构成了华为管理哲学的底层架构。

成就感也就是荣誉感，荣誉感处于工作中的核心地位。人人都渴望成功,都希望自己的努力得到上司和企业的认可。如果员工在工作中能够获得成就感,那么外部的奖励反而没那么重要,有时甚至外部的奖励还会减少成就感所带来的快乐。

华为能成为一个"现象级企业"的根本原因只有两个字——共享,共享公司发展的成果,同时也共享安全感,共享权力,共享成就感。

所以说,作为老板,把钱分好,把权分好,把名分好,这是相当重要的。正如任正非所说,"把钱分好了,管理上很多问题都解决了"。

员工努力工作就是为了升职加薪,获得荣誉和成就感。聪明的管理者,懂得利用员工对物质、权力、荣誉的追求,统一员工的目标,从而结成利益的共同体。组织没有利益作为黏合剂,既不牢固,也难以长久。

每个人都希望被别人赞赏和理解,都希望自己的努力和贡献得到认可。得不到足够认可的员工,会变得郁闷和消极。对于管理者,认可和赞美是最便捷、最有效的激励方式。

在华为,唯有直接或者间接、重大或者微小地围绕客户和组织做贡献的劳动,才是华为所倡导和认可的,这样的劳动者才是合格的奋斗者,才能够获得与贡献相匹配的财富、权力和成就感。这样一种简单、一元的价值创造、价值评价和价值分配的激励机制,是华为凝聚近 20 万知识型员工的根本所在。

权力欲既是与生俱来的,也是社会化的产物。人们希望拥有选择权,渴望掌控自己的命运。企业领导要通过放权、授权,给员工成长的机会,释放员工巨大的工作动力。

任正非说:"不爱钱的员工不是好员工。""财散人聚,财聚人散",这只是说对了企业管理的基础元素。如果企业不能构建出宽阔的事业平台,让员工尤其是知识型员工的雄心、野心没有安放之地,让他们掌控一方天地的抱负得不到施展,恐怕钱给得再多,也很难长期吸纳和凝聚一流的精英一起打天下。

企业之间的竞争,从根本上说,就是管理的竞争。管理的持续进步依赖于干部队伍、员工队伍的持续进步。干部队伍、员工队伍的持续进步需要超越物质需求,用价值观对其进行武装,以追求更高层面的内容。

企业的竞争力源于干部的责任感和使命感。因为,有责任感和使命感的人双眼熠熠生辉,从不缺乏内在的激情与活力。

华为人的责任与使命就是践行、传承华为文化和价值观,以华为文化和价值观为核心,管理价值创造、价值评估和价值分配,带领团队持续为客户创造价值,实现公司的商业成功和长期生存。很多公司的管理者认为价值观是虚无缥缈、可有可无的,远远没有利润、目标、销售额等这些内容来得实在。而在任正非的逻辑中,核心价值观是非常重要的,因为仅仅依赖于"物质共同体",一个组织很容易分崩离析。除了用"价值创造、价值评估、价值分配"体系将团队打造为物质共同体之外,还需要将团队凝聚为"精神共同体",这其中的关键就是企业的核心价值观。企业作为一个整体,"一同努力的源,是企业的核心价值观","公司要保持高度的团结和统一,靠的是共同的价值观"。

为此,任正非要求,"高层要有使命感,中层要有危机感,基层要有饥饿感"。

什么是使命感?其实就是明确自己无论如何都想实现的价值,无论如何也要承担的责任。

任正非要求华为的干部要贴近客户,洞察客户需求、捕捉商业机会、促进业务增长。企业的高级干部是怎样进步的?就是天天与客户在一起,通过与客户的接触产生思想上的火花,奠定将来发展的基础。

在任正非看来,作为一个领导,最重要的职责就是培养接班人。不培养接班人,就是对公司最大的不负责。一个高级干部如果不在思想上、行动上帮助接班人成长,就失去了他的作用。高级干部一定要起到传帮带的作用,帮助新一代成长,挑起管理的重担,发挥更大的价值,让职业经理们分享成功的果实。

在华为交接班这个问题上,任正非强调的是要建立文化、制度、流程的交接,而不是要交接给某一个具体的人,群体性的接班是华为事业持续发展的保障。华为不管由谁来管,都不改变其核心价值观。

通过对任正非的欲望管理理论的分析,我们不难发现这五个层面正是对应着马斯洛需求层次理论的五个层面,人的需求从低到高、按层次分为五种,分别是生理需求、安全需求、社交需求、尊重需求和自我实现需求。

这也是每个人在社会上成长和进步的一个缩影。所以只要抓住了人的每个阶段成长的欲望,也就抓住了企业管理的本质内容。

历史上的每一个成功者都是充满欲望的,没有强烈的欲望也必然不会达成目标。欲望的力量是巨大的,它能够激发人的斗志,扫清成功路上的障碍,使人不断超越自我,实现从优秀到卓越的跨越。

任正非说,"让员工成功才是最大的人性管理。"华为坚持"以奋斗者为本",为奋斗者提供舞台,授予他们相应职权,配置相应资源,充分赋能,为他们创造赚钱的机会、表现的机会、成长的机会、发展的机会,使大量的年轻人有机会担当重任,快速成长,实现人生价值的最大化。

【故事点评】

任正非是一位志存高远、懂人性的企业家,被称为"人性大师"。从某种意义上讲,华为能够一路披荆斩棘,屹立于行业之巅,与任正非设定的洞察人性的底层逻辑有很大关系。

欲望是成功的支点。人如果没有欲望,就会失去奋斗心。优秀的管理者都善于制造饥饿感,让员工产生一点企图心。因为,企图心是一个很重要的力量来源,它能够扫清成功路上的障碍,战胜困难。

管理归根结底就是洞悉人性、解放人性。在管理上,任正非主要引导员工对自身和社会价值进行思考,使其逐步产生共鸣,进而改变行为,自我驱动。任正非在管理上强调人性和本能,用责任感和使命感凝聚员工。

懂人性的人最懂激励。如果一个员工的所有细胞都被激活,这个员工就会充满活力,工作积极。

拿什么去激活?关键就是薪酬分配制度。为此,华为建立了以岗位责任结果等为导向的薪酬分配机制,员工的收入都与绩效挂钩,实行"按劳取酬,多劳多得",让贡献者获得应有的回报。

任正非常说:"最大的'自私'是无私。"30多年来,他在华为最重要的工作就是分钱、分权,与员工共同分享财富、权力和成就感。

华为"获取分享"制度的建立,反映了任正非对员工利益的基本态度,体现了他对员工的真正尊重,因为人的最基本诉求首先是利益获取的问题。

全员持股是华为"获取分享"制度设计的核心。华为一直在回避资本市场的诱惑,拒绝上市,实行全员持股。作为华为的创始人,任正非放弃了公司利益分配的优先权。他将公司的股份都分给了员工,自己仅持有公司1.14%的股份。华为通过全员持股,将员工变成公司的股东,人人当老板,共同打天下。员工的身份变了,干劲自然更足了。这就是华为拥有强大凝聚力和战斗力的核心原因。

研究表明,舍得在员工身上花钱的企业,管理成本是最低的。任正非把赚到的钱拿出来与员工分享,收获的是人心。所以,近20万名华为员工会心悦诚服地团结在他的周围,积极努力工作,持续奋斗,从而成为一支战无不胜的华为铁军。

华为的成功,就是因为任正非遵循人性和欲望,建立了基于人性、基于人的动机、基于人的欲望的多元化激励机制,激发出了华为人的生命活力和创造力,大家"力出一孔,利出一孔",将华为推上了竞争对手难以企及的高度!

"铁三角"模式

华为的成功,不仅仅是管理的成功、研发的成功,更是其强悍营销能力的成功——只是人们都忽略了这一点。对于企业来说,营销就是一切,任何公司的成功首先必须是营销的成功。"铁三角"模式让华为建立起符合现代企业环境的营销组织架构和销售战略,从而实现企业的长久发展。

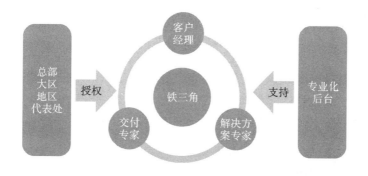

任正非曾对华为著名的"铁三角"模式做过这样的阐述:

一是让听得见炮声的人来决策;二是以客户经理、解决方案专家、交付专家组成的工作小组,形成面向客户的"铁三角"作战单元;三是一线的作战,要从客户经理的单兵作战转变为小团队作战。

我们系统部的"铁三角",其目的就是发现机会,咬住机会,将作战规划前移，呼唤与组织力量，实现目标的完成。系统部里的三角关系，并不是一个三权分立的制约体系，而是紧紧抱在一起生死与共，聚焦客户需求的共同作战单元。它们的目的只有一个：满足客户需求，成就客户的理想。

企业在管理中经常面临的尴尬是：各部门各自为政，相互之间沟通不畅，信息不共享，各部门对客户的承诺不一致；客户接口涉及多个部门的人员，关系复杂。在与客户接触时，每个人只关心自己负责领域的一亩三分地，导致遗漏客户需求、解决方案不能满足客户要求、交付能力也不能使客户满意；对于客户的需求，更多的是被动的响应，难以主动把握客户深层次的需求。

简单地说，华为"铁三角"模式就是把作战权交给一线，将过去隐藏的资源面展开，大家在各自的专业上分兵行进、互相督促，在客户需求的关键时刻会师，形成更强的项目执行能力。这个"铁三角"背后，需要整个公司的组织进行重组，需要对分配激励机制进行改革，要围绕着把指挥部建到战斗最前沿的目标，来重新思考怎么设置各种组织的功能、怎么分配实际利益，难度可想而知。这就是很多公司没有学习到位的一个根本原因。

任正非曾在华为内部讲话时提到了一个很重要的角色，叫"场景师"（或者叫"合同场景师"），就是给客户设计整个合作项目和服务的人。任正非认为："如果一个人能把'铁三角'的三种角色都搞清楚，还能融会贯通，那么这个人就是合格的'场景师'，能够基于全球不同国家客户的不同阶段的需求，给出最恰当、最能满足客户实际需要的项目设计方案。"

"铁三角"模式的雏形最早出现在华为公司北非地区部的苏丹代表处。

2006年8月，业务快速增长的苏丹代表处在投标一个移动通信网络项目时没有中标。在一次客户召集的网络分析会上，华为共去了七八个人，每个人都向客户解释各自领域的问题。客户的CTO当场抱怨："我们要的不是一张数通网，不是一张核心网，更不是一张交钥匙工程的网，我们要的是一张可运营的电信网！"

华为客户线的人员本来在与客户的交流中获取了这点信息,但却没有把信息有效传递给产品人员。而产品人员由于受到传统报价模式的影响,错失良机。

痛定思痛,华为苏丹代表处在随后的工作中慢慢总结出了"铁三角"运作模式并推广到全公司。从这一案例可以看出,项目没中标的关键原因是信息失真,华为销售人员在与客户交流中是获取了相关信息的,但在传递给产品人员时却遗漏了。

为什么会遗漏?这并不是华为销售人员没有责任心,而是因为华为销售人员关注的重点是客户要什么产品,什么时候可以签约,什么时候下单,对于客户需求(产品)的关注是放在次要位置的,因为职能分工决定了产品是后端产品人员来解决的。但是,如果产品人员能直接听到客户这个信息呢?

所以,"让听得见炮声的人来决策"首先要解决让哪些人"听得见炮声"的问题。而如何让应该听见炮声的人及时听见炮声,这就需要机制和流程来牵引。

为此,苏丹代表处决定打破楚河汉界,以客户为中心,协同客户关系、产品与解决方案、交付与服务,甚至商务合同、融资回款等部门,具体来说,就是苏丹办事处以客户经理(AR)、解决方案专家、经理(SR/SSR)、交付专家、经理(FR)为核心组建项目管理团队,形成面向客户、以项目为中心的一线作战单元,从点对点被动响应客户到面对面主动对接客户,以便深入、准确、全面理解客户需求。终于,"三人同心,其利断金"。

苏丹办事处就把这种项目核心管理团队称为"铁三角"。"铁三角"模式的效果立刻就显现出来。后来,华为在全公司推广并完善"铁三角"模式。

随着企业的快速发展壮大,华为在全球电信市场获得的大型项目越来越多,客户需求愈发复杂和多样,需要全方位满足客户需求、提供全面解决方案；同时，伴随着全球经营以及业务增加，华为内部组织部门不断扩大，部门壁垒逐渐增厚，内部竞争也加剧，需要以客户为中心来打通相关业务和部门间的流程，聚焦一线，简化管理，提高沟通效率，实现决策前移和风险可控。

华为"铁三角"模式的构成体系包含两个层次：一个是项目"铁三角"团队，一个是系统部"铁三角"组织。基于项目的"铁三角"团队是代表华为直接面向客户的最基本组织，是一线经营作战单元，是华为"铁三角"模式的核心组成部分。而系统部"铁三角"组织是项目"铁三角"各角色资源的来源以及项目"铁三角"业务能力的建设平台。每个团队都有自己的责任与任务，发挥团队作战的优势，每个作战单元之间积极沟通，畅通的交流提高工作效率，满足客户需求，帮助客户实现最佳体验。"铁三角"模式的实施，有助于锻炼出优秀的一线队伍，夯实一线的作战能力。

面对企业发展遇到的新挑战，华为聘请 IBM 等世界知名咨询公司担任管理顾问，全力推行全业务领域的流程变革，实现精细化运作，提升组织效率，成为客户最佳商业合作伙伴，帮助客户成功。华为利用 2009 年开始的 LTC（线索至回款）流程变革之机，逐步完善和夯实"铁三角"运作模式，构建立体的"铁三角"运作体系，以支持市场的可持续发展，提升客户全生命周期体验，实现企业的高效运营以及可盈利的增长。

DT（数据处理技术）时代，要求企业的所有业务运营活动必须以客户的需求为中心，必须实时、快速地获取客户的一切需求和反馈，在此基础上才能组织产品的研发、生产。这个时候贯穿企业的业务的营销与服务数据就成了企业的核心主数据流程，企业的研发（PLM）、制造（ERP）、供应链（SCM）、财务（FS）等管理都必须围绕客户的需求和反馈（来源于 LTC 数据）来运转，原来缺失的 LTC 流程此时成为企业的主数据流程。企业只有贯通了 LTC 系统主流程，并与已有的 PLM / ERP / SCM / FS 等系统进行集成，才真正能够形成"以客户为中心"的端到端的业务运营数字化支撑平台。

华为以整个LTC流程实现"铁三角"运作模式,使得整个业务运作的逻辑更清楚,形成的是混合型队伍。华为追求的就是六个字:质量、成本、效率。

【故事点评】

华为"铁三角"模式表面上是一个战术,但从本质上而言,是华为在过去十几年一直提倡的流程型组织在客户端的具体实现的模式。"铁三角"模式的核心是在深度把握、理解客户需求的情况下,做"厚"客户界面,进行以项目为中心的团队营销方式,对客户进行立体营销,从商务、交付、产品解决方案等各方面来满足客户需求。

这个模式要求组织在前端实施轻足迹的管理,团队模块化运作,而不是重足迹。通过轻足迹,快速地把握和了解客户需求,同时前端的人员能够通过机制快速地呼唤后端的平台,让整个组织形成对前端的快速响应,来满足客户需求。

对于企业而言,只有打通了企业核心业务流程,即LTC主流程,企业的核心业务数据才能够通畅无阻地在所有相关部门与环节快捷流动,形成企业全员皆兵的"铁三角"模式,形成全员面向客户服务的态势;才能真正实现"一线呼唤炮火"时,后方的战略机动部队给予及时迅速的强力支援,实现企业核心业务在整个组织中的敏捷执行落地;才能在时间、资源有限的前提下实现"多打粮食多产出"的企业业务运营的终极目标,屡创佳绩。

扁鹊大哥

任正非曾给华为人讲了一个关于古代神医扁鹊的故事。

扁鹊有兄弟三人。一次，魏文侯找到扁鹊，问他："我听说你们家兄弟三个都学医，那么谁的医术最高？"

扁鹊脱口而出："我大哥的医术最高，二哥次之，我最差。"

魏文侯惊讶地问："那你为什么名动天下，他们两个一点名气都没有？"

扁鹊说："我大哥的医术之高，可以防患于未然。一个人病未起之时，我大哥一望气色便知，于是用药把他调理好，所以天下人都以为我大哥不会治病。

"我二哥的能耐，是能治病于初起之时，防止酿成大病。病人刚开始有症状时，他就用药将人治好了。所以我二哥的名气仅止于乡里，被人认为是治小病的医生。

"我呢，因为医术最差，所以一定要等到这个人病入膏肓、奄奄一息时，才下虎狼之药，让其起死回生。

"所以，世人便以为我是神医。想想看，像我大哥这样治病，人的元气丝毫不伤；我二哥治病，病人元气稍有损伤就补回来了；像我这样治病呢，命是捡回来了，可元气大伤。你说，我们家谁的医术最高明？"

魏文侯这才恍然大悟。

以现代医学的眼光来看,扁鹊的大哥就是一位防患疾病于未然的公共卫生医师,虽然名声不大,但却为大众的健康做出了实实在在的贡献。

任正非受这个故事的启发,于 1998 年出台了"小改进,大奖励;大建议,只鼓励"的政策。精益管理的精髓之一就是持续改善,"小改进,大奖励"的本质也是持续改善。

小改进,有助于消灭隐患于萌芽状态,防患于未然,就像扁鹊大哥的治疗一样。治国持家也是同样的道理。国家和家庭,也难免存在隐患。家庭虽小,但也是组织,也要未雨绸缪,及时消除隐患。

"隐患险于明火,防范胜于救灾。"任正非更希望员工能像扁鹊大哥一样,虽然不被别人认为是英雄,却能将问题都消灭在萌芽状态,避免了抢救和手术,也没有浪费什么资源。

华为非常明确地不鼓励类似扁鹊那样的英雄,不希望非要等到企业奄奄一息,才让某位英雄大动干戈地救活企业。

【故事点评】

关于这则故事,现代人有着不同的看法,因为我们从中读到的不仅仅是谦虚的美德。对于企业而言,管理团队组建要优势互补,取长补短,各司其职,通力协作。在现代社会,企业更多地强调团队精神,"扁鹊三兄弟"便是团队合作的经典代表,只不过,在这个团队中最出名的不是老大、老二,而是老三——扁鹊。既然是团队,那么就来看一看"扁鹊三兄弟"是如何分工的。

扁鹊的大哥主要对付那些稍有不适便来寻医问诊的人,这类人对健康问题很关注,而扁鹊的大哥正好能凭借自己的敏锐洞察力找出他们的症结所在,而且也不必耗费太多的精力,只需开点补药就可以将这类人的疾病治愈。

扁鹊的二哥主要对付那些比较关注健康的大众"小"病人,这类人害怕大病的痛苦，扁鹊的二哥正好能凭借自己的迅速、果断和干练，抓几服中药，药到病除，将他们的小病治愈。

扁鹊则主要对付那些患有重大疾病或受到严重创伤的病人，这类人已经饱受病痛的折磨，对治愈抱有很大的期望，同时又做好了最坏的打算。此时，扁鹊便成了他们的救命稻草。几服虎狼之药过后，虽伤及根本，但总算挽回了一条小命。扁鹊也逐步成名。因为人们天生对痛苦的经历记忆深刻，而且对冲在第一线的救命人员心存好感，所以，扁鹊的"医祖"之称也当之无愧。

狼狈组织

在创业阶段,华为公司其实没有"狼性文化"一说,当时华为一直都是在市场夹缝中求生存。在历经残酷的市场竞争后,任正非渐渐意识到组织建设的重要性。

任正非多次在华为提出"狼文化"的主张。他认为,做企业就是要发展一批"狼"。狼有三大特性:一是敏锐的嗅觉;二是不屈不挠、奋不顾身的进攻精神;三是群体奋斗。企业要扩张,必须有这三要素。所以,他要在华为内部构筑一个宽松的环境,让大家去奋斗,在新机会点出现时,自然会有一批领袖站出来去争取市场先机。

在1994年,任正非正式提出了"狼狈组织"计划,强调狼狈合作,目的是建立一个适应"狼"生存的组织和机制,市场一线部门要分工合作,不断扩大生存版图。

任正非说:"狼狈组织"计划是针对华为办事处的组织建设的,是从狼与狈的生理行为归纳出来的。狼有敏锐的嗅觉,团队合作的精神,以及不屈不挠的意志。而狈非常聪明,因为个子小,前腿短,在进攻时不能独立作战,因而它跳跃时是抱紧狼的后部,一起跳跃,就像舵一样的操控狼的进攻方向。狈很聪明,很有策划能力,很细心。它就是市场的后方平台,帮助做标书、网络规范、行政服务。

华为的"狼狈组织"计划也包含四层意思：一是建立一个适合"狼"生存和发展的组织和机制；二是倡导狼的三大特质：敏锐的嗅觉、强烈的进攻性、群体合作与牺牲精神；三是在一个快速变化的世界中，小狼超越老狼不但是可能的，而且会成为普遍规律；四是华为还是要呼唤"动物精神"，尤其要培养、寻找更多的好的小狼。

市场部和研发端要把目标瞄准世界上最强的竞争对手，不断靠拢并超越它，才能生存下去。因此，公司在研发、市场系统必须建立一个适应"狼"生存发展的组织和机制，吸引、培养大量具有强烈求胜欲的进攻型、扩张型干部，激励他们像狼一样嗅觉敏锐，团结作战，不顾一切地捕捉机会，扩张产品和市场。同时培养一批善统筹、会建立综合管理平台的狈，以支持狼的进攻，形成狼狈合作之势。

在任正非看来，狈在进攻时与狼是一体的，只是这时狈用前腿抱住狼的腰，用后腿蹬地，推着狼前进。但这种组织建设模式，暂不适合其他部门。经过10多年的管理变革，华为已经形成了行之有效的一整套制度与流程，这对提升华为的管理能力、防止组织崩溃、进军国际市场起到了巨大作用。

【故事点评】

"狼狈组织"计划是华为管理智慧的结晶。前方的市场拓展者，要有市场的嗅觉，有敢于战斗的进攻精神，要有团体作战的精神，同时要与后方的支撑部门无缝连接起来，进行有序的资源调度和配合。前线强调进攻性，后方强调管理性，两者要结合起来。组织要取得胜利，既要有"狼"负责打江山，又要有"狈"负责守江山，支持"狼"的进攻。"狼"与"狈"各司其职，优势互补，共同促进组织的良性发展。

一线炮火

2009年1月16日,任正非在华为销售体系颁奖大会上讲话时提出"让听得见炮声的人来呼唤炮火",这一观点在企业界广受推崇。

谁来呼唤炮火,应该让听得见炮声的人来做决策。而现在我们恰好是反过来的。机关不了解前线,但拥有太多的权力与资源,为了控制运营的风险,自然而然地设置了许多流程控制点,而且不愿意授权。过多的流程控制点会降低运行效率,增加运作成本,滋生官僚主义及教条主义。当然,因内控需要而设置合理的流程控制点是必须的。去年公司提出将指挥所(执行及部分决策)放到听得到炮响的地方去,已经有了变化,计划预算开始以地区部、产品线为基础,已经迈出可喜的一步,但还不够。北非地区部给我们提供了一条思路,就是把决策权根据授权规则授给一线团队,后方起保障作用。这样我们的流程优化的方法就和过去不同了,流程梳理和优化要倒过来做,就是以需求确定目的,以目的驱使保证,一切为前线着想,就会共同努力地控制有效流程点的设置,从而精简不必要的流程,精简不必要的人员,提高运行效率,为生存下去打好基础。

"让听得见炮声的人来做决策"是任正非从美国特种部队的作战方法中总结出来的。美军在阿富汗的特种部队分为多个作战小组,每个小组三人,一名战斗专家、一名信息专家和一名火力专家,彼此互相了解。假如发现敌人,战斗专家负责警戒,保护小组成员的安全;信息专家快速确定敌人的数量、位置和装备;火力专家根据信息专家提供的信息来配置最合适的火力,按照规定直接向后方下达作战命令。

命令下达后,美军的炮火会覆盖整个目标区域,瞬间消灭敌人。授权范围按照炮火的成本来定,例如,一次作战的炮火成本低于5000万美元时,前线可不经上级批准,直接下达作战命令。

为了保证"让听得见炮声的人来做决策"授权机制的运行,华为于2011年对研发等后方机构进行了改革,以适应管理模式的转变,加强了流程化和职业化建设,同时加强对监控体系科学合理的运用。

【故事点评】

行伍出身的任正非总是喜欢用军事术语来描述华为的运行机制,他所说的"一线炮声",就是告诉华为的干部员工,要让真正了解客户需求的一线员工能直接从总部配置人力、物力等资源,更好、更直接地为客户服务,满足客户需求。"让听得见炮声的人来做决策",就是要下放权力,让一线人员参与到决策中来,让"听得见炮声"的人来呼唤炮火。同时,作为高层必须"听得见炮声",了解一线的真实情况(客户需求),立即做出决策,快速响应客户需求。

"让听得见炮声的人来做决策"的实质就是组织的决策权下沉问题,它不仅涉及指挥者的个人管理风格的调整,还涉及组织的机构改革与深层次的组织文化建设等方面的问题。一方面能从制度层面避免上级的决策中可能存在的缺陷,限制决策者滥用权力;另一方面则能提高下属的主观能动性,有利于发掘、培养人才。

干部"之"字形成长

华为在干部培养、选拔上提倡"之"字形成长路径,干部任职三年就要进行岗位调整,例如,负责研发的干部去市场部,去供应链部,去采购部,干部必须经过多个业务领域的历练。

任正非曾这样阐述干部循环流动和"之"字形成长的重要性:

过去我们的干部都是"直线"形成长,对于横向的业务什么都不明白,所以,现在我们要加快干部的"之"字形成长。因为直线成长起来的干部缺少足够多的岗位实践历练。但是,干部的"之"字形的成长路线,只适合高级管理者和一部分综合性专家,不适合基层员工和干部。

如果一个人在研发、财经方面做过管理者,又在售前、一线做过项目,拥有较为丰富的工作经历,那么他在遇到问题时,就会全局思考,能端到端、全流程地考虑问题。但如果他一直在某个体系工作,比如在研发体系,是从一条线上直线成长起来的,其思维就会有局限性,遇到问题也很容易出现本位主义,会强调他那个板块的重要性。所以,华为一直要求未来有可塑性的干部要流动起来,形成一个有力的作战群。

"轮岗制"是华为实行的一种体验式的"之"字形提升方式,分业务轮岗和岗位轮岗。业务轮岗如让研发人员去搞生产和服务,让他真正理解什么叫产品;岗位轮岗是让高中级干部职务发生变动。职务变动有利于公司管理水平的提升，形成均衡发展，同时有利于优秀干部快速成长。

任正非要求华为不拘一格地选拔干部，让优秀的、有视野的、意志坚定的、品格好的干部走"之"字形成长道路，培养大量的帅才和将才。

任正非将华为员工分为四类：管理类、专家类、职员类、作业类。他指出："公司要重新建立职员类和作业类员工的素质模型和评价体系，职员类和作业类员工不必走'将军'成长的道路，不需要那么高的淘汰率，也不需要年龄限制，只需要把本职工作干好。管理类和专家类这两个职类需要参加循环流动，但职员类和作业类不需要流动，不需要'之'字形成长。因为管理类干部、专家类岗位的待遇比较高，所以要强制进行循环流动，在流动中实现晋升或淘汰。"

【故事点评】

任正非带领华为度过许许多多风浪，他对这个"之"字更是情有独钟，而且在华为经营管理中将"之"字运用得出神入化。尤其是他要求干部要走"之"字形成长路线，不可提拔烟囱式直升的干部。任正非倡导干部"之"字形成长，就是要让他们脱离舒适区，去不断适应变化，培养多方面的技能，从而激发个人和组织的战斗力，培养更多的帅才和将才。

花 40 亿人民币拜 IBM 为师

焦虑的任正非在 1997 年圣诞期间,去了一趟美国,参观了休斯公司、IBM、贝尔实验室和惠普。

到美国后,任正非将考察重点放在 IBM 这家最具美国特色的企业身上。虽然圣诞节前夕美国各大企业都已经放假了,但 IBM 包括 CEO 郭士纳在内的高层领导均照常上班,并真诚而系统地向任正非介绍了他们的管理内涵。整整一天时间,从产品预研到项目管理、从生产流程到项目寿命终结的投资评审,IBM 高层都做了极为详尽的介绍,让他有了新的启发和思路。

尤其让他由衷敬佩的是,郭士纳作为 IBM 的灵魂人物,不仅具有罕见的坚强意志和变革的勇气,而且为人处世极其低调。在担任 IBM 首席运营官的 9 年时间里,他极少接受媒体的采访,也很少在公开场合露面。正是这种务实精神,郭士纳才得以集中全部精力,在 IBM 建立了世界一流的业务流程、高度透明的发展战略以及高绩效的企业文化,最终将 IBM 从死亡之谷带到了一个辉煌的巅峰。

这一切,让任正非怦然心动:华为要像 IBM 一样强大,不仅自己要以郭士纳为榜样,而且华为也必须虔诚地拜 IBM 为师,不惜一切代价将其管理精髓移植到华为身上。这是华为成为世界一流企业的必经之路,也唯有如此，华为才能逐步走向规范化、职业化和国际化。

2018年，任正非在接受媒体采访时讲述了华为花40亿元人民币拜IBM为师的经过。

在访问完四家公司之后，恰逢美国的圣诞节，处处张灯结彩，热闹非凡。我们一行却在美国硅谷的一家小旅馆里，点燃壁炉，进行了为期三天的封闭式讨论，消化了访问的笔记，整理成长达100多页的笔记带回公司传达。

从美国回来之后，我决定向IBM学习，并提出了一系列改造计划。我最推崇的是郭士纳，是他让亏损160亿美元的IBM起死回生，而且他也是一位和我一样不太懂技术的管理者。

值得一提的是，在访问IBM期间，郭士纳于1993年上任IBM公司CEO时提出的"制造业四条基本规律"给我留下了非常深刻的印象。

IBM从事的是制造业，华为从事的也是制造业，无论是多么高端的电子制造业，还是其他高科技制造业，从本质上讲，它们都是制造业。既然是制造业，就必须遵从制造业的基本规律，违背了行业的基本规律就会受到市场的惩罚。

我给IBM大中华区董事长及首席执行官周伟焜写了一封信，表示想拜IBM为师。周伟焜是IBM大中华区董事长及首席执行官，以严谨、务实、精干而深得郭士纳的赏识，自1995年7月起担任IBM大中华区董事长及首席执行官。

据周伟焜介绍，鉴于华为是IBM在中国的第一个管理咨询项目，树立样板的意义重大，所以在报价问题上，深谙中国企业善于"拦腰砍"的谈判常规，IBM设计了两套报价方案。

在进行商务谈判时，周伟焜提出：根据IBM方面的推算，70位顾问按级别分为3类，每小时收取的费用分别为300美元、500美元和680美元，为期5年。也就是说，此次，管理变革分为两期进行，仅第一期，华为就要投入 20 亿元人民币。也就是说，华为要向 IBM 支付高达 40 亿元人民币的学费。

周伟焜话音刚落，会场瞬间响起嘘声。一位华为副总裁心痛地对任正非悄声说："这费用太高了，相当于华为一年多的利润，我们砍砍价吧。"

任正非反问道："你砍了价，你能对项目的风险负责吗？IBM 会传授真功夫给我们吗？"

所以对于周伟焜的报价，任正非只问了一句话："你们有信心把项目做好吗？"

周伟焜毫不犹豫地回答："能！"

于是任正非当场拍板："我不砍价！"

会谈结束后已是深夜，周伟焜给郭士纳打电话汇报了情况，郭士纳对周伟焜说了三个字："好好教！"

1998 年 8 月 10 日，任正非召开了干部会议，宣布华为与 IBM 合作的"IT 策略与规划"项目正式启动，内容包括华为未来 3—5 年向世界级企业转型所需开展的 IPD（集成产品开发）、ISC（集成供应链）、IT 系统重整、财务四统一等 8 个管理变革项目。

任正非在会上宣布了以孙亚芳为总指挥、郭平任副组长的变革领导小组的成员名单，同时宣布了由研发、市场、生产、财务等富有经验的 300 多名业务骨干所组成的管理工程部的干部任命，全力以赴，配合 IBM 顾问的各项工作。

会后，任正非亲自指示，把非常拥挤的华为总部腾出很多临海的房间，按照 IBM 风格进行布置，并购买了新的办公家具，让顾问来到华为后感觉仍然在 IBM，可谓宾至如归。

1998 年 8 月 29 日，随着第一期 50 多位金发碧眼的 IBM 顾问进驻华为展开工作，这场由任正非主导的管理变革运动，在华为人的一片惊愕声中正式启动。于是，华为成为在国内第一家引进西方公司 IPD 的企业。

【故事点评】

任正非当初斥资40亿元师从IBM，这种胸怀、格局与远见，在中国商业发展史上无疑是空前的。华为通过与IBM合作，对公司的领导力、决策、市场、流程管理、财务监管先后进行了脱胎换骨式的变革。在IBM顾问的悉心指导和真诚帮助下，历经十年虚心学习和潜心苦练，华为终于修成正果，一个令美国政府都惧怕的跨国公司横空出世。

"削足适履"

面对众多干部员工及各个部门的排斥和抵触情绪,1999年11月16日,任正非在IPD第一阶段总结汇报会上,明确了管理变革"三部曲":先僵化,后优化,再固化。

僵化是为了深刻理解流程,优化是为了持续改进,固化是为了让流程成为习惯。这种削足适履、穿"美国鞋"的过程虽然痛苦,但使华为的产品开发从小作坊式的模式走向规模化、流程化、可管理、可重复的模式。

任正非严肃地说:"我最痛恨'聪明人',认为自己多读了两本书就了不起,有些人还不了解业务流程是什么就去开'流程处方',流程七疮八孔的老出问题。我们切忌产生中国版本、华为版本的幻想。引进要先僵化,后优化,再固化。在当前两三年之内以理解消化为主,两三年后,允许有适当的改进。因为,IPD关系到公司未来的生存与发展,各级组织、各级部门都要充分认识到它的重要性。我们是要先买一双美国鞋,如果不合脚,就削足适履。"

而在接下来的IT变革领导小组会议上,任正非再度严肃地指出:"37码就37码,脚大了就把脚砍掉一些也得穿,不愿砍脚的人,你就到那边去做大脚女人,种地去,靠边站。推行流程的态度要坚决:不适应的人就下岗,抵触的人就撤职。IPD要一层层地往下面落实,搞不起来我就要拿你们开刀,这是毫不含糊的!"

在任正非的强力推进下,作为试点,IBM 顾问率先让华为无线业务部穿上了"美国鞋",然后将此经验延伸和推广到华为所有的产品线。

但是,被"削足适履"之后的无线业务部,很快便感受到了巨大的痛苦。比如,无线业务部曾发现"即时通信"有着巨大的市场潜力,极有可能替代传统通信,并成为互联网通信的主流。但他们经过昼夜突击完成设计后,评审时由于意见不统一遭到否决。而抓住了历史机遇的腾讯,成就了一段现代网络神话。

当时正值全球 IT 行业寒冬,在随后大规模的"削足适履"运动中 30% 的研发人员因"削足适履"的痛苦而选择离开了华为。

在这场中国企业史无前例的西式改造中,痛苦的并不仅仅是上万名华为员工,还包括任正非本人。

通过"削足适履"来穿好"美国鞋"的痛苦,换来的是系统顺畅运行的喜悦。任正非希望华为穿上 IBM 的鞋,迅速走上国际化管理的轨道。

1998 年 7 月,任正非在《不做昙花一现的英雄》的讲话中曾这样指出:世界上最难的改革是革自己的命,而别人革自己的命,比自己革自己的命还要困难。

当时任正非的主要用意是提醒华为人,在华为全盘 IBM 化的过程中要做好迎接痛苦的准备。但事实又一次证明,对人的固有思维模式进行改造,其艰难程度远远超出了他的想象。也就在这个时候,他才更加深刻地体悟并清醒地意识到,他一手掀起的变革运动,已近乎一条航行了一半的帆船,后退显然是不行的,但前行又受到文化的巨大阻力。尤为关键的是,在这场中国企业界前所未有的削足适履的血雨腥风中,震惊世界的 IT 行业寒冬不期而至。这一切,对任正非管理变革的勇气、企业家精神和"三分天下"的雄心壮志,无疑是一次严峻的考验。

回想当时的情况,随着华为公司规模的日益扩大和市场的日益扩张,

IPD 系统的重要性日益凸现出来。面对各种各样的如雪片般飞来的市场需求，如果没有一套正确的筛选评估测试体系，华为的整个研发体系将会崩溃，平滑运行的 IPD 系统大大缩短了产品的研发周期，降低了研发风险。当华为开始与世界顶级的电信运营商以统一的语言进行沟通的时候，很多华为的员工包括中高层管理人员才理解了任正非"变革之刃"的良苦用心。

历时五年，在经历和忍受了全球 IT 行业寒冬的摧残和"削足适履"的极度痛苦，当其他通信企业纷纷转型投资和房地产开发时，华为咬牙坚持了下来：

2003 年 12 月，IBM 顾问完成了为期五年的第一期管理变革准备撤出华为的前一天，再度给研发部门上了最后一堂课。

当 IBM 顾问重新演示了 1998 年 9 月在第一堂课上展示的 PPT 文档时，在座的绝大多数研发人员惊奇地发现，当时顾问们对华为管理弊端的十大"美式"诊断，现在至少有九个问题已经得到解决并达成共识。IPD 终于融入华为人的灵魂和血液之中，并彻底改变了华为人的做事方法。

从产品开发的第一天，从市场到财务、从研发到服务支持……所有责任角色都参与进来并在整个投资过程中实施相应的权力，目标只有一个，那就是满足市场需求并快速盈利。

另一项重大的 ISC（集成供应链）变革，经过 IBM 顾问为期五年的指导，华为核心竞争力的全面提升更是明显：

1998 年 12 月 IBM 顾问在对华为供应链进行变革之前，曾对华为的运行现状做过一次详细的摸底调查，那时候华为的订单及时交货率为 30％，而世界级企业平均水平为 90％；

华为的库存周转率为 3.6 次/年，而世界级企业平均为 9.4 次/年；华为的订单履行周期为 20—25 天，而世界级企业平均为 10 天左右。

2003 年 12 月，IBM 顾问再次给华为做出的考核数据显示：订单及时交货率已达到 65％，库存周转率则上升到 5.7 次/年，而订单的履行周期也缩短到 17 天。

尽管与世界级企业相比尚有一定的差距，但根据 IBM 顾问的经验，他们服务过的上百家从量产型向创新型转变的企业都至少花费了 7—10 年时间，而华为在 5 年内就产生了如此重大的变化，非常罕见。按照这个速度，华为将提前迈过跨国公司的门槛。

2004 年至 2007 年，华为再度斥资 20 亿元师从 IBM，先后进行了 EMT（企业最高决策与权力机构）、财务监管等第二期管理变革，经过 IBM 董事会精心甄拔，由 90 多位富有多年跨国公司"领导力、决策、市场、流程管理、财务监管"经验的高级顾问团再度进驻华为，在他们的悉心指导和真诚帮助下，历时 10 年虚心学习和潜心苦练，华为终于修成正果，一个令美国政府都惧怕的跨国公司横空出世。

2008 年 2 月 29 日，华为董事长孙亚芳率领 50 余名高层干部，在华为总部举行盛大的欢送晚宴，隆重答谢 150 多名 IBM 顾问在过去 10 年间给予华为的指导和帮助。由于长期密切地并肩作战，在酒会现场，华为一位负责管理变革的副总裁失声痛哭："尽管对 IBM 来说，这只是一个商业咨询项目，但对华为而言，却意味着脱胎换骨。"

IBM 的资深顾问阿莱特则感慨地说："过去的 10 年我们耗费了无数的心血和精力，甚至把心也掏给了华为，我们为有机会把华为改造成一家跨国公司而甚感欣慰与骄傲。"

简单就是大智慧。真诚就是力量。实际上，在推进华为管理咨询项目过程中，无论郭士纳、彭明盛还是 IBM 顾问，均被任正非的真诚和大气所感动，并发自内心地看准华为是一家天赋极高并非常值得信赖的企业，将来必定大有所为，因此，这 40 亿元学费 IBM 并没有照单全收，而是与华为结成了亲密无间的朋友和全球战略合作伙伴。直到今天，华为的销售规模虽然大大超过 IBM，但与老师 IBM 的友谊却与日俱增，历久弥坚。

【故事点评】

世界上最难的革命是革自己的命,而让别人革自己的命,比自己革自己的命还要困难。华为就是在持续学习世界级企业的最优实践的基础之上,不断进行创新,不断实现超越。任正非把世界级企业的最优实践,它们的一些成熟的工具、方法,用拿来主义的态度,先僵化地学;然后把别人好的经验、好的工具方法,在学到位的前提下,再去优化;最后再固化成为企业独具特色的东西,真正形成一个企业不可替代的核心能力。华为的成长,本身也是一个不断模仿学习,最后实现超越的过程。换言之,就是站在巨人的肩膀上前行。华为是不断学习最优实践,复盘世界级企业的先进经验,去超越、去创新的一个典范。

深淘滩，低作堰

"深淘滩，低作堰"是李冰在2000多年前留下的治堰准则，是都江堰两千年来一直发挥防洪灌溉作用的主要"诀窍"，人们将其奉作治水经典，世代遵从，不敢有违。

都江堰水利工程兴建于2200多年前的战国时期，当时的秦国蜀郡太守李冰，选择水量丰沛的岷江中游作堰址，乘势利导，构筑了以无坝引水为特征的大型水利工程都江堰，使成都平原"沃野千里，号为陆海"，成为"水旱从人，不知饥馑，时无荒年"的"天府之国"。该工程直到今天还在发挥着巨大的灌溉和防洪作用。

"低作堰"指的是飞沙堰要低作。飞沙堰过高，虽然枯水季节宝瓶口可以多进水，但洪水季节却会造成严重淤积，使工程逐渐废弃。而"深淘滩"中的"滩"指的是凤栖窝下的一段内江河道，每年洪水过后这里会有沙石淤积，必须岁岁勤修。

所谓"深淘滩，低作堰"，即忌用高作堰的方式在枯水季节增加宝瓶口的进水，那是一种急功近利的做法，正确的做法应当是用深淘滩的方式疏浚河道，以此增加枯水季节流入宝瓶口的水量，供灌溉之需。为了保证枯水季节的灌溉用水，每年必须淘滩，淘到一定深度，不可有任何懈怠。为此，相传李冰在河床下埋石马（从明代起就改埋卧铁），作为深淘标记。

2009年3月,任正非去了一趟四川都江堰。当任正非站在都江堰堤坝上望着经典的鱼嘴架构,特别感慨!他说:

"深淘滩、低作堰"是李冰父子留下的治理都江堰的古训。

2000多年前都江堰水利工程的修建原理,与现在华为所在行业要生存下去的法则极其相似。

李冰留下"深淘滩,低作堰"的治堰准则,是都江堰持续保持生命力的主要"诀窍"。其中蕴含的智慧和道理,远远超出了治水本身。

深淘滩:就是不断地挖掘内部潜力,降低运作成本,为客户提供更有价值的服务。客户绝不肯为你的光鲜以及高额的福利,多付出一分钱。我们的任何欲望,除了用努力工作获得外,别指望天上掉馅饼。公司短期的不理智的福利政策,就是饮鸩止渴。

低作堰:就是节制自己的贪欲,自己留存的利润低一些,多一些让利给客户,并善待供应商及其他合作伙伴。将来的竞争就是一条产业链与一条产业链的竞争。从上游到下游的产业链的整体强健,就是华为生存之本。

任正非参观都江堰,悟透了"深淘滩,低作堰"的大智慧。他在惊叹古人的伟业的同时,也在吸取古人的管理智慧,系统地思考了华为二十余年的成败得失,并决定将李冰父子的治水理念引入企业管理实践,于是,"深淘滩,低作堰"便成为华为经营管理的核心理念之一。

任正非认为,"深淘滩,低作堰",实际上就是企业在不确定环境下的生存和成长之道。这其中蕴含的智慧和道理,远远超出了治水本身。华为公司若想长期生存,这些准则也是适用于华为的。

"深淘滩,低作堰"准则,其实是一种对组织架构体系的洞察。这里面有两层意思:一个是企业的发展如大江大河浩荡前行,要保持一种平衡和节奏;一个是企业的主体是人,而人性如水,也是需要管理、疏导和控制的。

"深淘滩"的内涵是"苦练内功",不断增长自己的本事和能耐,对企业来说就是提高业务能力和工作效率,降低成本、赚取利润。企业必须要有现金流储备,这是企业的立身之本,必须慎重对待。

其实,深淘滩的功能有两个,一是减少消极负累,二是做积极的储备。深淘滩是为了有更多的空间来储备人生必备的给养和水分,当灾难来的时候,我们可以做到不慌乱。

李冰父子合理地顺应自然规律,利用自然资源,造福人类,功在千秋。我们若懂得合理地利用自己的资源,比如说需求、欲望、能力等,加上合理地顺应自然和利用自然,体贴万物生灵,让世间多些和谐的音符,生活中是不是也可以避免许多悲剧?"深淘滩,低作堰"可以作为我们经营人生的秘籍。所以,我们要深刻理解"深淘滩,低作堰"带给我们的启迪。智慧的光辉,将千秋万代永不熄灭。

【故事点评】

"深淘滩,低作堰"是李冰留下的治堰准则,是都江堰两千年来持续产生效益的主要"诀窍",与现在华为要生存下去的法则是相似的,这其中蕴含的智慧和道理,远远超出了治水本身。

我们可以把华为在研发、市场、信息技术和干部培训上的高投入比例和这种自觉控制产品价格及合理利润率的机制,看作"深淘滩,低作堰"思想在企业管理中的体现。华为以内部规则的确定性,应对外部环境的不确定性;以过程系统的确定性,来保证结果的可控性。"深淘滩,低作堰",在华为不仅停留于管理理念层面,任正非已经付诸实践,用来构筑华为的"都江堰"了。

抬石头修教堂

1999年,任正非在研发工作会议上给市场部的人讲了一个《抬石头修教堂》的故事。

五十年前有两个青年在抬石头修教堂,一个智者问他们:"你们在干什么?"一个青年告诉他"我在抬石头",另外一个青年则说"我在修教堂"。

五十年过去以后,大家回过头来看一看,说抬石头的人还在抬石头,说修教堂的已成了哲学家。

是一个朋友到我们公司访问的时候,他跟我谈到这个故事。他说华为公司现在每天都在"修教堂"。

为什么呢?因为我们瞄准了一个发展大目标,做的事情是天天在"抬石头",但是总目标是为了公司的核心竞争力的提升。所以我们每天都在"修教堂",五十年后你们可能就修成了,大家都能成为哲学家、企业家,或成为一个很好的管理者和专家。大家想想,在公司里你的工作总目标是修教堂,而你的人生目标不是也在变化吗?

无论做什么事情,首先要明确的就是奋斗的大目标。目标是引导行动的关键,也是证明行动所具备的价值的前提,所以目标管理成了企业与个人管理的重要组成部分。

明确而具体的目标能够提高绩效,因为目标的具体化本身就是一种内在的推动力,困难的目标一旦被人接受,就会带来更高的绩效,以求做得更加接近目标。华为有着明确的发展目标,每一个目标,华为都能认真对待,并且在科学的目标管理制度下,绝大多数目标都能在规定时间内高质量达成,帮助华为奠定今天的市场地位。

任正非说过,"企业生命必须超越企业家生命。"有目标的企业,更有可能成为百年老店,成为一个老牌子,企业的生命一直延续。

华为公司非常重视目标管理,并且制定了 SMART 目标管理办法。SMART 目标管理办法有五个最基本的原则,分别是 Specific(目标要具体)、Measurable(可度量)、Attainable(可实现)、Relevant(目标相关)、Time-based(有时间限定)。这个标准强调了进行目标管理的基本态度,也为员工执行工作提供了一些基本思路。

【故事点评】

无论做什么事情,首先要明确的就是做事的目标。目标管理是企业的第一要务,没有目标,是企业产生一切问题的根源。优秀的企业,从不放任自流,企业对团队有期望、老板对业绩有要求、员工对目标有渴望,三者合一就能推动一家企业快速、持续发展。这其中,目标管理起了很大的作用。

30 多年来,华为真正贯彻目标管理,并且享受到目标管理带给企业的巨大好处。

很多时候,目标不同,结果就不同。"抬石头修教堂"这个故事,就是告诉华为员工要了解公司奋斗的大目标,要以企业发展大目标来牵引日常工作,这样工作的意义不同了,工作的质量也更高了。任正非相信,工作意义不同,工作的质量自然不同。是"抬石头"还是"修教堂"? 取决于你自己!

拧麻绳

扩张与效益、团队与个性、控制与活力、结果与过程,这些都是企业管理中既相互对立又相互依存的矛盾,矛盾的哪一方都不可偏废,它们是共同推动企业发展的两股力量。

那么,怎么实现既要扩张、又要效益,既要团队、又要个性,既要有效控制、又要充满活力,既要强调结果、又要规范过程呢?能不能同时实现两股力量、两个矛盾方面的均衡作用呢?能不能建立起一种矛盾双方既对立又相互促进的机制,避免发展的大起大落呢?这是企业均衡发展、可持续成长的一个根本命题。

实践表明,这是可以做到的,而且也必须如此。

这是一种矛盾管理方法。为了解决这一棘手问题,任正非总结出了"拧麻绳"式的管理方法。

任正非在2014年参观埃及金字塔时,在展厅里发现了一根陈列在橱窗里的4000多年前的麻绳,这根麻绳至今还拧得紧紧的,于是任正非从中受到了启发:两股对立的力量同时发力,就像拧麻绳一样,一个往左使劲,一个往右使劲,结果绳子越拧越紧,从而建立起一种矛盾双方既相互对立又相互促进的机制,避免发展的大起大落。

"拧麻绳"可以有多种拧法:可以是"前后拧",也就是增加一个时间的维度,一个时期强调一种主要倾向,一张一弛,呈波浪式发展。也可以是"左右拧",在组织中建立扩张的部门和制约的部门,这个部门扩张,那个部门进行制约;这个部门负责攻城略地,那个部门负责经营管理。还可以是"上下拧",企业高层领导往战略方向上"拧",中基层主管和员工往效率和效益方向上"拧"。同时也可以是"里外拧",内部追求股东和员工利益,外部满足顾客和合作者利益,维护任何一方的利益都必须以其他方的利益的合理实现为前提,损害任何一方的利益都会损害整体的利益。

这就是"拧麻绳"的精妙之处,从整体上看是不对称的,不是一直打通产品线,也不是一直打通区域维度,而是像"拧麻绳"一样,将中间的采购、供应链、交付等环节作为准利润中心。

以华为产品线为例,华为在组织架构上建立了名为产品线运作管理部和公司运作管理办公室的两级协调组织。产品线无法直接协调和控制的公共平台资源,包括供应链、交付、技术支援、产品销售、售后服务等资源,可以提交到公司的运作管理办公室,由其纳入统一计划来统一协调。产品线只要按要求把资源需求和计划准确地报到公司的运作管理办公室,后续作业则由运作管理办公室统一计划、统一考核的功能平台来完成。

【故事点评】

控制与激励并用,监督与授权并重,这就是"拧麻绳"。管理所面对的矛盾的特点,决定了管理者不能用常规的思维和方法处理问题,要多一些辩证思维,少一些机械论。企业经营是一种充满矛盾的活动,管理是一种平衡矛盾的艺术。正如管理大师亨利·明茨伯格所言,管理是实践、科学、艺术和手法的总和。这手法就在于把握矛盾的尺度。管理之难,难就难在尺度的把握。不知你注意过DNA的双螺旋结构吗?DNA的螺旋结构、四千年前的麻绳、管理的矛盾两面,何其相似。

企业文化是明流，管理政策是暗流；文化是教化，政策是机制。文化与政策相反相成，才会达到静水潜流、生生不息的境界。

正是任正非这种"拧麻绳"的思想，让华为建立了矛盾双方既对立又相互促进的机制，使华为在达成 1000 亿人民币营收目标之后，还能保持每年 15%—20% 的复合增长率。

眼镜蛇的特质

除了崇尚乌龟精神，任正非还倡导形成"眼镜蛇特质"的组织文化。在他看来，乌龟精神被贯彻到华为的战略与执行中；眼镜蛇特质，则已经很好地体现在华为的组织管理之中。

2014年6月16日，任正非出现在深圳华为总部"蓝血十杰"的会议上，这是华为管理体系建设的最高荣誉奖的颁奖现场。任正非在会上邀请曾给华为做出过突出贡献的前华为人对目前华为的管理进行"诊脉"，以期让华为的组织架构变得更加灵活。任正非在会上提出了华为组织要像眼镜蛇的管理思想：

华为组织要像眼镜蛇。眼镜蛇的最大特点就是头颈转动灵活，全身的骨骼环环相扣，反应也极其敏捷，灵活运动，捕杀猎物稳准狠。

眼镜蛇的头部可以灵活转动，一旦发现觅食或进攻对象，整个身体的行动十分敏捷，可以前后左右甚至垂直发起攻击，而发达的骨骼系统则环环相扣，转动灵活，确保在发起进攻时能为头部提供强大的支撑。

任正非2019年在接受《第一财经日报》记者采访时解释说，时代变化太快，流程管理都是僵化的，要跟上时代变化。找到一种普适模式是不可能的。华为需要实现流程化，就像一条蛇，蛇头不断随需求摆动，身子的每个关节都用流程连接好了。

如果没有流程化，蛇头转过去，后面身子就断了，为了修复这个断节，成本会很高。很多想要学习华为的人,误以为华为的组织流程管理是唯一的、稳定的。实则不然,华为的组织向来强调灵活变化,从来没有一种普适性的组织模式。时代在变,组织更要变。一旦僵化,就意味着死亡。

华为如何赢得未来?在任正非看来,必须依靠组织级的项目管理。所谓组织级的项目管理,就是通过组织的发展和变革,用制度化的方式提高对项目经理授权的效率,规范项目管理的过程,减少组织成本和系统成本,激发一线活力,提高运营效率,以便在互联网这个需求多变的年代实现"眼镜蛇特质"管理。

眼镜蛇的头部就像华为业务前端的项目经营,而其灵活运转、为捕捉机会提供支撑的骨骼系统,则正如管理支撑体系,这就是华为未来管理体系的基本架构。具体而言,以项目为中心就是指组织级的项目管理,通过成熟的组织级项目管理方法、流程和最佳实践,充分发挥代表处的灵活性、主动性,使代表处的经营活动标准化、流程化,使经营管理向可预测、可管理和可自我约束的方向发展,从而提升运营效率和盈利能力。

例如,在互联网的新环境里,华为终端这条"眼镜蛇"找到了新的"猎物","蛇头"调转了方向。这时候,作为身体的组织结构也要迅速地变化,如果不进行组织优化,战略目标就无法实现。如果没有组织保障,业务就无法落地推进。

【故事点评】

所谓"眼镜蛇特质"管理,是指头部可以灵活转动,一旦发现觅食或进攻对象,整个身体的行动十分敏捷,可以前后左右甚至垂直发起攻击,而发达的骨骼系统则环环相扣,转动灵活,确保在发起进攻时能为头部提供强大的支撑。

这个故事告诉我们:时代在变,组织更要变。组织一旦僵化,就意味着死亡。华为通过不断的管理变革,真正实现从客户中来、到客户中去,持续提高为客户创造价值的能力,并确保公司管理体系能像眼镜蛇的身体组织一样环环相扣、灵活运转、支撑有力、高效运营。

是轮值制度救了我们

2011年12月,华为总裁任正非在公司董事会上发表讲话,为轮值CEO鸣锣开道。他在讲话中回顾了自己从相信个人英雄主义到相信团结就是力量的心路历程,回顾了公司的组织机构从无到有到现在实行轮值CEO制度的演变。他还坦言:"华为险些崩溃,我的压力大到极致,好在'轮值制度'救了我们。"在谈及接班人时,他说"相信华为的惯性,相信接班人们的智慧"。

任正非自述:

大约2004年,美国顾问公司帮助我们设计公司组织结构时,知道我们还没有中枢机构,真是感到不可思议,而且高层只是空任命,也不运作,于是他们提出来要建立EMT(Executive Management Team,经营管理团队)。

我不愿做EMT的主席,就开始了轮值主席制度,由八位领导轮流"执政",每人半年,经过两个循环,演变成今年的轮值CEO制度。也许是这种无意中的轮值制度平衡了公司各方面的矛盾,使公司得以均衡成长。

轮值的好处是,每个轮值者在一段时间里,担负了公司COO的职责,不仅要处理日常事务,而且要为高层会议准备起草文件,大大地锻炼了他们。

同时，他不得不削小他的屁股，否则就达不成别人对他决议的拥护。这样他就将他管辖的部门，带入了全局利益的平衡，公司的"山头"无意中在这几年削平了。

经历了八年轮值后，在新董事会选举中，他们多数被选上。

我们又开始了在董事会领导下的轮值CEO制度，轮值CEO在轮值期间是公司的最高行政首长。他们更多的是着眼公司战略，着眼制度建设，将日常经营决策的权力进一步下放给各BG（企业业务）、区域，以推动扩张的合理进行。这比将公司的成功系于一人，败也是这一人的制度要好。

每个轮值CEO在轮值期间奋力拉车，牵引公司前进。他走偏了，下一轮的轮值CEO会及时去纠正航向，使大船能早一些拨正船头，避免问题累积过重不得解决。

华为是中国第一家采用轮值制度的民营企业。2011年3月，任正非将轮值COO制度演变成在董事会领导下的轮值CEO制度，由华为董事会的三位高管——郭平、胡厚崑和徐直军担任轮值CEO，六个月轮换一次，他们在轮值期间是公司最高行政首长。

实行轮值CEO制度后，总裁任正非逐渐开始脱离管理团队，专注于董事会层面的决策管理和当CEO教练。华为通过这种"在岗培养＋在岗选拔"的方式，为后任正非时代做好人才准备。

任何人都不可能是轮值CEO的钦定人选，董事会制定相关轮值制度，并根据明确的任职资格标准对CEO候选人（EMT成员）进行评估选拔，定期进行考核评价，并根据评价结果进行调整。

为了推进轮值CEO制度，2011年任正非在《一江春水向东流》一文中写道："过去的传统是授权于一个人，因此公司的命运就系在这一个人身上。'成也萧何，败也萧何。'非常多的历史事实证明这是有更大风险的。而现在授权一群聪明人做轮值CEO，让他们在一定的边界内，有权面对多变的世界做出决策，这就是轮值CEO制度。轮值期结束后他们并不退出核心层,就可避免'一朝天子一朝臣',使优秀员工能在不同的轮值CEO领导下,持续在岗工作。一部分优秀的员工使用不当的情况不会发生,因为干部都是轮值期间共同决策使用的,他们不会被随意更换,这使公司可以持续稳定发展。"

2011年,任正非在华为种下了集体决策模式的"种子",于是有了轮值CEO制度。经过八年的时间,这颗"种子"终于开花了,于是就有了轮值董事长制度。华为将轮值董事长制度的有效期设置为五年。

2018年3月23日,华为董事会任期届满,华为举行了换届选举,选举产生了华为的新一届董事会,并将轮值CEO制度改为轮值董事长制度。郭平、徐直军、胡厚崑被选为公司轮值董事长。轮值董事长的轮值期为六个月,轮值董事长在当值期间是公司的最大领导,对内聚焦公司的管理,领导公司董事会和常务董事会,带领公司前进。

【故事点评】

华为推行的轮值制度是一个高度严密的决策机制,是在价值观统一,有任正非这个权威前提下的轮值,而不是简单的"轮流执政",一旦董事会形成决议,执行时非常强硬,轮值董事长必须遵从。

任正非推行轮值制度,其实就是对企业创始人"代际传承"问题的一种探索和尝试。轮值制度在培养人才、激励人才、留住人才等方面发挥了突出作用,有利于员工职业转型及职业生涯的飞跃式发展,大大提高了企业的核心竞争力。以"赛"带"练"是国际普遍证明的人才培养的最佳模式。

多年的实践证明,华为的轮值制度是成功的,它是继员工持股制度之后,又一次重要的决策机制创新。华为的轮值制度,跟我们想象的场景——很多人同时决策,不是一回事,而是三个人在不同时期分别担任公司的"领袖",但是在决策内容上,不管谁担任轮值董事长,都要保持一致性,不能出现"一朝天子一朝臣"的情况,避免优秀干部和优秀人才流失。

制度不能随意改,这样就避免了朝令夕改的情况,能更长久地贯彻战略,让执行层有稳定的制度预期。这种做法不仅是一种宣示,而且是管理制度的一种进步。

任正非说:"轮值董事长制度就像赛马机制一样,可令企业在创业、创新上马不停蹄,永葆旺盛活力,这也是华为成功的一大因素。另外,通过轮值方式,还可以历练和培养未来的接班人,增强企业高管的主人翁意识。"

我们也可以这样理解:对于华为而言,轮值制度也是"家和万事兴"的平衡之术,可减少内部纷争,丰富三位轮值董事长在商业领域的实战经验。通过轮值制度,能避免个人决策的高风险,又不过分影响决策的效率,并且不容易出现第二个权力中心,从而保证公司稳健发展。任正非作为华为人的精神领袖,即使他退休,也不会影响华为的正常运行,因为他一直放手培养职业经理人。

少将连长

任正非在华为内部讲话中,多次提到"少将连长"这个词。他说:"少将有两种,一是少将同志当了连长,二是连长配了个少将衔。"

在华为 2013 年干部工作会议上,任正非提出了华为将放弃集权式管控,试点"少将连长",让具有少将能力的人去做连长。公司内部考核要按已产生的价值与贡献,拉开人才之间的差距,合理配置管理团队及专家团队。

少将的能力强,安排少将在金字塔型组织结构的底层去工作,是为了更好地解决底层工作当中的复杂局面。

"我们是要让具有少将能力的人去做连长。支持少将连长存在的基础,是你那儿必须有盈利……我们要从有效益,能养高级别专家、干部的代表处开始改革,优质资源向优质客户倾斜。只有从优质客户那里赚到更多的钱,才能提高优质队伍的级别配置。我不支持雷锋少将,雷锋是一种精神,但不能作为一种机制。"

华为公司出现"少将连长"至少有两个途径:

第一,高级干部下到基层一线,当基层主管,带小团队冲锋陷阵,充当尖兵;或者如同重装旅,作为资源池,到一线协调指挥重大项目、建立高层客户关系、建设商业生态环境,充分发挥老干部的优势。

第二,"连长配了个少将衔",就是提高一线人员的级别,一线基层主管、骨干因为优秀而被破格提拔,职级、待遇等达到了很高的水准,这样,就会引导优秀人才到一线、长期奋斗在一线,逐渐筛选出优质资源直接服务客户,从而创造更大的价值。

据华为的一位高管介绍,任正非提出试点"少将连长"背后的理由主要来自两个方面:

一是华为自2009年开始,按照授权一线的战略方向不断进行组织调整。任正非有个形象的说法:从金字塔模型到铁三角模型。

金字塔管理是适应过去机械化战争的,那时的火力配置射程较近,以及信息联络滞后,所以必须千军万马上战场,贴身厮杀。塔顶的将军一挥手,塔底的坦克手将数千辆坦克开入战场,数万兵士冲锋去贴身厮杀,才能形成足够的火力。

而现代战争,远程火力配置强大,是通过卫星、宽带、大数据,与导弹群组、飞机群、航母集群等来实现。战争是发生在电磁波中,呼唤这些炮火的再不一定是塔顶的将军,而是贴近前线的"铁三角"。千里之外的炮火支援,胜过千军万马的贴身厮杀。

华为公司现在的"铁三角",就是通过公司的平台,及时准确、有效地完成一系列调节,调动公司的力量。今天华为的销售、交付、服务、财务,都是这样远程支援前线的。前线"铁三角",从概算、投标、交付、财务等,都不是孤立一人或一个部门在作战,而是后方数百人在网络平台上给予支持。

二是华为的业务增长逻辑越来越清晰。2013年,华为电信设备业务的增长速度放缓,固网负增长,无线由于LTE的发展,实现了9%左右的增长。但在电信设备业务增长放缓的同时,整个服务业务的增长百分比却达到了24%。价值正在从设备向服务和软件业务转移,而服务和软件业务都是以项目为驱动的。

为了实现业务的持续增长,在坚持以客户为中心的基础上,任正非提出,要打造以项目为中心的拉动式、眼镜蛇式组织。

那么如何取得变革的成功呢?任正非发现,最关键的还是人才策略:将最优秀的人才,配置到最能创造价值的岗位上。

于是"少将连长"的概念由此而生。所谓"少将连长",就是指直接面对客户的一线销售将会是经验丰富、高度专业化,且具有资源整合能力的员工。尤其是针对优质客户和重要的老客户,要用精锐的全能型"海军陆战队员"来攻克难关,并给他们配置合适的资源。

原本不起眼的一线主管,在华为的新战略中被定义为最重要的岗位。这也正是华为和任正非最了不起的地方:战略思维并不是全面改善、追求完美,而是要抓住主要矛盾,找到系统中的杠杆点,集中优质资源,一击而破局。

【故事点评】

任正非在华为推行"少将连长"的目的,是要让具有少将能力的人去做连长,解决传统金字塔最底层配置低的问题,并且不允许公司愈做愈大,管理却愈搞愈复杂。事实上,任何一个企业,一线才是真正创造价值的地方,也才是锻炼人才的地方。于企业而言,也应该将最优秀的人才放到有价值的一线去,当个"少将连长"。

不拉马的士兵

为了提高管理效率，减少资源浪费，任正非1998年曾给华为员工讲了一个"不拉马的士兵"的故事。

"不拉马的士兵"是一个广为流传的故事，讲的是英国一位年轻有为的炮兵军官上任伊始，发现几个部队在操炮训练中，存在一个相同情况：

在每门火炮的操练中，总有一名士兵自始至终站在火炮的炮管下面，纹丝不动。后经了解，原来这是炮兵操练条例规定的。该军官回去后反复查阅军事文献，终于发现，炮兵现行的操练条例是马车牵引时代制定的。

在那个时代，火炮由马车运载到前线，站在炮管下的士兵的任务是负责拉住马的缰绳，以便在火炮发射后调整由于后坐力产生的距离偏差，减少再次瞄准所需时间。而现在火炮的自动化和机械化程度已经很高，根本不再需要这样一个角色，可操练条例却没有及时修订，结果就出现了"不拉马的士兵"。该军官于是建议裁掉"不拉马的士兵"，并因此获得了英国国防部嘉奖。

后来，任正非在内部讲话中多次谈到华为不需要"不拉马的士兵"。他认为，"不拉马的士兵"就是不创造价值的人。闲人多了，就会有各种主意、各种折腾、各种浪费、各种斗争。从管理角度看，裁掉"不拉马的士兵"大大提高了管理的效率（用最少的投入获得最大的产出），而企业因此可以节省相当的人力，安排他们在另外的岗位上工作，又可以获得额外的收益。从组织的角度来进行分析，这实际上是一个组织工作系统的优化过程。"人得其事，事得其才，人尽其才，事尽其功。"在每一个企业组织中，完善的组织设计和合理的运作目标就是这十六字方针。

任正非强调，部门交不出利润来，就要缩减人员。而且华为实行的是薪酬包管理制度，"减人、增产、涨工资"，你不减人，不增产，怎么可能涨工资？他要求华为的员工队伍必须有战斗力，要坚决除去"不拉马的士兵"和一些不必要的组织结构及流程，减少队列中的非作战人员，从而提高管理效率，释放管理效应，让每个人都发挥作用。

【故事点评】

"不拉马的士兵"，是指组织中多余的人，没有创造价值的闲人。他们不仅占用了企业的资源，增加成本，而且使组织运作的效能降低，也会大大影响企业内部的公平氛围，破坏公司文化，影响员工工作的积极性，降低员工的创造力。只有裁掉"不拉马的士兵"，才能提高管理效率，释放管理效应，让每个人都发挥作用。

企业存在"不拉马的士兵"是因循守旧和管理不到位的表现，比如企业改革或所处的环境发生了变化，又如企业的工作流程或工作方式发生了变化，再如企业的技术进步或众多方面得以革新等，如果企业自身没有意识到这些变化，并仍遵循原来的运作模式，此时，也许就会使一些人力、物力出现"不拉马的士兵"现象。另外，企业的一些机构设置和岗位职能的区分还欠科学，也产生一些"不拉马的士兵"。企业要想高效发展，就必须找出"不拉马的士兵"，并将其优化掉，安排他到需要他的工作岗位上。

在华为创立之初，任正非经常在讲话中谈到华为不需要"不拉马的士兵"。华为在流程、组织、制度的不断变革中，杜绝出现"不拉马的士兵"和一些不必要的组织结构及流程，从而激活组织，提高管理效率，让每个人都发挥作用。华为的做法值得企业家们学习借鉴。

歪瓜裂枣

华为提倡不拘一格降人才，人才只要有能力，就会被破格录用，年轻人也能当"将军"。华为的人才不仅仅来自国内，也来自海外。

在人才的选拔任用上，任正非提出了一个"歪瓜裂枣"的观点。"歪瓜"是指长得不圆的西瓜，"裂枣"是指表面平滑但有裂痕的大枣。歪瓜、裂枣虽然外表丑陋，但它们反而比正常的瓜枣更甜。

任正非把华为里一些"歪才""怪才"比喻成"歪瓜裂枣"。"歪瓜裂枣"是指那些绩效不错，但在某些方面不遵从公司规章的人，尤其是一些技术专家，都有着特别的个性和习惯。

2016年，任正非在华为蓝血十杰暨优秀XDT颁奖大会讲话时说：

在座各位能接受贝多芬到华为应聘吗？谁知道，失聪的人也能成为音乐家呢？华为公司要能容忍一些"歪瓜裂枣"，容忍一些不太合群的人，允许他们的思想能在公司发酵。

歪瓜，就是指由于各种原因而没有按照正常形态去生长，外形长得不圆的西瓜。裂枣，就是表面平滑有裂痕的大枣。

歪瓜裂枣是个褒义词，不要看歪瓜裂枣外表丑陋，但它反而会比正常的西瓜和枣子甜。

我们要宽容"歪瓜裂枣"的奇思异想，以前一说歪瓜裂枣，就把"裂"写成劣等的"劣"。你们搞错了,枣是裂的最甜,瓜是歪的最香,他们虽然不被大家看好,但我们从战略眼光上看好这些人。

对于人才利用,我们要不拘一格地选拔使用一切优秀分子,不要问他从哪里来,不要问他有何种经历,只要他适合攻击"上甘岭"。我们对人才不要求全责备,求全责备优秀人才就选不上来,"完人"也许做不出大贡献。因此,我们要重用"歪瓜裂枣"。

其实,任正非说的歪瓜裂枣,并不是贬低员工,实际上体现了华为对人才的包容,用长远发展、全面的眼光看待人才。

任正非还指出:"华为对人才的观点,遵循实事求是的原则。用人所长,不求全责备,优点突出的人缺点往往也突出,看人才才是主流。公司要崇尚自己的价值观,也要容忍一些英勇的人有缺陷。华为既重视有社会责任感的人,也支持追求个人成就感的人。既要把社会责任感强烈的人培养成领袖,也要把追求个人成就感的人培养成英雄。基层没有英雄,企业就没有活力,没有希望。"

2011年年初,任正非让敢打敢拼的余承东担任华为消费者业务CEO。余承东到任后,立即使用了完全不同于华为运营商业务的打法。

2012年在巴塞罗那电信展的时候,华为的消费者业务部门别出心裁地在会场搭建了一座由3500台华为手机组成的高达6米的飞马雕像,引起了现场轰动。

当然,此举也引起了部分华为老员工特别是运营商部门的不满,因为过去华为都是低调做生意,从来没有这么张扬过。此外,余承东在微博上频频与粉丝互动,使劲地夸自己的产品,经常与苹果产品PK的那种劲头,也让一些老华为人看不惯,他们就跑到任正非那里告状,说余承东爱出风头,搞个人崇拜。好在任正非一直秉承"用人不疑"的原则,也知道新业务必须用新办法,每次都是坚定地支持余承东。

当然,任正非对余承东也有一个战略要求:"我让你做手机,是让你赚钱,不是赚吃喝。你们要考虑,到底怎么赚钱,还要控制好风险!"

在华为终端业务的拓展中,余承东确实也遇到了诸多挑战。他大刀阔斧地砍掉了功能手机,砍掉了90%以上的机型,大幅度地降低对运营商渠道的过度依赖。这些动刀的行为,曾使得华为终端业务的收入直线下降。而花重金打造的 Ascend D1、P1、Mate 1 等精品手机一开始也并没有达到预期的效果。

一时间,华为内部要求撤换余承东的声音不绝于耳。不过,任正非却坚决任用这样的"歪瓜裂枣",坚决地支持余承东,让他放手大干,将变革进行下去。

余承东果然不负任正非的信任,华为终端业务二次创业,在短短 8 年时间把华为手机打造成全球第二大智能手机品牌,终端业务销售收入占华为销售总额的二分之一,华为手机成功实现逆袭。如果不是美国政府极限封杀华为,华为手机销售量在 2020 年就有望超越三星,成为全球第一。

华为从不以先来后到论英雄,不管什么时候加入华为都不晚,只要你肯干,任何时候都有机会,因为华为是以责任结果为导向的。华为现在有"85后"的大国代表,有"80后"的地区部总裁和具有国际影响力的技术专家。在华为,年龄和资历从来不是问题。

【故事点评】

任正非把华为公司里的一些"歪才""怪才",即那些绩效不错,但在某些方面有着特别个性和习惯的人才,比喻成"歪瓜裂枣"。任正非包容"歪瓜裂枣"们的奇思异想,用其所长,不求全责备,为那些有想法、敢想敢干、渴望实现个人成就的"歪瓜裂枣"们提供平台,把他们培养成英雄。正是因为任正非有这种魄力,在遭受美国的极限打压之下,仍有大量的顶尖人才不断涌入华为。

分粥

当前许多企业因为内部分配不公问题十分突出,严重影响员工工作积极性,但华为却很好地解决了员工的利益分配问题,华为是如何做到的?我们可以从任正非在华为人力资源会议上讲的这个分粥的故事里找到答案。

有七个人曾经住在一起,每天分一锅粥。要命的是,粥每天都是不够分,为此他们尝试过多种分粥方案。

第一种方案:随机选定一个人负责分粥。可是很快大家发现,分粥者为自己分的粥最多。再换一个人也是一样,分粥者总是给自己碗里盛的粥最多最稠。看来权力太集中不行。正如阿克顿勋爵所言:"权力导致腐败,绝对的权力导致绝对的腐败。"

第二种方案:大家每人一天,轮流主持分粥。实际上这等于赋予了每个人七天一次的分配权力。当然,同时也给予了每个人在使用权力的时候为自己多分粥的机会。这个办法看起来虽然很平等,每个人机会都一样,但结果是每个人一周中只有一天能够吃饱,其余六天都会饥肠辘辘。

第三种方案:大家共同选举一个德高望重者负责给大家分粥。开始的时候,德高望重者还能够自律,尽量公平地进行分配。但权力具有吸引力,不久,他身边就会多了几个献媚与讨好他的人,自然,他在分粥的过程中会有所倾斜。

第四种方案：选举一个分粥委员会和一个监督委员会，形成权力的监督和制约机制。公平来了，但效率低了。由于监督委员会常提出各种议案，分粥委员会又据理力争，等分粥方案最后确定下来，粥却冷得不能再喝了。

第五种方案：每个人轮流分粥，但是分粥的那个人要吃最后剩下的那碗粥。这样下来，七个碗里的粥每次都会分得一样多，就像用工具量过一样，而且根本不用派人进行监督。从此，大家快快乐乐，和和气气，日子越过越好。

这个分粥的故事之所以广泛流传，主要还是缘于其具有现实的人性基础，人性的本质特征孕育了五种不同分配方案存在的可能性。其实人性没有那么伟大，不要总寄希望于圣人的出现。自利是人性，但不能因为自利而使他人的利益受到伤害。那么，如何做到这一点呢？故事里给出的第五种方案，使我们欣喜地看到了这个问题的圆满解决方案。这就是规则的力量，它能够超越人性，虽然它不可能把你从自私变得无私，但可以使你没有机会去自私。

同样是七个人，不同的分配制度，就会有不同的风气和结果。所以一个单位如果有不好的工作习气，一定是机制问题，一定是制度不透明、不公平，没有严格地奖勤罚懒。如何制定一个公平合理的制度，是每个管理者需要考虑的问题。正如任正非所讲，制度决定行为，行为决定结果。

任正非说："华为发展到今天，我自己没有做什么实质性的贡献。如果一定要说有什么贡献，就是在分钱的问题上没有犯大的错误。"

笔者在拙作《华为知识型员工管理之道：用好人，分好钱》一书中总结了华为分钱的方法。笔者观察发现，在华为30多年的发展过程中从未发生过因"分配不公"引起的组织内讧、大面积的消极情绪以致团队分裂的现象。华为是如何做到的？这关键在于华为建立了以岗位价值为导向的薪酬体系。更重要的是任正非不自私，舍得分钱，与员工共享公司发展成果。作为华为的创始人，任正非放弃了公司利益分配的优先权，截至2020年1月，自己仅持有公司不到1%的股份，将剩余股份都分给员工，这就是华为拥有强大凝聚力和战斗力的核心原因。

【故事点评】

分粥的故事告诉我们，管理者就是要建立合理的科学管理机制。分粥者是"指定""轮流"，还是"推选"，负责分粥的人对分好的粥是"先取"还是"后取"，既是管理方法问题，也是管理机制问题。管理机制是否合理，直接关系管理效率。分粥的五种方法中，显然是"轮流分粥、分者后取"的机制最为合理，因而效果也最好。如果只是"轮流分粥"，而没有"分者后取"，就会出现第二种方法所产生的不良效果；如果只是"分者后取"，而没有"轮流分粥"，分者即便分得再平均，他也只能天天吃那最凉的一份，就显得有失公平，无法持续。好的制度应该责任与权利平衡、公平与效率兼顾。作为管理者的任正非没有赋予自己为自己或他人多分或少分的特权。唯有做到责任与权利的平衡，才能真正体现公平和提高效率。

无为而治

管理的最高境界就是无为而治,任正非在管理实践中也一直坚持这样的管理理念。

1998年,任正非在《由必然王国到自然王国》一文中首次提出无为而治。他在文中写道:

华为第一次创业的特点,是靠企业家行为,我们要淡化企业家个人色彩和强化职业化管理,只有当一个企业的内、外发展规律真正被认识清楚,管理才能做到无为而治。

管理控制的最高境界就是不控制也能达到目标。这实际上就是老子所说的那句话:"无为而无不为。"好像我们什么都没做,公司怎么就前进了?这就是我们管理者的最高境界。

谁也不会去管长江水,但它就是奔流到海不复还;公司将来也要像长江水一样,不需要老板成天疲于奔命,就自动地势不可挡地向成功奔去。当然这需要一个过程。

为什么成功的外国公司的大老板成天打高尔夫球,而我们的高层领导疲惫不堪?就是因为我们还未达到"无为而无不为"的境界。"无为而无不为"不仅仅是无为而治,它体现的是好像不需要怎么管,但事物都在前进,为什么?

一个企业的内、外发展规律是否真正被认识清楚，管理是否可以做到无为而治，这是需要我们一代又一代的优秀员工不断探索的问题。只要我们努力，就一定可以从必然王国走向自由王国。

我在《华为的红旗到底能打多久》一文的最后讲到了"长江水"：即使我们睡着了，长江水照样不断地流，不断地优化，再不断地流，再不断地优化，循环不止，不断升华。这就是最好的无为而治。这种无为而治就是我们要追求的目标。

我们不是靠人来领导这个公司，我们用规则的确定性来对付结果的不确定。人家问我："你怎么一天到晚游手好闲？"我说，我是管长江的堤坝的，长江不发洪水就没有我的事，长江发洪水不太大也没有我的事啊。我们都不愿意有大洪水，但即使发了大洪水，我们早就有预防大洪水的方案，也没有我的事。

如今，华为已经拥有了 19 万多名员工，不仅在国内市场有着不可撼动的地位，在国际市场也有着举足轻重的地位。华为每年的营业额高达 1000 多亿美元，和全球 170 多个国家和地区的企业合作，全球超过 1/3 的人口都是华为的客户。对于这样一个大规模的企业来说，如果再依靠纯粹人力去管理显然是不可能的，必须让企业内部的员工都能做到相对自觉，达到无为而治的境界。

任正非的"无为而治"，是很多管理者孜孜以求，却又感到难以达成的。回顾华为发展史不难发现，任正非是采取了五大措施后才逐步走向"无为而治"的。

他通过依靠团队解决了"谁来做"的问题；

通过分享利益解决了团队"为什么做"的问题；

通过制定规则解决了团队"怎么做"的问题；

通过构建流程解决了团队"如何做得更快更好"的问题；

通过授权、放权解决了"谁负责"的问题。

因此,华为的力量来自于组织整体,这是华为持续发展的动力所在。

"无为而治"的思想自古以来就有,任正非非常推崇这样的管理方式。无为而治的意思就是员工遵循企业内部固定的管理制度和流程,做到在没有管理者督促的情况下,能够自觉遵守制度,完成自己的工作任务。

创业之初,华为的员工很少,那时华为的管理还是偏向于依靠人力,一般都是设置相关的管理部门和人员,但是管理的制度非常有限,管理的能力也有不足,导致华为的管理一直处于浑浑噩噩的状态。而随着华为的规模不断扩大,员工越来越多,华为的管理者开始感到力不从心,出现的纰漏也越来越多。

最为明显的问题就是,管理者的权力太大。无论是在什么岗位、什么地方,都有管理者的影子,而员工成了摆设,或者说员工成了管理者权力下的执行者,员工没有自己的想法和自觉性,管理者要求的任务员工才会去做,严重缺乏自主选择的积极性,一切都以管理者的命令为准。这种一方发布命令,另一方完全执行的状态并不是最好的管理状态,任正非想要的是一种相对自由的工作状态,即员工不能完全丧失自主性和自觉性,管理者也不应该太过干涉员工的思想和工作。

员工完全服从命令的管理模式会导致管理者和员工之间的冲突越来越多,工作效率也会随之降低,员工的想法和建议也会被忽视,这对于企业的发展没有任何好处,企业的运作流程也会受到影响,阻碍企业的健康发展。

任正非在拜访了很多国外著名企业之后,发现这些大型企业的内部管理就是一种无为而治的状态,员工不需要管理者时刻在身后指点和命令,就能够自觉地完成工作,甚至可以自由地发挥自己的创造力、阐述想法,为企业创造更多的价值。任正非从这些管理模式中受到了启发,《华为基本法》的制定就是华为实现无为而治的一个重要手段。通过一些具体的、完善的管理制度来提高员工的自觉性和创造力,减少一些不必要的流程,取消管理者对于员工过分的干预和抑制。

任正非指出:"管理控制的最高境界就是不控制也能达到目标。《华为基本法》就是为了使公司达到无为而无不为的境界。……无为而治,它体现的是好像没怎么管,但事物都在前进,为什么?这是一种氛围在推动前进。"

如今,华为的内部机制已经越来越完善,员工有一个相对自由的工作环境,逐渐摆脱管理者的过度管控,它使企业的管理模式更加流畅,达到无为而治的管理境界。

【故事点评】

任正非在管理上提出"无为而治"。"无为"并非什么都不做,而是要遵循大千世界的规律,尊重人的个性,有所为而有所不为。任正非不恋权、不贪财、不求名的秉性,不仅赋予他洞察事情真谛的一双慧眼,而且赋予他变革华为的巨大勇气!

对于企业而言,"最好的领导者,人们觉察不到他的存在",华为最宝贵的是建立了一个无生命的管理体系。无疑,任正非已臻于管理的最高层面,这正是"无为而治"之境界!这种境界,也是很多管理者孜孜以求却又感到难以企及的。任正非提供了一个典型范本,值得我们研究和借鉴。

Chapter 4

第四部分

常识与真理

为客户而存在

"以客户为中心",是华为的核心价值观,是华为不可动摇的旗帜。

2001年7月,华为公司内刊《华为人》报上,有一篇文章题目是《为客户服务是华为存在的理由》,任正非在审稿时,在题目上加了两个字,变成《为客户服务是华为存在的唯一理由》。任正非认为:华为命中注定是为客户而存在的,除了客户,华为就没有存在的任何理由,所以是唯一理由。也就是说,在华为公司除了客户以外,没有任何人、任何体系可以给公司持续创造利润。华为是生存在客户价值链上的,华为的价值只是客户价值链上的一环。谁来养活我们?只有客户。不为客户服务,我们就会饿死。不为客户服务,我们拿什么给员工发工资?因此,只有以客户的价值观为准则,华为才可以持续存活。

任正非在2010年的一次会议上指出:"在华为,坚决提拔那些眼睛盯着客户,屁股对着老板的员工;坚决淘汰那些眼睛盯着老板,屁股对着客户的干部。前者是公司价值的创造者,后者是牟取个人私利的奴才。各级干部要有境界,下属屁股对着你,自己可能不舒服,但必须善待他们。"

2012年7月,中国人民大学商学院的一批工商管理硕士学员,去英国兰开斯特大学交流访问,在考察了英国工业革命的辉煌历史后,再看今天的英国,感受到很大震撼。学员们向英国教授提到华为,对方教授评价道:

华为不过是走在世界上一些曾经辉煌过的公司走过的路上。这些公司在达到顶峰之前也是客户导向的,也是不停奋斗的,但达到顶峰后它们开始变得故步自封,听不进客户的意见了,于是就衰落了。任正非对此表示:"客户需求是企业发展的原动力,以客户需求为导向是企业成长不可或缺的驱动力。西方公司的兴衰,彰显了华为公司以客户为中心,以奋斗者为本,长期坚持艰苦奋斗的正确。"

"谁离客户越近,谁的权力越大,谁拿的钱就越多,发展的空间就越大!"任正非这句话深刻诠释了华为"以客户为中心,为客户创造价值"的核心价值观。

华为坚持以客户为中心,鼓励员工"脑袋对着客户,屁股对着领导",明文严禁员工讨好上司,就连机场接送领导也禁止。任正非对员工说:"客户才是你的衣食父母,你应该把时间和力气放在客户身上,在华为只有客户才享有专车接送的待遇!"

有一年,任正非去新疆办事处视察,当时华为的新疆办主任是一位刚从一线提拔起来的干部,对任正非不是很了解。

为了表达对任正非的重视,他租了一辆加长林肯去机场迎接。任正非刚下飞机,一看有人开轿车来接他,人就炸了,"浪费,浪费,纯属浪费"。

然后指着主任的鼻子就开始骂:"为什么你还要亲自来迎接?你应该待的地方是客户办公室,而不是陪我坐在车里。客户才是你的衣食父母,你应该把时间放在客户身上。"

华为公司的员工面对 SARS 肆虐、汶川地震和日本福岛核灾,表现出了惊人的勇敢和同理心。在任正非和华为人心中,金钱和个人得失等并不重要,重要的是华为人肩膀上承担的社会责任。

2008 年 5 月 12 日,四川省汶川县发生里氏 8.0 级地震。华为公司随后紧急行动了起来,董事长孙亚芳、全球销售与服务总裁胡厚崑带领 150 名华为技术支持人员,从深圳坐飞机经重庆连夜奔赴成都。

临行前，任正非强调："不许任何人接受媒体采访。救灾捐款不是作秀，有接受采访的时间，还不如老老实实地多做一些抗震救灾的工作，让灾区早日恢复通信。"

随后，4000部华为"待机王"手机空投至汶川灾民手中。此手机是华为专为应对恶劣环境开发的机型，日常正常通话待机时间可维持七至八天，耐压、耐摔和耐撞击，非常适合在震区救灾时使用。

笔者在华为采访时，听到很多华为人与客户共体时艰的感人故事：

当2011年利比亚战事爆发的时候，许多欧美知名移动设备提供商纷纷在第一时间选择撤离，中国政府也安排专机接送在利比亚的华人华侨，面对这样严峻的生死考验，是选择回到祖国家人身边还是坚守在客户身边，华为不少员工选择了坚守，因为华为员工知道，这个时候网络和通信的安全与稳定对于客户是多么的重要，因为华为员工知道，这个时候是客户最最需要他们的时候。

那么既然客户最需要他们，他们唯一能够做的就是留在客户身边，帮助客户确保网络和通信的安全与稳定。当然华为员工也知道这样的选择会伴随着莫大的风险和牺牲，但是为了客户，为了网络的稳定，华为员工用他们的实际行动为我们诠释了什么是"以客户为中心"。这番坚守也赢得了客户的信赖和赞誉，当利比亚战事结束之后，华为在利比亚获得了远远超越竞争对手的移动通信设备订单。

2011年3月11日，日本东北部海域发生里氏9.0级地震并引发海啸，造成重大人员伤亡和财产损失。尤其是日本福岛第一核电站1号、2号机组发生核燃料泄漏事故，3月13日共有21万人被紧急疏散到安全地带。

在大地震海啸期间，友商都第一时间撤离了，华为员工留了下来，为灾区中的当地人提供通信保障。天灾、人祸面前，华为人坚守岗位。软银LTE部门主管非常惊讶："别家公司的人都跑掉了，你们为什么还在这里？"

"只要客户还在，我们就一定在，"当时负责协助软体银行架设LTE基站的专案组组长李兴回答得理所当然,"反正我们都亲身经历过汶川大地震。"

阿根廷9级大地震时,当地一位著名作家在报纸上撰文:"地震发生的时候,老百姓最希望通信畅通,能够给家里人报平安。"而华为人正是那个报平安的"使者"。

对客户需求有宗教般的虔诚,这话说起来挺优雅,而落到实处有时候就是拿生命换诚信!当华为人想到,因为修复了通信网络,福岛核泄漏会得到及时的治理,会抢救出无数人的生命,华为人愿意牺牲自己的身体健康乃至生命,去抢救受苦受难的人!

是的,对客户需求有宗教般的虔诚,就是要在客户心灵深处,建立起一种强大的信任:客户什么时候需要你,你都会出现在他身边,这就是国际一流品牌的价值观,这就是华为人的胸怀!

"以客户为中心",在华为不只是一个口号,华为把这个基本主张通过制度、流程变成每个人自主的行动,并把"以客户为中心"的核心价值观融进了19万多名华为人的血液之中,更融入了整个组织的制度与流程体系中,成为每一位华为人的信条。价值观决定了华为的制度走向、制度框架和制度创新,进而成为左右华为的人才战略与干部取向的根本准则。

【故事点评】

"以客户为中心"并非华为独创,而是通行的商业价值观,是商业常识。几乎每个企业都宣称自己"以客户为中心""客户是上帝""客户第一",但是这些往往只是挂在墙上的口号而已。很多企业实际上都是"以领导为中心""股东第一"。常识在扭曲,在变形。"以客户为中心"曾经是通用的商业常识,如今却成为少数领先企业的孤独的追求。

华为的成功在于,它从来没有丢掉常识。华为人普遍认为:"只有为客户服务,华为才能持续生存。"钱锺书说"真理都是赤裸裸的"。任正非则说:"不要把文化复杂化,'以客户为中心'本来就是商业活动的本质,你让客户满意了,公司才能生存,这样一个朴素的常识为什么坚持起来这么难呢?谁坚持下来了,谁就有可能成功。"大道至简,悟在天成。越是平常处,越是需要下功夫钻研的地方。华为人天然地对客户有一种亲近感。实际上,华为的成功离不开始终坚守"以客户为中心"这个基本常识。

一个强大的公司必须做到以客户为中心,需要从客户中来,到客户中去。华为的成长告诉我们,以优质的产品和服务打动客户,才能让公司更好地生存下去。为客户提供高效服务,为客户创造价值,成就客户就是成就我们自己。正如任正非所说:生意之道,不是用利己的方式达到利己的目的,而是用利他的方式达到利己的目的。

把豆腐磨好

任正非在华为多次提到磨豆腐精神,要求员工踏踏实实地把产品做好,把客户服务做好,只要"认认真真地把豆腐磨好就会有人买"。

我们是一个商业公司,我们就是磨豆腐的。华为的成功很简单,没有什么复杂的道理,没有什么复杂的价值观,做企业要回归商业本质,不要有太多方法论,认认真真地把豆腐磨好就有人买,而且能卖个好价钱。

他还举例说:"我有一次在日本排了很长的队去吃面条,人家反复给我介绍这面条来自中国,怎么中国人面条没有做好,让日本人把面条做得那么好呢?这个就需要反思了。所以任何一件事,不要把方法论说得那么复杂,消耗了我们的精力,其实我们就是一句话,你真心地对客户,终有一天客户会把口袋里的钱掏到你的口袋里,还心甘情愿。

"一个人如果专心只做一件事是一定会成功的,当然那时我是专心致志做通信的,如果专心致志养猪呢?我可能是养猪的状元。专心致志磨豆腐呢?我可能也是豆腐大王。我们13亿多人民每个人做好一件事,拼起来就是伟大祖国。"

任正非所说的"豆腐理论",其实就是工匠精神。

"把豆腐磨好"就是华为的经营理念。一切精神、理念、好主意、好创意,都必须有一个拿手的好产品作为载体,否则就只能是虚幻的空想。没有优质产品这个载体，哲学精神都是虚幻的。

真正的企业家都知道，唯有抱元守一、聚精会神、全力以赴地创造独一无二的产品，才是生存之道。

现在有观点认为互联网时代颠覆了工业时代，完全超越了过去。任正非则认为，互联网并没有改变事物的本质，汽车必须首先还是车子，豆腐必须是豆腐，豆芽必须是豆芽，互联网只是解决了信息传送的速度和广度问题。

为什么要拿出绝活磨好豆腐？在任正非看来，"因为磨豆腐是要给爹吃，给娘吃，给孩子吃。爹还是那个爹，娘还是那个娘，辘轳女人和篱笆墙一个都没有变，互联网来了就可以不磨好豆腐了吗？！"

【故事点评】

任正非所倡导的"磨豆腐"精神，其实就是工匠精神。它是一种职业精神，它是职业道德、职业能力、职业品质的体现，是从业者的一种职业价值取向和行为表现。正是有了这些精神，华为才一步一步走向辉煌！

现在的企业家们都说生意难做，很多企业倒闭破产，而华为之所以在极度困难的情况下还能够生存下去，就在于华为坚持"把豆腐磨好"的工匠精神。企业家和创业者不妨听听任正非的忠告：认认真真，踏踏实实，真心诚意，不要把企业搞得太复杂，少一点虚荣心，多下功夫磨好自己的豆腐。把豆腐磨好了就会有人买，而且还能卖个好价钱！

华为美如林志玲

林志玲，1974年11月29日出生于台湾，华语影视女演员、模特、主持人，被娱乐业界称赞为"东方第一美女"和"美丽优雅性感女神"。任正非2010年在华为PSST体系干部大会上将华为比喻为林志玲，来正面回击美国市场对华为的围剿。

任正非在会上用略带调侃的语气说：

"林志玲的美不是泼水就能否定的，华为也不是美国说怎样就怎样的。林志玲非常美丽，但永远美丽的是她的影像；华为也美丽，美如林志玲，美丽的是曾经燃烧过的岁月，华为也会变老、变丑，直至死亡。华为是会如美国媒体的愿望而消亡的，不过是很多年以后，而不是它们希望的马上。

"多年来，美国的一部分政客和媒体长期歪曲、攻击我们，这说明我们的美丽已经让他们嫉妒，难道林志玲的美是歪曲就可以改变的吗？她的光芒是嫉妒可以阻挡的吗？我们要引以为豪，信心倍增。我们要更加投入，使我们的美丽更加美丽。平等的基础是力量。我们要加大对平台的投入，构建明天的胜利，未来的竞争是平台的竞争。"

西方的一些媒体不停地抹黑、丑化华为，美国政府甚至动用政府权力对华为的正常商业行为进行持续的打压，不断以各种借口阻挠华为进入美国市场，这让任正非很愤怒。

任正非指出，尽管美国信息通信市场很大，但美国仅仅是世界的一部分，而且华为在美国市场的营收占华为整体营收的比重很小。只要华为坚持以客户为中心，坚持为客户创造价值，"西"方不亮"东"方亮，全世界的华为客户终归会给华为一个公平的评价和回报。

华为作为中国科技企业的标杆和全球信息与通信设备行业的领导者，其一举一动都牵动着世界的神经。长期以来，美国政府打着"知识产权"和"国家安全"的幌子，挥舞着制裁大棒，频频制裁华为，欲置华为于死地。

2002年6月，华为在美国得克萨斯州成立子公司，宣告华为将正式进军北美市场，开始对美国同行展开竞争。在美国电信市场中，思科是最有名望、最具实力的公司，也是同华为展开竞争最激烈、缠斗时间最长的公司。华为与思科的大PK，无疑会成为世界经济史和商战史上，人们长期热议的话题之一。

华为进入美国市场后，对思科在美国本土的极端网络设备产生了一定的冲击。同时双方在产品技术上的同质性也让思科坐立不安。

2003年1月24日，酝酿了半年之久的思科终于出手，起诉华为"非法侵犯思科知识产权"。自思科起诉华为以来的近10年里，美国的竞争对手们由对华为的戒惧，发展到近几年的全面围剿，从政府到企业到媒体，不断以各种借口阻挠华为进入美国市场，并以各种方式抹黑华为。刚开始，华为本着忍让的态度，尊重对手。但这并没有换来平等与接纳，相反围剿的力度更加凶猛。

于是，华为被迫调整战略，由韬光养晦、妥协忍让转向正面竞争，与思科展开了正面交锋，最后，思科诉华为这场旷日持久的知识产权官司以和解而告终，成为震惊全世界的"世纪之诉"。

作为一家发展中国家的科技企业，华为能在与世界一流的企业思科的竞争中不落下风，这种实力为华为在世界范围内赢得了良好的口碑。华为由此迅速打入世界各国市场，包括欧盟国家和美国。

【故事点评】

林志玲被娱乐业界称作"东方第一美女"。任正非以林志玲来比喻强大起来的华为,一是说明他有着流行的审美标准;二是反映出他对华为的自信与自豪;三是表明华为高层价值观的统一。任正非讲这个故事是为了告诉华为人:华为尽管可以称得上"美"了,但要想更美,更持久地美下去,就必须多自我批判。只要华为始终坚持以客户为中心,持续给客户带来价值,帮助他们成功,华为美丽的光芒是挡不住的。

不赚大钱

任正非在华为主张"赚小钱,不赚大钱"。他认为,"赚小钱不赚大钱"就是华为的商业模式。

为什么华为坚持只赚小钱不赚大钱?从华为2012年的一次务虚会议可以窥见任正非的战略逻辑。

因为电信网络不太挣钱了,有些设备供应商减少了有些方面的投资,才让我们赶上来了。如果当我们在这个行业称霸时,我们继续赚小钱,谁想进这个行业赚大钱是不可能的。

要赚小钱,就得耐得住这个寂寞,耐不住寂寞就不用干了。如果我们长期保持饥饿状态,不谋求赚快钱,最终我们能持久赚钱。赚小钱,如果分配不是很差,还过得去,大家不散掉就行了。如果我们想垒起短期利益,想赚大钱,就是在自己埋葬自己。

我们要追求合理的利润,价格不能太高,过高的价格就会有人进来。价格也不能太低,价格太低也会破坏产业环境,自己也无法生存下去。任何一种产品都可能经历从不盈利到盈利的过程,我们要用产品长期的盈利战略支持短期的不盈利战略,关键是要设置一个边际成本点,超过了这个规模量的点之后就能够盈利。低利润还有一个很大的好处,就是倒逼着企业组织必须低成本、高效率地运作,不然就活不下去。而这又会进一步加大企业的竞争力。

但一开始也是有很多华为人表示不服气的,他们认为主动降低利润、对客户这么好,等于是客户把属于华为的利益拿走了。

但任正非却说:"华为公司一切出发点都是以客户为中心,为客户创造价值,其实最后得益的还是我们自己。只有为客户创造价值,企业才能获得生存和发展。只有长期为客户持续创造价值,企业才能存活100年。"

在面临困难和诱惑的时候,华为有些高管也曾动摇过,有人说做半导体赚大钱,有人说做房地产赚快钱,这些提议都被任正非否决了。任正非认为:"赚大钱、赚热钱的死得快,华为的盈利能力还不如餐馆的毛利率高,也不如房地产公司高,还能让我们垮到哪儿去,我们垮不了!我们公司要成为世界主流电信设备供应商,价格一定是低重心的。运营商之间的并购整合,造成我们全球价格透明,利润壁垒被打开,对此我们要有充分的思想准备。我们要积极应对这种变化,要在变化中生存,关键是要提高运营效率。"

如今,华为已经成为全球领先的通信设备生产商和第二大智能手机厂家,但华为不追求暴利,仍然让利给广大客户,实行薄利多销,将服务和产品保持在合理的价位区间。

任正非表示:"如果当我们在这个行业称霸时,我们继续赚小钱,谁想进这个行业赚大钱、赚快钱是不可能的。"

华为能走到今天,证明任正非的经营理念和哲学思想是正确的。虽然华为走的是"珠峰北坡",但结果表明,华为的方向是对的。

【故事点评】

任正非坚持为客户创造价值,不赚快钱赚小钱、不赚快钱赚慢钱的经营之道是值得企业学习的。一个不愿意只赚小钱的企业,是很难赚得大钱的。只有不谋求赚大钱,最终才能持久赚钱。

华为"不赚大钱赚小钱"其实就是不赚快钱、不赚热钱思维。华为的一切都和赚快钱背道而驰,如果赚了快钱,虽然短时间内账面会非常好看,但是将会对华为的企业文化造成致命的打击。

快钱在短期内确实能给公司带来惊人效益,但会误导员工,使其偏离正确的经营方向,甚至误导高层的战略判断。最可怕的是,一旦整个公司陷入了赚快钱的旋涡,就再也出不来了,这将给公司带来灾难性的后果。任正非曾说过,"华为最大的潜在危机是增长危机,需要的是长期且健康的增长,而非赚快钱式的短暂增长"。最艰难的路,才是捷径。华为发展至今,没挣过快钱、热钱,但踏踏实实,克服了困难,抵御住了市场波动和环境变化,持续成长到今天,这才是企业成功的捷径。

"他又不是我的客户"

任正非是一个把客户需求当成信仰的人,对客户有着宗教信仰般的虔诚。

在华为的"基本法"和"干部行为八条准则"中,第一条就是把精力放在为客户服务上,以客户为中心,这是华为的核心价值观。

在其他企业里,"以客户为中心"可能只是贴在墙上的标语,而在华为,则是实实在在落在行动上。

任正非在接受媒体采访时讲了这么一个故事:

2012年,美国摩根士丹利①首席经济学家斯蒂芬·罗奇带领一个投资团队来到深圳华为总部,表示想和我见上一面,相互交流下。

我没有接待斯蒂芬·罗奇,而是安排公司副总裁费敏前去接待。这让斯蒂芬·罗奇很是不满。

临走的时候,斯蒂芬·罗奇对费敏说:"他(任正非)拒绝的可是一个3万亿美元的团队。"

后来,费敏把斯蒂芬·罗奇的话告诉了我。我说:"他罗奇又不是客

---

① 摩根士丹利是一家著名的投资公司,在财经界俗称"大摩",摩根士丹利和许多著名的企业都有联系。以摩根士丹利的名声和斯蒂芬·罗奇在世界的地位,很多企业都会把他当成座上宾,这样的上门求见更是很多企业求之不得的。可是让斯蒂芬·罗奇没想到的是,在华为他吃了闭门羹。

户,我为什么要见他?如果是客户的话,再小的我都会接见。他带来的机构投资者跟我有什么关系呀?我是卖设备的,要找的就是买设备的人……"

在华为公司成立之初,产品其实并不如竞争对手的性能高,所以华为另辟蹊径,用优质的服务去吸引客户。

那个时候,华为的技术人员对客户提出的问题,24小时随时响应。而那些产品优质的公司,售后服务却经常延迟。

再比如中国农村老鼠很多,经常钻进机柜把电线咬断,外国公司才不会管这种事情,但是华为不一样,华为的工程师在设备外面增加了防鼠网,切实帮助客户解决了问题。

华为人就是用这种优质的服务赢得了客户,他们真正关心客户需求,以客户为中心,成就客户,才让自己赢得了竞争。

【故事点评】

不是技术,亦不是资本,唯有客户才是华为走向持续成功的根本。在任正非和华为人看来,一切以客户为中心,只要与客户有关,再小的事都是大事,只要和客户无关,再大的事都是小事,这正是华为取得成功的关键。

这个故事告诉我们:华为人把客户需求当成信仰,对客户有着宗教信仰般的虔诚。华为要培育亲客户的企业文化,而非亲资本的企业文化。任正非拒绝与美国摩根士丹利首席经济学家斯蒂芬·罗奇带领的投资团队见面,从侧面诠释了客户在华为人心中的位置,只有客户才能享受华为高规格的接待!

"知本主义"

任正非在华为奉行"知本主义",他希望华为人力资本的增值要优先于账面资本的增值。

华为的"知本主义"不是虚的,而是真实的。

1996年,任正非邀请中国人民大学六位教授草拟《华为基本法》的时候,就创造性地提出了"知本主义"的概念:知本主义,知识就是资本,可见他对人才的高度重视。

每年都有大批名牌大学的毕业生来到华为,他们来时只有几箱书和衣服,一年以后,华为把他们的知识变成了资本,配给他们期权,这就是实践下的知本论。华为就是运用"知本主义"不断地吸收优秀人才。

任正非说,他所倡导的不是资本主义,不是人本主义,而是知本主义;华为的价值分配理论,可以称为"知本论"。华为公司在创业初期,没有资本,只有知本,华为的资本是靠知本积累起来的。

过去,资本是比较稀缺的资源,支配力更大。现在情况发生了变化。过去资本雇用人才,现在和未来,是人才雇用资本。人才会起到更主导的作用,人才创造的价值更大。资本需要附着在人才身上,才能够保值增值。

在任正非明确提出"知本主义"的概念之前,华为就有了一种当时还无法用语言和文字表达的理念和机制。

华为在创立初期就设置了以劳动为本的产权结构,让员工在企业拥有股权。在提出"知本主义"的概念之后,任正非更是在各种场合多次讲到,高科技企业就是要"以知识为本"。要让员工为客户创造价值,就应该承认知识的价值及其具有的巨大力量,要舍得为员工涨工资,这样人力资源改革的胆子就大一些,底气就足一些。员工贡献多,就多拿钱,让知识不断增值。

任正非倡导的"知本主义"实践的真正意义在于在知识和资本(股权)、知识和管理(职权)之间的转换打开了一条通路。关键不在"钱"字上,而是在"权"字上。

华为的"知本主义"实践突破了传统资本主义和传统经济学"财富使人获得权力,权力又使人获得财富"的固定思维模式,使知识和权力(权和职权)结合起来。华为既不完全否定财富的力量,又创造了"知识使人获得权力,权力又使人获得知识"的全新的思维模式。

任正非介绍,目前华为至少有700名数学家、800名物理学家、120名化学家、6000名基础研究专家、6万名各种工程师,华为就是以这种组合在前进。华为15000多名从事基础研究的科学家和专家把金钱变成知识,同时还有6万多名应用型人才负责开发产品,把知识变成金钱。

任正非进一步指出:"华为是高科技企业,不缺钱,但光有钱是没有用的。因为当今世界,资金是无穷的,而知识、知本是稀缺的。如果人的脑子得不到激励,大家干活不动脑子,高科技企业的生命就终止了。企业最大的前进动力来自于'知本',而不是'资本',华为的大煤矿、大森林、大油田都是从人的脑子里挖出来的,是由知识转化而成的资本,而不是资本来了就能起作用。"

在华为,股份比例不起作用,任正非只拥有不到1%的股权。资本的逻辑是按投资比例决定经营权,华为如果这样就没法玩了,高科技企业如果被资本的力量主导了,它就完了。

任正非认为,企业的经营权按资本分配是错误的,应该按知识分配,按贡献分配。华为发展到现在,为什么还在变革呢？它还在不断改革,如过去分下去的好多股权,后来跟着业绩一直在涨红利,现在对不起,封顶了,不许增加了。过去华为员工拿的股权分红包括了资产的增量部分,退休的人如果还分享资产增值的红利,那么还在做贡献的奋斗者就吃亏了。因此,华为又推出了 TUP 计划,让资产增值的部分由继续做贡献的人分享,而不是由拥有资本的人坐享红利。

2019 年,华为公司员工数量达 19.4 万,持股员工数量突破 9 万。华为 2019 年在薪金及其他福利上的支出达 1349.37 亿元,华为员工人均薪酬达 69.5 万元。

华为突破了发展边界,以责任结果为导向。不看出身,一切看贡献和能力。

【故事点评】

知识是华为获取核心竞争力和保持价值创造力的关键驱动力。华为在创业初期,没有资本,只有知本,华为的资本是靠知识型员工的"知本"积累起来的。任正非奉行"知本主义",将员工的知识转化为"资本",让"知本"不断增值,构建了公司与知识型员工休戚与共的"利益共同体"。

华为是一家知识型科技企业,华为"按知分配"则是一种富有弹性的分配制度。第一,它既照顾到了人的生理机制,又不唯生理机制。因为其考虑了人的脑力或知识劳动的特点,人的体力下降但脑力不见得同等程度下降,同样可以进行知识创造活动。第二,它既照顾到了物化劳动即资本的收益,又不唯资本。不让资本在企业中掌握绝对的控制权。华为的"知本主义"实践的真正突破点在于为知识和资本(股权)、知识和管理(职权)之间的转换打开了一条通路。关键不在"钱"字上,而是在"权"字上。华为将"知本主义"落在实处,这或许就是华为成功的最大秘密！

力出一孔，利出一孔

任正非在2013年的新年献词中讲道：

大家都知道水和空气是世界上最温柔的东西，因此人们常常赞美水性、轻风。但大家又都知道，同样是温柔的东西，火箭可是空气推动的，火箭燃烧后的高速气体，通过一个叫拉法尔喷管的小孔，扩散出来的气流，产生巨大的推力，可以把人类推向宇宙。像美人一样的水，一旦在高压下从一个小孔中喷出来，就可以用于切割钢板。可见力出一孔其威力。

华为是平凡的，我们的员工也是平凡的。过去我们的考核，由于重共性，而轻个性，不注意拉开适当的差距，挫伤了一部分努力创造的人，有许多优秀人才也流失了。但剩下我们这些平凡的15万人，25年聚焦在一个目标上持续奋斗，从没有动摇过，就如同是从一个孔喷出来的水，从而产生了今天这么大的成就。这就是力出一孔的威力。我们聚焦战略，就是要提高在某一方面的世界竞争力，从而证明不需要什么背景，也可以进入世界强手之列。

同时，我们坚持利出一孔的原则。EMT宣言，就是表明我们从最高层到所有的骨干层的全部收入，只能来源于华为的工资、奖励、分红及其他，不允许有其他额外的收入。从组织上、制度上，堵住了从最高层到执行层的个人谋私利，通过关联交易的孔，掏空集体利益的行为。20多年来我们基本是利出一孔的,形成了 15 万员工的团结奋斗。我们知道我们管理上还有许多缺点,我们正在努力改进之,相信我们的人力资源政策,会在利出一孔中,越做越科学,员工越做干劲越大。我们没有什么不可战胜的。

如果我们能坚持"力出一孔,利出一孔","下一个倒下的就不会是华为",如果我们发散了"力出一孔,利出一孔"的原则,"下一个倒下的也许就是华为"。

所谓"力出一孔"就是把所有的资源集中起来做好某一件事情,即业务聚焦,华为坚持聚焦管道战略,无论是"云—管—端"的战略还是进军消费者业务和云业务市场,都是沿着信息管道进行整合和发展,并千方百计满足客户的需求。

"利出一孔"是指华为干部的全部收入,只能来自华为的工资、奖励、分红及其他,不允许有其他额外的收入。

任正非指出,多年来,华为基本是'利出一孔'的,也因此形成了十几万名员工团结奋斗的局面。

为了让干部长期保持艰苦奋斗的作风,保持活力、对抗惰怠、抵制腐败,华为定期举办干部作风宣誓大会,中高层宣誓要自律反腐。

2005 年,华为通过了《华为董事会自律宣言》,并通过制度化宣誓方式,层层要求所有干部,杜绝内部腐败。

《华为董事会自律宣言》内容如下:

1. 绝不搞迎来送往,不给上级送礼,不当面赞扬上级,把精力放在为客户服务上。

2. 绝不动用公司资源,也不能占用工作时间为上级或其家属办私事。遇非办不可的特殊情况,应申报并由受益人支付相关费用。

3. 绝不说假话,不捂盖子,不评价不了解的情况,不传播不实之词,有意见直接与当事人沟通或报告上级,更不能侵犯他人隐私。

4. 认真阅读文件、理解指令。主管的责任是获取胜利,不是简单的服从。主管尽职尽责的标准是通过激发下属的积极性、主动性、创造性去获取胜利。

5. 反对官僚主义，反对不作为，反对发牢骚讲怪话。对矛盾不回避，对困难不躲闪，积极探索，努力作为，勇于担当。

6. 反对文山会海，反对繁文缛节。学会将复杂问题简单化，600字以内能说清一个重大问题。

7. 绝不偷窃，绝不私费公报，绝不贪污受贿，绝不造假，也绝不允许任何人这样做，要爱护自身人格。

8. 绝不允许跟人、站队的不良行为在华为形成风气。个人应通过努力工作、创造价值去争取机会。

任正非每年亲自带领董事会全体成员举行自律宣誓大会，明确提出："我们像双翼的神马，飞驰在草原上，没有什么能阻挡我们前进的步伐，唯有我们内部的惰怠与腐败。公司最大的风险来自内部，因此必须保持干部队伍的廉洁自律。华为公司一直秉承诚实与合乎商业道德的原则来开展业务，对内部腐败行为采取零容忍。你如果贪污一万元，我就是花一百万元也要把你查出来！你敢贪一块钱，我也一定会把你开除掉！"

2014年华为内部反腐，116名员工因收受贿赂被查处，其中4名干部移交司法处理，涉及69家经销商，收缴非法所得3.74亿元。任正非把3.74亿元平分给那些遵纪守法的职工，每人得到2500元的奖励。

【故事点评】

管仲在《管子·国蓄》中写道："利出于一孔者，其国无敌；出二孔者，其兵不诎；出三孔者，不可以举兵；出四孔者，其国必亡。"做企业也是一样。华为能够取得今天的辉煌成就，就是十几万名华为人心往一处想，劲往一处使，这就是对外部的"力出一孔"，以客户为中心，齐心协力做好市场；对内部"利出一孔"，体现在"以奋斗者为本"，反对内部腐败。"力出一孔，利出一孔"，就是华为成功的秘诀之一。

Chapter 5

第五部分

精神与文化

板凳要坐十年冷

南京大学教授韩儒林先生曾写过一副对联"板凳要坐十年冷；文章不写半句空"。意思是，做学问的人要耐下心来坐十年冷板凳，毫无怨言；文章要写得实在，没有半句浮华的空话。

任正非在华为一直倡导"板凳要坐十年冷"的专业精神。他在华为内部曾多次说："精力应该放在搞好工作上。空抱着那些所谓的远大理想是错误的，做好本职工作最重要，这也是华为文化之一。"在那时，华为已经小有成就，爱立信、思科等巨头企业是华为的阶段性目标，部分华为人对自己的能力和取得的成功开始出现了自满心态和心浮气躁的情绪。

任正非发现这种很不好的苗头后，在 1997 年写了一篇文章《板凳要坐十年冷》，刊登在《华为人》报上。任正非指出：

华为人最需要做的就是坐冷板凳，而且是必须坐足了冷板凳，只有这样，员工的内心才能最终沉淀下来，才能真正踏实地为企业工作，不会因为一点成功或者失败影响自己的心态。

今天，20 多年过去了，华为依然在重复提这句话，不仅仅"板凳要坐十年冷"，还要耐得住一生寂寞。

华为自 1987 年 9 月 15 日成立以来，就坚持拿出年营收的 10% 以上用于研发，近年，这一数据增长到 15%。近十年来，华为的研发投入超过 6000

亿元,专利数量连续多年在全球名列首位。华为的销售收入从 0 到 9000 亿元,正是基于对研发的重视,构建起了华为的核心竞争力,使华为在自己擅长的领域,逐渐攻入无人区。并且,华为的投入,都是从下往上投,从而在底层技术上建立起了优势。

2014 年 6 月 5 日,华为在《人民日报》《中国青年报》等刊登了整版广告,内容很简单,就一句话,"华为坚持什么精神?就是真心向李小文学习"。

李小文是遥感领域的泰斗级专家、中科院院士,网友们称他是"扫地僧院士""光脚院士"。他长期从事地学与遥感信息科学领域的研究工作,他搞科研,从来不惧怕外国权威,敢于与同行争论,他的一系列研究成果有力地推动了定量遥感研究的发展,使中国在多角度遥感领域保持着国际领先地位。李小文身上的那点纯粹,正是大多数人所不具备的。对科学家来说,纯粹是牛顿头上的那颗苹果。日之所思、梦之所萦,都是自己上下求索的问题。这正是华为要认认真真向李小文学习的原因。"在大机会时代,千万不要机会主义。"

华为向科学家的致敬之举,再次强调了华为的"英雄观":耐得住寂寞的人才能做科技上的英雄。这也是任正非一直倡导的"板凳要坐十年冷"的专业精神。

【故事点评】

"板凳要坐十年冷"是华为倡导的专业精神,尤其是搞技术研发,要有坐十年乃至二十年冷板凳的思想准备。以坚忍不拔的毅力去克服常人难以想象的困难,专心做一件事的员工才称得上优秀员工。正是因为有战略耐性,有这样敢于坐冷板凳的耐心和毅力,华为才成为行业的领导者。

不让雷锋吃亏

华为有一个最基本的准则,就是"绝不让雷锋吃亏"。《华为基本法》第五条规定:"华为主张与顾客、员工、合作者结成利益共同体,努力探索按生产要素分配的内部动力机制。"

"不让雷锋吃亏"最早是任正非1994年在《致新员工书》中提出的,历经数次修改,不同的时间和不同的发展要求给了其不同的文化细节,但最核心的"奋斗和奉献"却永远是支撑华为持续发展乃至傲立世界的力量源泉。

在华为,一丝不苟地做好本职工作就是奉献,就是英雄行为,就是雷锋精神。华为作为一个高新技术企业,由此打造出了自己的奋斗文化,也由此将自己引向了巨大的成功。

任正非说,我们呼唤英雄,不让雷锋吃亏,本身就是创造让各路英雄脱颖而出的条件。雷锋精神与英雄行为的核心本质就是奋斗和奉献。雷锋和英雄也没有固定的标准,其标准是随时代变化的。

实践改造了,也造就了一代华为人。"您想做专家吗?一律从基层做起",这一观念已经在公司深入人心。在华为,一切凭实际能力与责任心定位,对员工个人的评价以及应得到的回报主要取决于员工的贡献度。员工给公司添上一块砖,公司给员工提供走向成功的阶梯。华为鼓励员工接受命运的挑战,不屈不挠地前进,也许会碰得头破血流,但不经磨难,何以成才! 在华为改变自己命运的方法,只有二个:一、努力奋斗;二、做出应有的贡献。

任正非指出:"我们没有任何稀缺的资源可以依赖,唯有艰苦奋斗才能赢得客户的尊重与信赖。奋斗体现在为客户创造价值的任何微小活动中,以及在劳动的准备过程中为充实提高自己而做的努力。我们坚持以奋斗者为本,使奋斗者得到合理的回报,只有这样员工才愿意当'雷锋',只有艰苦奋斗才能活下去。"

2014年7月,任正非在一次内部讲话中,再次提到"要坚定不移地贯彻干部的末位淘汰制,坚持多劳多得,不让雷锋吃亏"。

任正非强调,"在这个时期,我们首先要坚定不移地贯彻干部的末位淘汰制。现在我们强调代表处代表和地区部总裁要实行末位淘汰,大家要比增长效益。第二是一定要坚持从战略贡献中选拔出各级优秀干部。"

任正非特别提到,华为的干部获得提拔的充分必要条件有两条,既要能使所在部门盈利,又要有战略贡献。"如果你不能使这个代表处产生盈利,我们就对你末位淘汰;如果你有盈利,但没有做出战略贡献,我们也不会提拔你。"

任正非表示,华为才开始实行获得分享制,现在工资、奖金的分配有可能不公平,可能有些地方分得很多,有些地方分得很少,但是华为慢慢就会摸到合理的线在哪里。他强调,华为价值评价标准不要模糊化,坚持以奋斗者为本,多劳多得。"我们不让雷锋吃亏,雷锋也是要富裕的,只有这样才有人愿意当雷锋。"

"不让雷锋吃亏"的关键是企业要构建有活力的机制,建立一套科学的评价体系和科学的绩效管理体系。

华为管理顾问吴春波老师在《华为没有秘密》一书中写道:任何一家企业的人力资源都可以划分为三类人——奉献的、打工的、偷懒的。人力资源是一个动态的选择,在一个不好的机制下,奉献者(投入大于回报)老是吃亏,他就会反思,对自己的行为产生怀疑,进而减少自己的投入,使投入与回报在低层次相等,他就变成打工者(投入等于回报)。同样,打工的也会向偷懒者(投入小于回报)转变。结果是,奉献者变成了打工者,打工者变成了偷懒者,最后大家都偷懒了,没有付出和贡献。

因此,华为构建了一个"不让雷锋吃亏"的好机制,让奉献者得到更合理的回报,奉献者拿得多,打工者就会因为羡慕而向他们看齐;偷懒者将会受到惩罚,他们只有两个选择,要么离开公司,要么增加投入将自己变成打工者或奉献者。让小人不得志,让好人不吃亏,这样的公司就有了正气和正义。

一个有活力的机制,关键是对员工利益进行调整,奉献者得到合理的回报,让雷锋不吃亏,会涌现出更多的雷锋。任正非说:"华为绝对不让雷锋穿破袜子,你为公司作出了贡献,我就给你体面的回报。这样就是在用制度培育雷锋,而不是用道德培养雷锋。"

任正非的高明之处在于,他把考核制度从"人评价人"转为"制度评价人",这样就避免了考核当中存在的腐败。制度评价人,就是定性评价与定量评价相结合,由此判断这个员工属于哪类人,是奉献的,打工的,还是偷懒的。

为此,华为除了考核个人,也考核部门,要弄清楚奉献的部门、打工的部门和偷懒的部门各是哪些部门。解决了这些,薪酬问题就变得简单了,也就实现了从给"人"发工资到给"事"发工资的转变,从以前的给工龄、学历、职称发工资,到现在的给绩效发工资,这样就是将钱用到刀刃上,发多少都不冤枉。

任正非强调:"不奋斗,不付出,不拼搏,华为就会衰落!拼搏的路是艰苦的,华为给员工的好处首先是苦,但苦中有乐,苦后有成就感,有收入提高,对公司未来更有信心。快乐是建立在贡献与成就的基础上,关键是让谁快乐？企业要让价值创造者幸福，让奋斗者因成就感而快乐，如果一个企业让懒人和庸人占着位子不作为，不创造价值的人、混日子的人都快乐，这个企业离死亡就不远了！华为的薪酬制度就是要把落后的人挤出去，减人、增产、涨工资、给荣誉。"

华为员工除了丰厚的工资、奖金和股票分红外，还有很多精神奖励，比如荣誉嘉奖。

在华为，只要你发挥自己的特长，在工作上取得一定的业绩，都有可能得到相应的荣誉奖，如"员工进步奖""项目奖""明日之星"等等。华为的"明日之星"评选比例非常高，按照部门总人数的20%来评选。

在华为，公司所颁发的每一项荣誉并不只是口头表扬，而是将物质奖励和精神激励紧紧绑在一起。所有获奖者都由任正非或公司其他高管亲自颁奖并合影留念，并在内部广泛宣传，让受到表彰的员工甚感荣幸，倍受鼓舞！

华为的激励机制发挥了巨大作用，让全体员工及时分享到公司的发展成果，它鼓励大家去冲锋。利益共享机制是华为成功的一大驱动力。

现在很多企业都在讲激励，但很多都是非物质激励，或者每个单位每年只评出几个优秀员工，任正非认为这样太吝啬了，"六亿神州尽舜尧，遍地英雄下夕烟"，这是对华为人力资源管理的基本评价。物质奖励和精神奖励相结合，让优秀员工名利双收是创新的，也是最有效的激励方式。虽然只是一张奖状和一个荣誉证书，只是一个小小的点，但撬动了全体员工奋斗的杠杆，这也是对奋斗者的回报。

国内外有很多企业可能都很容易做到竞争性的薪酬待遇，即从物质利益角度激发员工的积极性，但往往最容易忽略在企业面临危急时刻更显重要意义的精神激励。精神激励是一项深入细致、复杂多变、应用广泛、影响深远的工作，不仅是考验人力资源管理对员工心理需求的把握，更多的是引导员工建立一种与企业共同认可的集体奋斗文化。

【故事点评】

为了不让雷锋吃亏,华为建立了一套合理的评价机制,价值分配导向冲锋,价值分配以奋斗者为本,让奉献者得到更合理的回报,奉献者拿得多,打工者就会因为羡慕而向他们看齐;偷懒者将会受到惩罚,他们只有两个选择,要么离开公司,要么增加投入,将自己变成打工者或奉献者。让小人不得志,让好人不吃亏,这样的公司就有了正气和正义。让更多员工愿意做雷锋,这样才会有更多的雷锋出现。

"以奋斗者为本""不让雷锋吃亏"的分配准则,给华为注入了强大的生命力,使华为公司的组织力量因此而无坚不摧。一个"胜则举杯相庆,败则拼死相救"的铁血团队就是在这样的土壤里培育出来的。

我最欣赏两个人

任正非喜欢讲故事,善于激发和鼓励员工。他经常给员工讲一些励志故事。比如讲他崇拜的人是谁、对他个人成长影响最大的是谁等等。

2019年2月22日,任正非在华为武汉研究所发表讲话时说:

我最欣赏的两个艺术形象,一个是国外的阿甘,一个是国内的许三多。华为的成功没有秘密可言,就是典型的阿甘式成功。而阿甘精神的核心就是目标坚定、专注执着、默默奉献、埋头苦干。所以,华为给员工的好处就是"苦",没有其他。而在这份"苦"之后,是个人的成就感,是收入的改善,是越来越坚定地跟着公司前进的信心……这是在华为不断吃苦却人人都愿意留下来的原因。

任正非之所以最欣赏阿甘和许三多这两个艺术形象,是因为他认为在我们这个社会,聪明的人太多,但往往"精致而利己"。社会并不需要那么多利己的聪明人,而需要更多的"阿甘",要有几分傻气,甘愿投入、甘愿付出、不计回报。

而甘做阿甘,是因为这批人有着广阔的视野、坚强的意志、胸怀他人的品格,除此之外,还要等得及。要知道,华为人与大家并没有什么不同,同样是独生子女,同样是知识员工,同样是80后、90后。作为华为人,他们在做什么呢?

在巴格达,办公楼刚刚建好,还没搬进去的时候,遭遇了炸弹袭击。有三位华为员工亲历了这次袭击，但当他们满身是泥、满脸是土、汗流浃背地从硝烟中撤出来的时候，他们发回来的照片中，仍然是一张张灿烂的笑脸。

阿甘和许三多这两个人物形象都是有责任、有担当、艰苦奋斗、无私奉献的代表，与华为人有着很多相似之处。

艰苦奋斗是中华民族的优良传统，也是华为成功的秘诀。试想，如果没有华为人的辛勤劳动，西伯利亚的居民就收不到信号，非洲乞力马扎罗火山的登山客就无法在需要的时候找到人求救，就连你到巴黎、巴西、悉尼等地一下飞机接通的信号，都是华为的基站在提供服务。8000多米海拔的珠峰，－40℃的北极、南极以及穷苦的非洲大地……到处都可以看到华为人奋斗的身影。

据笔者了解，现在华为奋斗在一线的骨干，都是80后、90后，特别是在非洲、阿富汗、也门、叙利亚等艰苦地区。华为的口号是"先学会管理世界，再学会管理公司"。

有的华为员工为了在高原缺氧地带打开业务局面，爬雪山，越丛林，徒步行走8天，服务客户无怨无悔；有的员工在国外遭歹徒袭击，头上缝了30多针，康复后又投入工作；有的员工在国外的宿舍睡觉，半夜歹徒破门而入，拿枪指着他进行抢劫；有的员工在拉美某地的班车上遭遇持枪歹徒抢劫；有的员工在飞机失事中幸存，惊魂未定又转过身来救助他人，赢得当地政府和人民的尊敬；也有员工在恐怖爆炸中受伤，或几度患疟疾，康复后继续坚守岗位。

一位曾在海外奋斗多年的华为高管对笔者说："从太平洋之东到大西洋之西，从北冰洋之北到南美洲之南，从玻利维亚高原到死海的谷地，从无边无际的热带雨林到赤日炎炎的沙漠……离开家乡，远离亲人，为了让网络覆盖全球，数万中外华为员工，奋斗在世界的每一个角落。只要有人的地方就有华为人的艰苦奋斗，我们肩负着为全球近30亿人提供通信服务的职责，责任激励着我们、鼓舞着我们。"

笔者与一些在海外工作的80后、90后华为员工交流时，他们用快乐、阳光的语调,向笔者讲述了他们艰苦奋斗的感人故事。其中有一个故事给笔者留下了深刻的印象。

2005年,华为公司在巴基斯坦的一个top级项目陷入僵局,项目实施进展缓慢,基站建设问题重重,客户已经完全失去了耐心,很有可能永久终止与华为的合作。孙继被任命为项目总监,力图挽回局面!

孙继在去往基站的路上遭遇交通拥堵,为了尽快到达基站,他弃车徒步40公里,全身衣服都被汗水湿透了,赶到基站后,顾不上休息,孙继立即开始投入工作,与客户沟通,推动项目进展,客户的感激之情溢于言表。

孙继说:"出点汗算得了什么?只要能守住客户对华为的信任,如果当时有颗子弹,我也愿意为用户去挡。"他的这种一切为了客户,想客户之所想,急客户之所急的工作精神感动了与他一起工作的员工!

在华为的服务文化中,一切都是为了客户,不管服务过程中有多少难以想象的困难,他们都会毫不犹豫地坚决执行,以赢得客户的认可。

坚持不懈的努力对应着丰硕的成果,孙继团队解决了客户的问题,守住了客户对华为的信任,也赢得了员工们的心!能拼命,才是华为最强劲的动力。

有19万多阿甘和许三多式的奋斗者,华为不强大都很难!

【故事点评】

任正非给华为人讲阿甘和许三多的目的是倡导"阿甘精神",启发员工提高服务意识。中国人讲傻人有傻福,而任正非最欣赏的两个人就是阿甘和许三多。这种"傻"其实和管理是密切相关的,是管理者对员工的一个评价标准。阿甘精神就是目标坚定、专注执着、默默奉献、埋头苦干,所以,任正非认为华为就是最典型的阿甘。中国社会聪明人太多了,但是华为的聪明人加上一个"傻"的价值观,成功的可能性更大。这个观点看起来有些另类,但这种"傻"最终得到了回报。难怪中国的老话从来没有讲聪明人有福气,都是说傻人有傻福!

烧不死的鸟是凤凰

任正非有一句名言,叫"烧不死的鸟是凤凰"。凤凰,是中国古代传说中的代表幸福的使者,每五百年在其生命即将结束之时,它便会投身于熊熊烈火之中自焚,如能重生,则其羽毛更华丽,其声音更清亮,其神态更威严。这就是"凤凰涅槃,浴火重生"的传说。

在华为,任正非始终鼓励员工们奋发向上,不要安于现状,应该在有限的职业生涯中敢于挑战自我,在困境中不断提升自己的工作能力,做人做事,要正确对待压力和挫折,做一只浴火重生的凤凰。

任正非在《致新员工书》中说道:"'烧不死的鸟是凤凰',这是华为人对待委屈和挫折的态度。没有一定的承受能力,今后如何能做大梁。其实一个人的命运,就掌握在自己手上。生活的评价,是会有误差的,但绝不至于黑白颠倒,差之千里。要深信,是太阳总会升起,哪怕暂时还在地平线下。"

1996年1月,华为公司发生了一件被内部人称为"惊天地、泣鬼神"的大事——市场部集体辞职。当时,华为市场部所有正职干部,从市场部总裁到各个区域办事处主任,所有办事处主任以上的干部都要提交两份报告,一份述职报告,一份辞职报告,然后采取竞聘方式进行答辩,公司根据其表现、发展潜力和企业发展需要,批准其中的一份报告。在竞聘考核中,包括市场部代总裁毛生江在内的大约30%的干部被替换下来。

从表面看来,这是华为市场部的一次重大人事变动,而任正非的真实用意,却更加深远。

毛生江,他在华为的原工号是 009 号[①],是华为高管,也是华为的元老之一。

1996 年初毛生江是华为市场部的代总裁,公司分管市场部的常务副总裁是孙亚芳,在市场部第一次集体大辞职时,他也和市场部其他正职干部一样,向公司同时递交了两份报告,结果他被批准了辞职报告,成为当时被换下来的市场高层干部之一。但毛生江从市场部代总裁的岗位下来后,他能主动学习、充电,提高自己的营销理论水平。两年后,他知道内地市场需要干部,主动请缨,公司批准了他的请求,任命他为某代表处代表,并去组建当地的合作企业。他的爱人知道后不能理解,她认为他们在深圳房子也买了,车也有了,舒适的日子不过,去内地干什么,还要从头做起,岂不是自讨苦吃?

但毛生江仍然坚持毛遂自荐,重返市场前线,一是为将自己这两年所学的营销理论用在实践上;二是为重新证明自己的能力和价值。就这样,他重回市场一线,两年后,他将一个绩效中等的代表处,提升成一个绩效优秀的代表处,客户关系、客户服务、销售额和回款都名列各代表处的前茅。后来华为公司又将他提拔为公司的副总裁,任正非说:"提拔他为公司副总裁,并不是因为他市场销售做得好,更主要的是看重他良好的心态与自我批判的能力,他能在挫折面前,不自暴自弃,而是不断学习、充电,提高自己的管理能力和营销水平,能经得起挫折和磨难的考验。只有在挫折中成长起来的干部,公司交给他更重的担子才放心。"

2000 年,任正非在市场部集体大辞职四周年颁奖典礼上发表了题为

[①] 2007 年底华为进行工号重编,任正非原工号是 001 号,郑宝用原工号是 002 号,是常务副总裁。

《凤凰展翅再创辉煌》的讲话：

　　市场部集体大辞职对构建公司今天和未来的影响是极其深刻和远大的。我认为任何一个民族，任何一个公司或任何一个组织只要没有新陈代谢生命就会停止。只要有生命的活动就一定会有矛盾，一定会有斗争，也就一定会有痛苦。如果说我们顾全每位功臣的历史，那么，我们就会葬送我们公司的前途。如果我们公司要有前途，那么我们每个人就必须能够舍弃小我。四年前的行为隔了四年后我们来做一次评价，事实已向我证明那一次行为是惊天地的，否则也就不可能有公司的今天。

　　毛生江从某地回来，不是给我们带来一只烧鸡，也不是给我们带来一只凤凰，因为虽说"烧不死的鸟是凤凰"，但凤凰也只是一个个体，凤凰是生物，生物是有时限的。我认为他给我们带来的是一种精神，这种精神是可以永存的。我们把这种精神好好记述，并号召全体干部向他学习。

　　毛生江的经历也说明了一个朴素而又深邃的道理：每个人的人生之路不可能一帆风顺，都会有荆棘、坎坷，只要大家不灰心，不气馁，就一定会在挫折和教训中探寻到前进的曙光。

　　市场部的集体大辞职活动，是华为自我批判活动的良好开端。自从市场干部集体辞职之日起，华为的文化第一次由一种和风细雨式的像春风一样温暖的文化，经历了一次火烧，或者说是一次严酷的考验。这在无形之中锻炼和考验了一批干部，使一些干部经受了挫折和磨炼，在华为蔚然树起一个干部能上能下，职务流动的风气。正如任正非所说，"烧不死的鸟是凤凰"，这是华为人对待委屈和挫折的态度，也是华为挑选干部的准则。没有一定的承受能力，今后如何能做大梁？在压力与困难之中突围而出，才能真正成为浴火重生的凤凰。

　　在市场部集体大辞职四周年颁奖典礼上，任正非给1996年集体辞职的干部每人发了一块纯金金牌，作为纪念奖励，并号召公司全体干部向市场部干部学习，做一只浴火重生的凤凰。

【故事点评】

任正非用"烧不死的鸟是凤凰"来形容华为公司市场部集体辞职事件,是他对市场部集体辞职的干部的一种赞美之词,揭示年轻人必须经过磨难和洗礼,才能走向"重生"的道理。正是在"浴火重生"的奋斗精神的激励下,华为人勇于奉献、敢于挑战困难、敢于承担压力,遇到挫折绝不放弃,在失败中不断提升自我,才有华为今日的成就和地位。

不眠的硅谷

2006年,任正非在华为多次讲《不眠的硅谷》,反映了美国高科技企业集中地硅谷的真实情景。正是因为无数硅谷人与时间赛跑,度过了许多不眠之夜,才成就了硅谷的繁荣,引领了整个电子产业的发展趋势。

不要把未来想得太过美好,太过于理想主义和个人英雄主义。想做英雄,先问问做英雄的代价!

选择高科技创业注定是异常艰苦的,但对我们的人生和社会必将有深远的意义。异常充实的生活也挑战我们对人生各方面的协调能力。很多其他的挑战会逼得我们高速地成长。选择了征途,注定我们会拼得遍体鳞伤,而那些就是我们战功赫赫的勋章!

在阳光灿烂的日子里,你非常难看到有人在外面闲逛;也非常难看到有人在午夜之前就上床睡觉。当然,我们不是在谈论夜间活动的"吸血鬼",而是在说硅谷的"夜游神"。这些编程人员、软件开发者、企业家及项目经理坚守"睡着了,你就会失败"的信条。凭着远大的理想,凭着痴迷和热爱,他们会坐在发出融融光线的显示屏前一直工作到凌晨四五点钟,有时甚至到六点,而不是舒舒服服地躺在床上。这就是参与跨越时区的国际市场的代价:每天都是新的起点,不断狂热地开发着因特网技术。想要做英雄,先问问做英雄的代价!

任正非举例说，华为也是无数的优秀儿女贡献了青春和热血，才形成今天的基础。创业初期，华为的研发部从五六个开发人员开始，在没有资源、没有条件的情况下，秉承"两弹一星"艰苦奋斗的精神，以忘我工作、拼搏奉献的老一辈科技工作者为榜样，大家以勤补拙，刻苦攻关，夜以继日地钻研技术方案，开发、验证、测试产品设备，没有假日和周末，更没有白天和夜晚，累了就在垫子上睡一觉，醒来接着干，这就是华为"垫子文化"的起源。虽然今天垫子已只是用来午休，但创业初期形成的"垫子文化"记载的老一代华为人的奋斗和拼搏，是华为需要传承的宝贵的精神财富。

华为中央研究院总裁霍大伟，2001年去华为美国研究所出差，第一次到硅谷想体验一下什么叫"不眠的硅谷"，当时正值IT泡沫破裂，许多创业公司都倒掉了，"硅谷变成了死谷"，即使如此，当地一位科学家晚上11点多带他到思科的停车场，仍然有很多车停在那里，这位科学家告诉他，"停车场有车，肯定都在加班"。让霍大伟印象深刻的是，在和硅谷所在地员工座谈的时候，霍大伟向他们介绍了华为的价值观，原以为理解会有困难，想不到大部分的员工的反应是："对硅谷人来说这是常识，以客户为中心，只有奋斗才能成功，本来就是真理嘛……"霍大伟由此认识到，华为文化与硅谷文化是完全匹配的，这种文化并非华为独创。

任正非指出，有些员工认为华为现在已经很成功了，创业时期形成的"垫子文化""奋斗文化"已经过时了，可以放松一些，可以按部就班，这是危险的。繁荣的背后，都充满危机，这个危机不是繁荣本身必然的特性，而是指向处在繁荣包围中的人的意识。艰苦奋斗必然带来繁荣，繁荣后不再艰苦奋斗，必然丢失繁荣。

【故事点评】

《不眠的硅谷》讲述了硅谷年轻人艰苦奋斗的情形。无数硅谷人与时间赛跑，与生命赛跑，与世界赛跑，度过了许多不眠之夜，成就了硅谷的今天。选择高科技创业注定是异常艰苦的,但对我们的人生和社会必将有深远的意义。任正非讲不眠的硅谷,其实不是要华为人学习不睡眠,而是要学习硅谷人不折不挠的精神。尤其是当取得较好的成绩后不免有所懈怠的时候,更要牢记硅谷精神。

华为的"奋斗文化"与"不眠的硅谷"是一脉相承的。正如任正非所说:"华为还没有成功,只是在成长,艰苦奋斗精神和危机意识不能丢。必须长期坚持艰苦奋斗,否则就会走向消亡。"任正非要求华为人时刻保持危机感,面对成绩时保持清醒头脑,不骄不躁。高层要有使命感,中层要有危机感,基层要有饥饿感。

丹柯精神

丹柯是高尔基小说《伊则吉尔老婆子》中的一个勇士,他英俊、年轻、勇敢,把自己的心掏出来,用火点燃,为后人照亮前进的路。任正非曾给华为员工讲了丹柯的故事,并号召大家发扬丹柯精神。

一群生活在草原上的人被别的种族赶到了森林里。在森林中,死亡笼罩着他们,只有走出森林,才有一线生机。

丹柯主动站出来带领大家走出森林,但是,走了许久没走出去,有人开始埋怨和指责丹柯,为了让众人停止抱怨,丹柯用手扒开自己胸膛,掏出自己的心,点燃后高高举过头顶,照亮前进的路,最后大家一起走出森林。丹柯死了,但他的心变成了草原上的星星,永远闪烁!

任正非说:我们已经走到了通信业的前沿,要决定下一步如何走,是十分艰难的问题。我们以前靠着西方公司领路,现在我们也要参与领路了,我们要感谢那些领路人的远见与胸怀博大。

领路是什么概念?就是"丹柯"。我们也要像丹柯一样,引领通信产业前进的路。这是一个探索的过程,在过程中,因为对未来不清晰、不确定,可能会付出极大的代价。但我们肯定可以找到方向,找到照亮这个世界的路,这条路就是"以客户为中心",而不是"以技术为中心"。

我们要将这些探索更多地开放给伙伴共享。我们不仅会有更多的伙伴,而且更加不排外,愿意与不同价值观的对手加强合作与理解。

任正非认为,要成为通信和互联网技术领域的领路人,需要接受更严格的检验,以前是世界渴望揭开华为的神秘面纱,现在是华为自己要做丹柯的时候了。

【故事点评】

丹柯为了拯救族人,掏出自己的"心",这是一种伟大的自我牺牲精神。任正非把华为比喻成丹柯,告诉员工要像丹柯那样勇敢坚强,无私奉献,照亮前进的路,成为通信信息技术领域的领路人。

"我还很年轻"

任正非讲故事颇具幽默感,幽默感往往让故事听起来更有趣,更能引人入胜,激发员工的斗志。

自美国政府 2019 年 5 月将华为列入出口管制实体清单后,任正非频繁接受媒体采访,并发表了不少讲话,让笔者印象最深刻、最感动的不是任正非的管理哲学,而是任正非不服老的精神以及作为一个老者对当今中国社会的殷切希望。在谈到退休话题时,任正非讲了两个朋友的故事。

第一个故事是说他的朋友 AIG 创始人柏林伯格。柏林伯格 88 岁时,每天早上做 50 个俯卧撑,晚上做 50 个俯卧撑。他 88 岁到深圳来,跟任正非谈到三年以后他就退休了,他把公司交给谁。当然,任正非也不知道谁接班更好。

另一个故事则是关于他的另一个朋友马世民的。马世民在他的伦敦办公室请任正非吃饭,让任正非伸头出去看碎片大厦。那个碎片大厦有 500 多米高,马世民说自己三天前沿着绳子从楼顶上面滑下来。任正非说自己出国时,经常遇到七八十岁的老头亲自开飞机来接他们,也许是为了证明自己不老。

任正非在谈到健康问题时说:"我的身体状况很好。美国医生检查后,说我的心脏年龄是 10 岁,北京一家医院检查后说不到 20 岁,他们没通过气。北京医生说,我的血管和内脏器官没有一点疤痕。我刚刚去登了珠峰,一直上到 5200 米,那里有我们的基站。到 4100 米,我没用过氧气设施。与其闲着,还不如给华为打工,持续干干活。"

任正非 2019 年 9 月 10 日在接受英国《经济学人》杂志采访时被问道:"您会不会考虑早一点退休?"

当时 75 岁的任正非回答说:"我会在我思维跟不上(时代)的时候退休的,我现在还是才思泉涌的状态,再待几天吧!"

2019 年,任正非接受加拿大电视网有限公司(CTV)采访时提及了华为接班人的话题。对于是否重新考虑将经历过磨难的孟晚舟作为接班人时,任正非坦言:"虽然孟晚舟的横向管理能力很强,但她没有技术背景,所以孟晚舟不可能做华为的接班人。"任正非的表态也打消了外界的猜测,也让外界知道,未来的华为接班人必须是有技术背景的。

任正非说:"作为领袖,要求的是纵向的突破能力,要看得见十年、二十年以后的未来,对这种未来的洞察,一定是具有技术背景的人。没有技术背景,就不能洞察十年、二十年后的东西。"他还对华为接班人提出了四点要求:

1. 华为的接班人,除了视野、品格、意志要求以外,还要具备对价值的高瞻远瞩,以及驾驭商业生态环境的能力。

2. 华为的接班人,要具有全球市场格局的视野,交易、服务目标执行的能力。

3. 华为的接班人,要有对新技术与客户需求的深刻理解和不故步自封的能力。

4. 华为的接班人还必须有端到端对公司巨大数量的业务流、物流、资金流等简化管理的能力。

【故事点评】

坚韧是任正非身上特有的品质。他有着超乎寻常的定力,几十年如一日,不遗余力地打造多样化的产品和服务来不断满足客户需求,让客户获益,从而奠定了华为基业长青的基因。高龄的任正非说自己还很"年轻",此话虽然有些悲壮,但传递的精神只有一个:"才 70 多岁,我能行,生命不息,奋斗不止,大家不要老想着退休这个问题。我永远不会忘记我们为什么出发。"传承和超越,不管是前浪还是后浪,伟大的企业家都永远年轻。

蓬生麻中,不扶自直

"蓬生麻中,不扶而直"是一句汉语成语,出自《荀子·劝学》。蓬草长在麻地里,不用扶持,自然挺直,比喻生活在好的环境里,得到健康成长。

任正非很欣赏"蓬生麻中,不扶自直"这句话。2017年4月,他在哈佛商学院演讲时说:

蓬生麻中,不扶自直。社会上有一种担心,认为现在的80后、90后大多是独生子女,他们的生长环境更优越,他们的价值观更加多元化,他们更强调自我、不愿遵从权威,他们的职业选择更多、更容易受到其他利益的诱惑。总之一句话,他们将更难管理。

我们公司的人力资源部门也曾有过类似的担忧。但实践证明,80后、90后也是有追求的一代人,他们不甘心平庸地度过一生,他们的观念和行为具有很强的可塑性,他们个性张扬,有不盲从权威的批判精神,只要引导得好、管理得好,他们将更富创新性。这恰恰是华为在互联网时代持续有效成长所需要的。

用什么样的价值观就能塑造什么样的一代青年。华为现实奋战在一线的骨干都是80后、90后,特别是在非洲疫情地区及中东战乱地区,活跃地奋斗着的华为人中,80%—90%是80后、90后。他们中的有些人已成为国家代表、地区部总裁。

所以，真正的挑战还是华为的核心价值观能否真正制度化，真正融合在各级干部的血脉中，从而构建起一个奋进的、强壮的、包容的企业文化氛围，使得新加入者不论动机如何、文化背景如何、价值取向如何，都能融入这一文化氛围，不断壮大我们的奋斗者队伍。

这就是蓬生麻中，不扶自直的道理。

对于一个组织来讲，蓬者，即不同代际的人力资源。他们有着不同的出身背景、不同的价值观体系、不同的个性爱好，按照不同的时间序列，加入组织，构成了组织中的能动要素。

麻者，即组织存续期间的一些共有的价值体系，包括但不局限于企业管理哲学、价值观体系、商业伦理、机制、管理平台、行为方式等。

蓬生麻中，不扶自直，引申到管理学上的含义是：不同代际（也包括不同国籍中的代际）的人力资源都存在着很大的差异，这些差异必定给组织的管理带来更多的变数或不确定性，甚至是挑战。对于组织来讲，指责、抱怨和失望都不是一种明智的选择。破解这一困境的出路是：依靠组织强大的价值观体系，滋润、影响、引导、改造不同代际的员工，使之认同、传承和信仰组织共同的价值观体系。使蓬依附麻，麻扶植蓬。两者相互依托，共生共长。

在公司平台上，价值观、管理机制、管理平台与变革方向等是确定的，需要坚守，需要传承，不能因代际替代与结构变化而妥协，因为这是公司成功的关键。天不变，道不变，"麻"亦不变。

【故事点评】

蓬予麻以力量，以血性，以灵魂；麻予蓬以滋养，以平台，以机遇，从而形成可循环的能力场，持续地为客户创造价值。华为之所以有今天，相当重要的一点，就是华为有一种强大的个体和群体的奋斗精神。蓬生麻中，不扶自直！

华为是一只"大乌龟"

任正非在华为倡导"乌龟精神"。2013年,任正非两次针对互联网的浮躁,大讲"乌龟精神",引起外界一片哗然。

古时候有个寓言,兔子和乌龟赛跑,兔子因为有先天优势,跑得快,不时在中间喝个下午茶,在草地上小憩一会啊!结果让乌龟超过去了。

华为就是一只大乌龟,25年来,爬呀爬,全然没看见路两旁的鲜花,忘了经济这20多年来一直在爬坡,许多人都成了富裕的阶层,而我们还在持续艰苦奋斗。爬呀爬……一抬头看见前面矗立着龙飞船,跑着特斯拉那种神一样的乌龟,我们还在笨拙地爬呀爬,能追过他们吗?

乌龟被寓言赋予了持续努力的精神,华为的这种乌龟精神不能变,任正非借用这种精神来说明华为人奋斗的理性。华为人不需要热血沸腾,因为不能点燃它为基站供电。华为人需要的是热烈而镇定的情绪,紧张而有秩序的工作,一切要以创造价值为基础。

秉承乌龟精神的后进者,只要坚守、聚焦、执着,终究会有超越先进者的那一天。兔子们等着瞧!不过,华为也要警惕,在追赶龙飞船的征途中,不仅要小心身后的乌龟们,也要小心那些不睡觉的兔子们!

这是一个充满机遇、挑战和风险的时代,没有谁能百分之百准确地预测和把握未来,华为唯一能做的就是持续不懈地努力奋斗,专心致志,找准自己的节奏和方向,不把华为的巨轮拖出主航道。

任正非认为在漫漫成长历程中,投机说到底永远也斗不过天道。为此华为要像乌龟一样,规规矩矩、兢兢业业,一步一个脚印,不东张西望,一步一步往前走,每天进步一点点,最后一定会成为赢家。

华为迈入2000亿人民币营收门槛后,一度增长乏力。2012年,其营收2201亿人民币,同比增长仅为10%左右。2013年,华为实现营收2390亿,同比增长只有8.5%。

社会上因此有了华为已陷入增长瓶颈的声音,但任正非却一派从容,在2013年的新年致辞上,他用龟兔赛跑来比喻华为的成长,也是表达他的耐心、雄心,尤其是对华为的信心。

【故事点评】

"乌龟精神"是指认定目标,心无旁骛,坚持爬行,不投机、不取巧、不拐大弯,全然忽略路两旁的鲜花,不被各种所谓的风口所左右,只傻傻地跟着客户需求一步一步地前进。任正非以乌龟精神形象地概括了华为几十年来的发展历程,也对未来华为实现持续自我超越的文化与战略保障很有信心。

通俗地说,"乌龟精神"就是既要有专注的定力和坚忍的耐力,又要有强大的适应环境变化的能力。任正非借用这种精神来说明华为人奋斗的理性。在任正非眼中,乌龟精神的实践,是当发现一个战略机会点时,华为随即能够千军万马压上去,后发式追赶。

任正非说:"乌龟被寓言赋予了持续努力的精神,华为的这种乌龟精神不能变。"华为能够取得今天的成就,得益于华为人发扬乌龟精神,始终坚守自己的理想,甘于坐冷板凳,持续创新,以及对内外躁动的警惕。

从零起飞奖

华为公司设立了名目繁多的奖项,其中有一个奇葩奖——"从零起飞奖"。

"从零起飞奖"专为公司的一些完成了上一年度的工作任务,但觉得成绩不太理想,为了激励自己和团队,自愿放弃年终奖的管理干部设置。个人可以向公司申请该奖。

2012年,华为团队经历奋勇拼搏,虽然取得重大突破,但结果并不尽如人意。于是,这些团队的负责人要兑现当初"不达底线目标,团队负责人零奖金"的承诺。

在2013年1月14日召开的表彰会上,任正非给徐文伟、张平安、陈军、余承东、万飚颁发了一项特殊的表彰——"从零起飞奖"。这些获奖的人员2012年年终奖金为"零"。

其实在过去的一年里,华为终端公司取得了巨大的进步,企业业务BG也在重大项目上屡屡突破,这些高管们自愿放弃奖金,意味着他们将来有更大的起飞。

公司2012年销售收入差2亿多没有完成任务,按制度规定,这次公司轮值CEO郭平、胡厚崑、徐直军,CFO孟晚舟,还有片联总裁李杰,包括任正非和孙亚芳,都没有年终奖金。

任正非给徐文伟、张平安、陈军、余承东、万飚颁发"从零起飞奖"

2012年,恰逢中国首架舰载战斗机"歼-15"在"辽宁"号上首次起飞成功,任正非就选用了"歼-15"舰载机模型作为"从零起飞奖"的奖品。

任正非在为他们颁发"从零起飞奖"后发表讲话:

我很兴奋给他们颁发了"从零起飞奖",因为他们五个人都是在做出重大贡献后自愿放弃年终奖的,他们的这种行为就是英雄。他们的英雄行为和我们刚才获奖的那些人,再加上公司全体员工的努力,我们除了胜利还有什么路可走?

华为这五名高管自愿放弃年终奖,领取"从零起飞奖",体现了他们勇于担当的品质,这些火车头会更好地牵引华为前进。

华为消费者业务 CEO 余承东主动向公司申领了"从零起飞奖",2012年年终奖金为零。余承东在发言时说:"尽管完成了 2012 全年业务经营目标,但我希望以此反向激励自己和团队。所谓置之死地而后生,只有拿出壮士断腕的决心,才能收获更大的战果。"至今余承东的书桌上仍摆放着这座"从零起飞奖"奖杯——中国第一代舰载机"歼-15"的模型,时刻激励自己。

自从余承东申请领了一个"从零起飞奖",华为手机业务便一飞冲天!华为手机业务从零起步,用了短短 8 年时间,就让华为发展成为全球第二大智能手机厂商。

【故事点评】

华为设立"从零起飞奖",是为了激发华为高管们勇于担当的品质,让火车头更好地牵引华为前进。多年来,无论经历多少挫折与困惑的考验,无论取得了多么辉煌与可喜的成绩,这架"歼-15"舰载机模型所代表的精神,一直陪伴着华为人,从绝境走向巅峰。

不畏艰难

2017年春节，73岁的任正非在厄瓜多尔、巴拉圭、玻利维亚等国家度过，因为那里有华为派驻的员工，他要去慰问那里的员工。尽管那里是高原地区，气候恶劣，很危险，但他还是去了。

2017年2月15日，任正非签发了总裁电子邮件，畅谈了自己去这些国家的见闻和感受。

春节期间我去了拉美。以前都跑的是大国，体会还不足，这次跑的都是小国，深刻体会到拉美员工的艰难。两个相邻国，本应该一脚就迈过去了，却因经济落后，没有直达飞机。结果要转三次飞机，每次飞40—50分钟，到一个机场等2—3个小时，再飞1小时；再转一次飞机，从下午飞，到第二天天亮才能到，而且全是乘坐经济舱。

因此，我们要理解，他们不仅跨两个大洋，隔我们两万公里，而且在陆地上，也非常不方便，有效工作时间也不足，在考核基线上，要考虑这些困难。我也经历过两次空中危险，幸亏飞机迫降成功。员工乘经济舱连续飞行40多个小时，他们这么辛苦，哪里想挤出钱来养那些不想干活的人。公司允许我乘商务舱，比员工还好一些，乘坐头等舱差价是我自己支付的，陪同人员的机票等也是我自己支付的，并非公司支付。公司文件中，只有病员才允许陪同。

我承诺，只要我还飞得动，就会到艰苦地区来看你们，到战乱、瘟疫等地区来陪你们。我若贪生怕死，何来让你们去英勇奋斗。在阿富汗战乱时，我去看望过员工。

在利比亚开战前两天，我在利比亚，我飞到伊拉克时，利比亚就开战了。我飞到伊拉克不到两天，伊拉克首富告诉我："我今天必须将你送走，明天伊拉克就封路开战了。我不能用专机送你，不安全，我派保镖送你。"结果前后一个大车队，十多名保镖，连续奔驰一千多公里，把我送上了最后一架飞机。

我鼓励你们奋斗，我自己会践行。谢谢在叙利亚、也门等国家奋斗的员工，至今我、徐直军、陈黎芳、彭中阳等都认为也门饭是世界上最好吃的饭。

去年年初，你们给我打电话。我说了，你们飞多高，我都会来看你们的。玻利维亚代表处，是我们全球最高的代表处（4000米）。为了来玻利维亚，我去年7月去西藏试了试，在海拔3700米我感觉还好，我就把交付代表叫过来，陪我去山上的站点看看。结果是站在公路上，看着山上的站点，望山兴叹，爬不上去了。

这次有机会去了珠峰大本营看了看你们的站点，到5200米，我真的不行了，得慢慢地走，不敢快，英雄不是当年。我想，你们把一根一根铁塔部件背上山的艰难。十几年前，公司在西藏墨脱开通"450"设备的一个站点时，王文征带着200名民工，背着拆开的各种部件，4天4夜翻过4座4000—5000米的雪山，风餐露宿，开通了墨脱的通信，为公司在中国保留了一个"450"设备西藏试验区做出了贡献。来回是8天8夜，都是野外啊，想想都流泪了。

非常高兴尼泊尔代表处的进步，你们的一个历史项目概算亏损，从大前年亏损2.7亿美金，到前年亏损3000万美金，到去年盈利2140万美金。在喜马拉雅南麓一路爬坡，辛苦了。

你们真伟大,从泥坑里爬出来的人,都是圣人。我也向全球在努力扭转亏损的弟兄们致敬。

奋斗精神是华为无坚不摧的武器。不论是华为高管还是普通员工,他们都有持续艰苦奋斗的精神,能够聚焦客户关注的挑战和压力,提供有竞争力的通信解决方案和服务,持续为客户创造最大价值。他们有使命、有信念、有追求,都是华为公司核心价值观的践行者。信念能够产生激情和力量,华为人在为信念和使命工作时,可以奋不顾身,不畏艰难,自发地持续奋斗;华为人在为信念和使命工作时,耐得住寂寞,兢兢业业,能把每一件简单的事做好,把每一件平凡的事做好,成就不简单、不平凡的事业。使命驱动者一定是自我驱动、自我负责、自我管理的,他自身就是一台发动机,而不是被动工作。

笔者在"华为心声社区"看到描述使命感的一段话:"光是物质激励,就是雇佣军,雇佣军作战,有时候比正规军厉害得多。但是,如果没有使命感、责任感,没有这种精神驱使,这样的能力是短暂的,只有有使命感和责任感的正规军能长期作战。"所以,华为人在西伯利亚极度严寒的天气下仍然坚持工作,建设网络基础设施。

笔者记得任正非在接受欧洲记者采访时说过这样一句话:"我认为,华为员工持有股份和员工努力奋斗本身没有多大关系,员工的奋斗是基于使命感,而不完全是受经济利益驱动。"

华为要求员工要有奉献精神,讲奉献,多付出,提出挑战性绩效目标,持续奋斗。奉献文化的激励,让员工有着超常的工作激情。员工愿意把自己的有限价值全心全意地奉献给团队,为了共同的目标,鞠躬尽瘁,全力以赴。有奉献精神的员工对于回报不是应得的心态,而是先讲奉献、多付出。有奉献精神的员工不是先想:组织给予了我什么?而是先问:我为组织贡献了什么?有奉献精神的员工不是小富即安、未富先贵,而是能不断提出挑战性的目标。有奉献精神的员工不是奋斗一阵子,而是为公司发展目标和需要持续奋斗。

当然,奉献和回报往往是关联的,从员工角度奉献要体现自愿原则,不能结果导向。从公司管理激励角度,建立适合的激励机制是非常有必要的,事实上华为的激励从来不含糊。员工时刻谨记:"你若为公司奉献,公司必有回报。"当危机来临时,华为的员工都会直面困难,而不是躲避。华为员工的身上都有一种"英雄主义",比如华为遭受美国封杀之时,很多员工主动请战,而且不要报酬。他们表示"若有战,召必回,战必胜""召之即来,来之能战,战之必胜"!这誓言令人感动和敬佩!

2016年,华为出版了《枪林弹雨中成长》,书中就记录了一代华为人的艰辛。任正非感慨地说:"华为今天能达到800多亿美元的销售收入,融进了多少人的青春、血汗与生命。我们今天成功了,不要忘记一起奋斗过的人。不要忘记不管是因公,还是因私,献出了生命的人。我们今天已有大片土地,一定能找到纪念他们的形式。"

【故事点评】

70多岁的任正非,如今依然活跃在业务一线,这不由得让人心生敬意。任正非早年参过军,而华为又是从当年很艰苦的条件下摸爬滚打成长起来的,所以任正非非常理解华为员工的辛苦和努力。

很多人只看到华为人的高薪、高股息,但是很少看到华为人艰苦奋斗的场面。就像人们只看到表面的静水,而无视河底深处的流水一样。任正非提倡静水流深,保持心态平和,同时也要求华为人花更多时间投入到产研销各项工作中,保持艰苦奋斗的作风。

不论时代怎么变,华为艰苦奋斗的文化不会改变。经过三十余年的奋斗,华为已从幼稚走向了成熟。华为人艰苦奋斗的拼搏精神非常值得学习,华为人的这些感人的故事,为那些志在走出去的中国企业提供了非常好的成功案例。

Chapter 6

第六部分

战略与格局

我的导师就是毛泽东

作为20世纪40年代出生的企业家,任正非的管理思维带有明显的时代印记。在部队服役和创办华为初期,任正非深受毛泽东思想影响,在管理和发展战略上,他十分推崇毛泽东思想,在华为推行军事化管理。他在接受媒体采访时说:"我的导师是毛泽东!"甚至有人说,是毛泽东思想打造了任正非,任正非又用毛泽东思想打造出"华为模式"。

任正非自述:

我们这一代人因为特殊的时代背景,身上烙上了毛泽东时代的深深印记,对理想抱负狂热追求,充满激情而又不乏理性,似乎人生的目的就是通过不断的奋斗拼搏来达到一种自己向往的理想状态,过程比结果更重要。

我对毛泽东的理解和传承并不仅仅是形式上的模仿,从毛泽东身上更多吸收到的是哲学思想方面的传承,其中最核心的就是辩证思维和自我否定的意识。

有人说,毛泽东军事思想是专门为弱者提供的战胜强者的思想武器……华为20年的发展,实际上就是一幕惊心动魄的弱者转变为强者、以弱胜强的传奇历史剧。华为创业的阶段谈不上有公认的企业文化,毛泽东思想就是公司的思想。

众所周知,任正非在部队期间就是"学毛著标兵",他创办华为后,继续用毛泽东思想创造"华为奇迹"！

仔细研究华为的发展历程，不难发现其市场战略、客户政策、竞争策略以及内部管理与运作，无不深深打上毛泽东思想的烙印。他的内部讲话和宣传资料，字里行间跳动着战争术语，极有说服力。

军人出身的任正非，经常和员工讲毛泽东、邓小平，谈论三大战役、抗美援朝，而且讲得群情激奋。他说在战场上，军人的使命是捍卫国家主权和尊严；在市场上，企业家的使命则是捍卫企业的市场地位。而现代商战中，只有技术自立，才是根本，没有自己的科研支撑体系，企业地位就是一句空话。因此，任正非选择了走技术自立、发展高新技术的实业之路。

任正非创办的华为公司是百分之百的私人企业，却一直坚持不上市，而且任正非仅持有公司不到1%的股权，其余全部属于员工。这才是真正的共享——赚钱大家分，共同富裕！

难怪有人这样评价任正非，说他是一位最好的老板，自己只占不到1%的股权，其余的全给了员工。在华为，没有一个员工不努力，因为他们都知道自己与公司是利益共同体。

任正非说："我创建公司时设计了员工持股制度，通过利益分享，团结起员工……凭自己过去的人生挫折，感悟到要与员工分担责任、分享利益。"

任正非为什么要这样做？个人情怀！个人情怀由什么决定，人生观！毛泽东时代培养了任正非的爱国红色情怀！任正非出生在抗战胜利的前一年，成长在新中国，是毛泽东时代培养起来的大学生，20世纪70年代入伍，80年代退伍到深圳开始创建华为。

据华为高管介绍："除了文化知识的学习之外，任正非也非常注重政治学习，他把马克思的《资本论》等著作熟读多遍，而研读最深的还是四卷本的《毛泽东选集》。一有闲工夫，他就在琢磨如何把毛泽东的兵法变为华为的战略。"

任正非说自己创办华为的力量源泉就是毛泽东！1995年12月26日，是毛泽东102周岁诞辰，任正非在华为市场部整训大会上发表了《目前的形势与我们的任务》的万言报告，拉开了内部整训工作的序幕。会议期间，所有市场部的正职干部都要向公司提交两份报告，一份是1995年的工作述职报告，另一份就是辞职报告。包括市场部代总裁毛生江在内的30%的干部被调整下来。集体辞职开了华为"干部能上能下"的先河，也被业内视为企业在转型时期顺利实现"新老接替"的经典案例。

1998年，任正非写了一篇《华为的红旗究竟能打多久》，也是借用毛泽东文章的题目；同年，以《希望寄托在你们身上》为题发表讲话，还用毛泽东对留苏学生讲的名言，鼓励华为的年轻研发人员，要对未来充满信心。

2020年8月31日，任正非在华为战略预备队学员和新员工座谈会上谈道："很高兴看到大家这么有干劲。当前我们处在一个比较困难的历史时期，你们这些新员工能勇敢地加入我们这支队伍，与我们共渡难关，虽然我们可能会遇到想象不到的困难，但这也是一个最大的机会时期。"他还引用毛主席的话说："你们今天桃李芬芳，明天是社会的栋梁。"

华为的市场战略，也按照毛泽东打仗的套路规划，最重要的是把握好实事求是、群众路线、独立自主。所谓的实事求是，就是一切依据客观条件制定策略；所谓的群众路线，就是以客户为中心，还要长期保持艰苦奋斗，奢靡享乐就容易脱离客户；所谓的独立自主，就是坚持自主研发。

华为在内部还有例行的民主生活会，不变的主题是开展毛泽东倡导的批评与自我批评。华为有这样几条规定：一是不搞人人过关；二是重在自我批判；三是强调一个"真"字，要实事求是；四是不无限上纲、把握适度；五是善意与建设性是大前提。

最典型的一个例子发生在华为创始初期，当时华为面对着和无数巨头搏杀的困境。在做销售数年后，任正非带领员工开始自己进口电子元器件研发产品，彼时华为的代表性产品包括交换机和数据卡。而这两样产品的关键技术,都被国外巨头把控着。1992年,华为自主研发出交换机及设备,当时阿尔卡特、朗讯、北电等洋巨头把持着国内市场,华为以"农村包围城市"的战略迅速攻城略地。当时通信行业器材的发展非常快,而国际巨头在这方面疏于了解中国国情,往往都集中于大城市布局,产品价格也相当高昂。

华为通过"农村包围城市"的战略,让通信设备价格直线下降,收到了意想不到的奇效。1996年,华为开始在全球依法炮制,蚕食欧美电信商的市场。这是国际版的"农村包围城市"战略,任正非玩得炉火纯青,在世界各地都通用。1994年,任正非自信地说:"十年之后,世界通信行业三分天下,华为必有其一。"

统计数据显示,华为在中东和非洲的市场份额,在2012年即达到了25%之巨。而随着近年华为在国际上口碑的提升和技术优势,这一市场份额也在持续扩大,且不局限于不发达国家市场,许多发达国家市场也以华为为优先选择。

此后几年中,伴随着华为翻番式的高速增长,内部运动也如火如荼。从"华为基本法"的大学习,"产品开发反幼稚"的大讨论,到"无为而治"的命题作文,高层发起、自上而下、层层推进式的群众运动,成了华为变革的招牌模式。"运动"一般以任正非一篇著名的讲话为中心点,公司其他高层人士分别发言,接着就是全员的学习和讨论,以及正面人物的宣传、反面人物的警示等等。对于老员工,运动意味着机会和考验;对那些刚刚走出校门不久的新员工来说,运动则是个人魅力和群体声势的集中展示,他们也在强烈的震撼中不知不觉地接受了企业的价值观。

一位华为离职员工说,这种团体内部的群众运动,确实起到了神奇的功效。首先,它练就了员工的学习能力。那些以前不爱学习公司文件的年轻人,现在都会抢在第一时间阅读任正非的讲话稿或文章。大家明白,声势浩大的运动背后,领导讲话的字里行间,都可能预示着某种变化。只有认真学习、深刻领会,并在行动上有所表现,才能跟上形势,顺应公司发展的要求。

在华为,几乎所有的高层管理者,都不是直升上去的。今年你还是部门总裁,明年可能就成了区域办事处主任,后年可能又到海外去开拓新的市场。几起几落、经受若干失败的打击,是司空见惯的事情。

因此,华为人对自己的成就和所处的位置,都能保持一种比较平常的心态。一方面,不会居功自傲,更不会去考虑谋取所谓的"终身职位";另一方面,华为的管理队伍非常年轻,用这种"七上八下"的方式锤炼他们,是促使他们快速成熟的一条捷径。这也为华为"干部能上能下"和"之"字形成长制度的有效实施奠定了文化基础。

【故事点评】

任正非是军人出身,在他的商业理念和思想性格中,有挥之不去的毛泽东情结。他不乏商人的精明,但更有军事家的雄谋大略。他认为,中国改革开放初期,为了加快发展速度,不断地用优惠政策吸引外资,引进技术,一时间合资合作浪潮方兴未艾,而当时中国还处在一个由计划经济到社会主义市场经济的转型时期,许多政策法规还不健全,国内工业体制、技术改造尚未完成,在这种情况下合资合作的结果是给外资让出了大片市场。这种"以市场换技术"的代价太大了!他说,外国人到中国来是为赚钱来的,他们不会把核心技术教给中国人,而指望我们引进、引进、再引进,企业始终也不能独立。"以市场换技术",市场丢光了,却没有真正掌握哪样技术。而企业最核心的竞争力,其实就是技术。

因此,任正非一开始就坚持毛泽东独立自主的战略思想,明确华为将坚持自主研发。他给华为定下了明确目标:紧跟世界先进技术,立足于自主研发,目标是占领中国市场,开拓海外市场,与国外同行抗衡。

任正非还从毛泽东的军事理论中悟到非常重要的一点,就是集中优势兵力,对敌人最薄弱的环节进行突破。任正非坚信只有技术领先才能在这个行业生存,于是创造性地利用"压强原则",即在特定的时间,集中特定的人力、物力、财力于一点,强行突破。

为此,任正非在1994年就发出了令人震撼的十年狂想:"十年以后,世界通信业三分天下,华为必有其一。"

而集中优势兵力打歼灭战的另类表现就是华为的"狼性"文化。在华为,与竞争对手过招的,远不止前沿阵地上的几个冲锋队员,这些人的背后是一个强大的后援团队,他们有的负责技术方案设计,有的负责外围关系拓展……一旦前方需要,马上还会有人上来增援。1998年前后,这种团队协作的文化被明确为"狼性"文化。

而在压力面前,任正非曾发下誓言:"处在民族通信工业生死存亡的关头,我们要竭尽全力,在公平竞争中自下而上发展,决不后退、低头。"

这个故事告诉我们,在现代商战中,只有技术自立,才是根本,没有自己的科研支撑体系,企业地位就是一句空话。因此,任正非选择了走技术自立、发展高新技术的实业之路。

农村包围城市

华为是"农村包围城市"的典型代表,无论是其国内市场的拓展,还是其国际化路径,都采取的是"农村包围城市"策略。

2000年,任正非在华为第一次海外出征誓师大会上讲了"农村包围城市"的策略,当时的口号是:"青山处处埋忠骨,何须马革裹尸还。"

任正非说,"农村包围城市",是中国共产党最后夺取全国胜利的革命道路,是以毛泽东为代表的中国共产党人在领导中国革命实践中逐步摸索出来的一条具有中国特色的发展道路和总战略。

"农村包围城市"的核心内容是中国民主革命首先在敌人统治力量比较薄弱的农村,发动农民武装起义,建立人民军队,建立革命根据地,把武装斗争、土地革命、建立政权结合起来,使之建成支持长期革命战争的战略基地。依托根据地积累发展革命力量,随着革命战争、人民武装和根据地的发展,逐步造成农村包围城市的战略态势,最后夺取全国胜利。

20世纪90年代中后期,当华为踏上国际化征程之时,发达国家市场早已被欧美高科技企业所占领,国际市场中只有中东、非洲、东南亚等区域还未引起国际电信设备制造巨头的重视,这就为当时还难以与国际巨头抗衡的华为留下了发展空间。因此,华为在开拓海外市场的时候也应采取"农村包围城市"的策略。

任正非1987年创建华为的时候,中国的电话普及率比非洲还低,国内有一千多家通信相关厂商,却无一家有自主研发能力,只能做贸易代理,整个电信市场被"七国八制"垄断。那时候如果老百姓想在家里装个电话,得花上五六千元人民币,还要等半年才能装上。

但是在任正非看来,这恰是难得的商机:国内技术的空白和自主品牌的国内市场开发。

技术研发虽然困难,但是华为50多个研发人员夜以继日,很快克服了技术难关,研制出了C&C08交换机,由于价格比国外同类产品低2/3,功能与之类似,正常来说,C&C08交换机的市场前景应该十分可观。

可是当时把东西卖给谁成了一个难题。北京、上海等大城市是"七国八制"的天下,再加上部分国有企业的掣肘,根本没有切入的空间。C&C08交换机作为自主产品,虽然在价格上占据优势,但是知名度和资金支持方面与大企业相差太大。这时军人出身的任正非只好采用当年毛泽东的战术"农村包围城市",从边疆地带、小企业着手。

幸运的是,当时跨国巨头忙于城市市场的竞争,没有精力关注农村市场。应该说,那时候的农村市场属于竞争的空白地带,只要有必要的产品,就能够进入市场。而且,跨国巨头一向坚持高利润率,农村市场相对较小的利润空间,对它们吸引力并不大。在这种状况下,华为轻而易举地控制了广大的农村市场。

农村市场虽然回报率低,但竞争不大,华为因此迅速发展起来,积累了大量的资本。随着研发实力的提升,华为在技术和资本上都有了足够的积累,开拓城市市场自然水到渠成。

在国际市场,华为同样借鉴了这种策略,首先从发展中国家市场切入,然后转向发达国家市场:把欧美日等主流市场,当作电信市场战略地图上的"城市",而把新兴市场国家的市场看作"农村"。华为海外第一单合同从俄罗斯起步,然后向非洲、东南亚、中东、南美进军,在这些"农村"市场的外围根据地建立后，再逐渐进入欧美、日本等中心区域，如今华为已将业务延伸到170多个国家和地区，服务全球三分之一的人口。

任正非用其独特的战略发展眼光，带领华为走了一条不寻常、不平坦但却能够"活下去"的便捷之路，让华为短短几年内从八方受敌的困境中杀出重围，一路疾行，在如今的全球通信市场笑傲群雄。

【故事点评】

华为在拓展国内和海外市场的早期，直接与跨国公司正面交锋，深感力不从心。于是，华为采取"农村包括城市"的战略抢占一席之地。

在经过长达10年的发展中国家市场的磨砺和考验后，华为的产品、技术、团队、服务等已日趋成熟，完全具备了在世界上最发达国家与同行竞争的强大实力，华为才陆续登陆欧洲、日本、美国市场。先易后难的"农村包围城市"战略取得了阶段性的胜利。

华为在"走出去"的过程中，有明确的国际市场目标，通过采取迂回战术，先选择比较容易进入的发展中国家和地区的市场，建立和开发自己的技术体系，形成拳头产品与品牌优势，不断扩大市场规模，为日后进入发达国家市场做准备。这种"先易后难"的模式可以避免过早与发达国家跨国巨头正面较量，为企业发展争取更多时间和经验。

"东方快车计划"

1996年,华为就开始开拓海外市场,但是华为的国际化仍局限于"零打碎敲"的"兜售",在国外没有什么名气,遇到了许多在国内没有想象到的问题,最大的问题是外国人对中国品牌不了解。

为了提升华为品牌在国际市场上的竞争力,任正非想出了一个"东方快车"的品牌推广计划。

任正非回忆说:

从2004年开始,华为在欧洲启动了一个名为"东方快车"的品牌推广计划。与一家全球著名的咨询公司合作,对自身品牌进行了一次全面评估和规划,规划打造一个国际主流电信制造商品牌。我们将这一规划形象地表述为:"破除了狭隘的民族自尊心就是国际化;破除了狭隘的华为自豪感就是职业化;破除了狭隘的品牌意识就是成熟。"

中国品牌需要获得外国运营商和消费者的认知是非常不容易的事情。华为员工到海外开展业务初期,外国人对中国的认识是极其有限的,他们一般是通过《红高粱》《秋菊打官司》等历史题材影视剧了解中国,对于采用来自这样一个国家的电信设备持怀疑态度。加之中国产品质次价低的刻板印象,华为要打开局面非常艰难。

营销人员回忆说:当时我去巴西,他们甚至以为中国人还在穿长袍马褂呢。有一次我们邀请客户来中国参观,他们出发之前到处找相关书籍,最后决定研读的书是《末代皇帝》!

由于中国的媒体不发达,对外影响力不大,中国在他们心目中的形象不是清朝的样子,就是红卫兵到处贴标语的形象。他们还一直怀疑中国人有没有电视看。在华为内部,许多人把《红高粱》看作是对中国形象有负面效应的影片。尤其是《红高粱》在国外获奖以后,影响很大,外国人对中国人的形象认知就更加成为思维定式了,他们还以为中国人现在的生活状态和《红高粱》里是一样的。

一个从拉美市场回国的市场部员工说:"很多时候我们的困难不是如何推销我们的产品,而是我们根本见不到客户。而每个国家盛大的通信展在业内都是极受关注的,华为的展台和很多国际巨头连在一起,而且通常规模比它们更大、布置得更细致,展出的也是我们最先进的技术和产品。很多人原本不了解华为,但是通过这些展览,他首先会在视觉上有一种震撼,然后他会关注华为的产品和技术。这其实不仅是一个宣传的过程,也是一个品牌再塑的过程。"

1999年,华为的一位高管与巴西客户会面时,对方竟严肃地问了两个让人啼笑皆非的问题,一个是:中国有高速公路吗?另一个是:中国有没有自己的电视机?因此,华为当即决定:"走出去造势国际大舞台。"

为了让外国人了解中国,了解华为,公司制定了一条内部铁律:"只要是国际通信展览,华为都必须参加。"

从此,华为每年在参展上投入数亿元人民币。华为每到一个新市场,都会把规模盛大的通信展办到那里,全方位展示华为品牌和产品。

从1999年开始,华为每年都要参加几十个国际顶级的展览会,一有机会就到国际舞台上展示自己。

华为还重视参加行业论坛,甚至,华为干脆就自己召集国际运营商参加研讨会,通过对华为客户成功案例的剖析来增进彼此之间的了解。

任正非在《天道酬勤》一文中讲述了当初华为在开拓海外市场的艰难历程。

20世纪90年代初,在资金技术各方面都匮乏的条件下,华为把鸡蛋放在一个篮子里,依靠集体奋斗,群策群力,日夜攻关,利用压强原则,重点突破,终于拿出了自己研制的第一台通信设备——数字程控交换机。1994年,华为第一次参加北京国际通信展。

设备刚出来,华为相关人员都很兴奋,又很犯愁,因为业界知道华为的人很少,了解华为的人更少。当时有一个情形,一直深深地印在老华为人的脑海中,经久难忘:在北京寒冬的夜晚,华为的销售人员等候了八个小时,终于等到了客户,但仅仅说了半句话"我是华为的",就眼睁睁地看着客户被某个著名公司的人员接走了。望着客户远去的背影,华为的小伙子只能在深夜的寒风中默默地咀嚼着屡试屡败的沮丧和苦涩:是啊,怎么能怪客户呢?华为本来就没有几个人知晓啊。

当时定格在人们脑海里的华为销售和服务人员的形象是:背着华为的机器,扛着投影仪和行囊,在偏僻的路途上不断地跋涉。华为始终如一对待客户的虔诚和忘我精神,终于感动了"上帝",感动了客户!无论国内还是海外,客户让华为拥有了今天的市场。

2004年7月,华为在泰国召开了"彩铃业务国际研讨会",其他国家的运营商也被请到泰国,共同研究,增进了解。

2008年年底,阿联酋宣布由华为独家承建3G网络,这是华为甚至是中国厂商全球的第一个WCDMA 3G项目。这个项目一直是华为人引以为荣的,因为这一次他们不是以低价取胜,而是比最低的出价高出一倍,但是客户因为他们优秀的服务而毫不犹豫地选择了华为。

华为第一个派到阿联酋去的业务代表是王家定,他刚到那里的时候,还不知道客户在哪里。只知道客户Etisalat是拥有世界级的先进网络的运营商,并与西方跨国公司有多年的合作基础,而他们对华为的了解却很少。

对于自己的技术,华为人也信心不足。当时,华为的 3G 技术尚未完全成熟,而且与客户的关系基础薄弱,虽然几个项目负责人顶着巨大的压力在阿联酋开了实验局,在最短的时间内完成了实验局的建设。但是由于技术还没完全成熟,而且没有商用的案例,问题接二连三地出现了,随后进行与客户的交流效果评估,不幸的事情发生了,客户给了最低的分数零分。付出的成本已经收不回,以后的机会只有继续争取。

但是,即使这样他们也没有放弃跟客户的交流,他们努力使客户相信自己全力以赴的决心。尽管技术上暂时失利,但客户对他们开始慢慢认可。

在最后的时刻,他们找到了反败为胜的关键:2003 年 10 月有两个展览,日内瓦通信设备展和海湾 Gitex 信息展,考虑到市场对运营商业务的重要性,他们决定帮助客户参加展览会进行宣传。华为人知道,这个时候和客户加强联系不但可以促进华为和客户之间的关系,而且还会加快项目的决策进度。日内瓦展览开展之前,几个华为的销售员为帮助客户搭建展台调试设备,宁愿暂时牺牲自己的展台。展会开得空前成功,客户对华为的做法非常满意,一个展会下来,华为与客户之间的关系基本牢固,Etisalat 对华为的服务意识非常满意。

中国的华为成了值得 Etisalat 信赖的一个品牌,后来在投标中取胜就成了水到渠成的事情。

2015 年 3 月 16 日至 20 日,全球规模最大的 ICT 科技展会 CeBIT 在汉诺威展览中心隆重举行,华为参展面积达 1500 平方米,华为在核心区 2 号馆展览,这是华为第五次参加 CeBIT 展会。

这一次华为邀请的客户就有 1200 多人,比 2014 年增加 150％。展台面积比 2014 年增加了 60％,在这次展览中,华为不仅展台面积是最大的,也是这次展览的主角。

这一次华为想要全面展示自己的营销能力、产品能力、技术能力。华为将重点放在了合作伙伴方面,一共有35家合作伙伴亮相,借此也向全世界展现了华为开放与合作的心态,这也是往年少有的。

华为还专门制作了一张图,可以看出华为密密麻麻的展台信息,很全。华为轮值CEO胡厚崑介绍说:"如此规划展台,最重要的是要突出华为的品牌优势,这也是目前华为最需要弥补的。"

华为所展示的东西,虚实均有。既能让客户看到华为的产品实力,体验到解决方案,感受到华为的品牌优势,还能展示自己的"全联接"理念。

华为公司展览负责人何达炳对笔者说:"这一次也加强了互动体验,让客户不仅能看到,还能摸到,增加了体验感。尤其是与两只本地知名的球队达成合作,很接地气,也吸引了不少客户参与。对华为来说,CeBIT 不仅仅是一场秀,更是与客户接触的极好窗口。"

从华为精心准备展会,以及展会的反馈效果来看,华为已经在欧洲站稳了脚跟,成了主流玩家。

而 2011 年,华为第一次参展时,甚至被组委会安排到 13 号场馆,与一家做网卡的公司毗邻。华为 IT 产品线总监孙佳辇当时很纳闷:我们明明作为 ICT 厂商参展,怎么被安排到了网络区域?更何况,13 号馆远离中心场馆,划分给华为的区域又小,很不起眼。

汉诺威展馆常年展览,共有 20 多个场馆,最重要的是 2 号馆,主干道的场馆依次按照数字顺序从 2—11 号排开,13 号场馆几乎偏离了主干道。

2014 年,华为进入 2 号场馆。当时,有一位年龄较大的参展商对孙佳辇说,你知道你现在站在什么位置吗?这是 2 号馆。孙佳辇这才明白,只有被组委会认可,才能站在重要的位置。同样,站在了重要的位置上,才有可能被其他厂商认可,欧洲的用户才有可能过来谈生意。由此可见华为如今在欧洲市场的显赫地位。

这算是华为历年参展的小插曲。华为企业业务从成立时默默无闻到现在跻身主流,一路走来,实属不易。

尽管官方没有披露信息，笔者经多方打听后确认，华为企业业务每年在欧洲增长约50%。而华为全球市场业务的年平均增长率是20%以上，由此可见华为在欧洲的企业业务的重要性。

作为高科技品牌，华为在传播方式上有很多独特的地方，不少做法是与客户交往过程中发掘并持续保留下来的。比如与运营商联合举办高层峰会这种形式，也是品牌精准传播的很好的方式。在峰会上，双方交流战略发展规划，借此加深对对方品牌及产品的认知，密切沟通与交往，确认双方未来几年的合作意向。

【故事点评】

华为的全球化拓展一开始遇到了许多问题，尤其是面临着知名度、认可度、美誉度的问题。华为通过主动走出去，每年参加20多个大型国际展览，参展投入上10亿元人民币，在国际舞台展示自己。

华为通过实施"东方快车"的品牌推广计划，让世界了解华为的产品和服务，在国际上树立了良好的企业形象，提升了华为的品牌知名度和美誉度，最终敲开了国际市场的大门，并取得了值得中国人骄傲的业绩：2010年，华为首次进入世界500强，排名第397位；2014年，华为成为第一家进入"Interbrand全球最佳品牌100强"（Best Global Brands Rankings）的中国企业，位居94位；2018年，华为在全球最具品牌价值100强榜单排名79位，依旧是唯一上榜的中国品牌；华为在《财富》2020年世界500强中排名第49位。全球调研机构IPSOS报告显示，华为的品牌认知度增幅位列全球第一，其中整体认知度由2014年的65%上升到76%。由于华为提供的是ICT信息通信技术产品，属于高端领域，这些业绩的取得，改变了国外对中国企业总是生产低端廉价产品的印象，提升了中国品牌在全球品牌中的地位，为中国企业拓展国际市场积累了宝贵经验。

"东方丝绸之路"

华为刚走出国门的时候,由于外国对中国缺乏了解,发生了许多令人啼笑皆非的事情。为了让客户了解中国、了解华为,任正非可谓是煞费苦心,让市场部制定了一个名为"东方丝绸之路"的品牌计划。

任正非 2019 在接受媒体采访时讲道:

2000 年,华为开始实施"东方丝绸之路"的品牌计划,目的是让海外公众认知华为品牌。华为把世界各地的电信专家、运营商请到中国来,先参观首都北京、国际大都市上海,然后再到深圳参观华为公司。

同时,华为还印制了两本精美的画册,把中国的一些好的风景、好的建筑拍成照片,同时附上华为产品的应用情况,大量发放到各个国家,让世界各国通过生动直接的画册来了解中国、了解华为。

当时华为邀请一个沙特的客户到中国参观,他专门换了一套差一点的衣服过来,但一到中国深圳,他就发现中国人穿得很时尚,街上高楼林立,他发现中国和他想象的完全不一样,于是他赶紧跑到商场购买了一套新西装。

华为的"请进来"营销策略显然是卓有成效的。尼日利亚商务部部长用中国的成语"百闻不如一见"来发表观感。以保守而严苛著称的英国电信 BT 首席技术官 Matt Bross 则认为"不选择华为会是一个错误"。一些竞争对手公司的负责人参观华为后感慨："终于明白谁是自己未来最大的对手了。"

为了抓机遇、赶时间，华为也曾设想，像中国某些家电企业一样与外企合资，借助外资企业的品牌和营销渠道，实现品牌的快速拉升。但是即使任正非自称是"拉宾的学生"，传递"和为贵"的信息也没用，先后有多家西方大牌企业拒绝了华为的借力尝试。其中有的企业是因双方不是同一量级而瞧不上华为的邀请，有的企业则是明显感觉到了华为崛起的威胁，不愿帮未来的对手"磨刀"。

任正非认为："通过参观，绝大多数海外运营商对中国、对华为刮目相看，对华为的产品产生了从陌生到熟悉、从拒绝到接受的心理转变过程，对华为品牌有了信任度。参观完这些后，大部分客户基本会在一两年内采购华为的设备。"

华为还采用精准传播方式，提升品牌认知，并将之称为"滴灌模型"。所谓"滴灌模型"，就是"让应该知道华为的人群知道华为品牌"，通过精准传播，在节约传播费用的同时，提升品牌溢价。通信产品专业性强，客户需求复杂，仅靠营销人员开展品牌推广是不够的，需要研发部门的配合。华为创建了一支由资深技术人员组成的撰稿队伍，定期发表与技术趋势、解决方案、应用案例方面相关的文章，提升产品和品牌的认知度。

相比西方巨头，华为人感动客户的功夫无疑高出一筹。华为对用户的服务是十分细心的，在华为总部有一个客户服务中心，在会议厅、酒吧的一侧，有铺满厚地毯的小开间，访客很少知其用途，笔者在华为采访时，才知道这是专为阿拉伯客户特设的"伊斯兰祈祷室"，华为人的周到细致由此可见一斑。

【故事点评】

"东方丝绸之路"品牌计划，是让海外公众认知华为品牌的重要战略。

华为是在国内有十年的积累后才开始走向海外的,十年前遇到的这些问题,现在依然会有,因为十年前华为聚焦在运营商领域,现在涉及企业网、手机、云业务等领域,当然有了更多经验。2000年左右,华为要解决的是认知问题,当时采取了"请进来、走出去"的方式,一方面尽可能地邀请客户,包括合作伙伴访问中国,因为"耳听为虚,眼见为实",如果双方都没有见过面,互相就难以有什么好感了。"走出去"就是要把产品、服务带出去,要让别人看到。这就是华为"东方丝绸之路"的核心理念。华为通过实施"东方丝绸之路"品牌计划,在海外大大提升了华为产品和品牌的认知度。由此可见,华为的营销策略是卓有成效的。

红军与蓝军

任正非是军人出身,他把部队中红蓝对抗的机制带到了公司管理中。所以在华为有两个特殊的部门,一个是红军部,另一个则是蓝军部。这两个部门成立于 2006 年,隶属于公司战略 Marketing 体系。

2013 年 11 月 26 日,任正非在公司战略分析会上的讲话引发外界关注,除了"有一天我们会反攻进入美国的"这些吸引眼球的话语,他特别提到了华为的"红军"和"蓝军",由此这两个"潜伏"10 多年的神秘部门才进入公众的视野。

任正非在讲话中指出,华为的蓝军存在于方方面面,内部的任何方面都有蓝军,蓝军不是一个上层组织。

我认为人的一生中从来都是红蓝对决的,我的一生中反对我自己的意愿,大过我自己想做的事情,就是我自己对自己的批判远远比我自己的决定还大。我认为蓝军存在于任何领域、任何流程,任何时间空间都有红蓝对决。

如果有组织出现了反对力量,我比较乐意容忍。

所以要团结一切可以团结的人,共同打天下,包括不同意见的人。百花齐放、百家争鸣,让人的聪明才智真正发挥出来。那些踏踏实实做平台的人,他们随着流程晋升很快,也不吃亏。这样既有严肃又有活泼,多么可爱的一支队伍啊。

任正非所讲的"蓝军",是指在军事模拟对抗演习中专门扮演假想敌的部队,通过模仿对手的作战特征与红军(代表正面部队)进行有针对性的训练。当"战争"来临时,红军抵御蓝军的入侵,蓝军部队"出人意料"的作战方法给红军带来了很大的威胁,只有经常与他们"打交道"才不会打败仗,强大的蓝军部队使红军部队在演习中不断进步。

这种作战的模式起源于二战时期。当时,英国陆军元帅蒙哥马利让一些军官学习德国陆军元帅埃尔温·隆美尔在非洲和欧洲的作战模式,体验其作战思维,然后让他们从埃尔温·隆美尔的角度对盟军的计划进行评估。

华为成立蓝军的目的是什么呢?华为蓝军的职责是对抗红军的执行战略和方案,考虑未来三年怎么打败华为。

在一个组织里,专门成立一个团队研究如何打败自己,这在很多人眼里是一件不可思议的事情,但这正是华为的打法。

任正非曾在内部讲话时明确指出:"我们在华为内部要创造一种保护机制,一定要让蓝军有地位。蓝军可以胡说八道,可以有一些'疯子',敢想敢说敢干,博弈之后要给他们一些宽容,你怎么知道他们不能走出一条路来呢?"

任正非认为,世界上有两条防线是失败的,一条就是法国的马其诺防线,法国建立了马其诺防线来防范德国,但德国不直接进攻法国,而是从比利时绕到马其诺防线后面,这条防线就失败了。还有日本侵略者为防止苏联进攻中国东北,在东北建立了17个要塞,他们赌苏联会打坦克战,不会翻越大兴安岭,但百万苏联红军翻过了大兴安岭,日本的防线就失败了。所以任正非认为防不胜防,一定要以攻为主。攻就要重视蓝军的作用,蓝军想尽办法来否决红军,就算否决不掉,蓝军也是动了脑筋的。

那么,华为蓝军部怎么开展工作呢?

华为蓝军主要进行逆向思维,从不同的视角观察公司的战略与技术发展,论证红军战略、产品、解决方案的漏洞或问题;模拟对手的策略来对抗红军,甚至提出一些危言耸听的警告。通过这样的内部批判,为公司董事会提供决策建议,从而保证华为一直走在正确的道路上。

蓝军要想尽办法来否定红军。等到红军和蓝军打得差不多的时候,任正非最后出来做决定。其实这个时候往左走、往右走已经不那么重要了,公司要的是一个方向。

简而言之,蓝军就是为红军而生的,蓝军就是红军的假想敌、反对派。这就是任正非建立华为蓝军的真实意图。

2008年,任正非在《华为研委会第三季度例会上的讲话》中提到:在研发系统中可以组成红军和蓝军,红军和蓝军两支队伍同时干,蓝军要想尽办法打倒红军,千方百计地钻空子,挑毛病。

按照任正非的解释,"蓝军就是想尽办法来否定红军。不要怕有人反对,有人反对是好事。"

关于蓝军部门的组织逻辑,任正非说,有些人特别善于逆向思维,挑毛病特别厉害,就把他培养成为蓝军司令,蓝军的司令可以是长期固定的,蓝军的战士是流动的。

华为的蓝军部门也是人才培养基地。任正非曾经说过:"要想升官,先到蓝军去,不把红军打败就不要升司令。红军的司令如果没有蓝军经历,也不要再提拔了。你都不知道如何打败华为,说明你已经到天花板了。"

为了培养战略人才,任正非让蓝军和红军的人员进行轮换,过一段时间把原来蓝军中的人员调到红军中做团长。红军的司令以后也可以从蓝军的队伍中产生。

华为蓝军部具体是怎么发挥作用的?

华为蓝军著名的战功之一,便是阻止华为出售终端业务,成功扭转了华为终端的命运。

2007年，苹果推出了划时代的产品 iPhone，虽然当年包括诺基亚在内的手机厂商都没有当回事，但是蓝军却敏锐地意识到形势正在发生变化，终端将会起到越来越重要的作用。为此，他们在当年做了大量的调研工作。

2008年，华为开始跟贝恩等私募基金谈判，准备卖掉终端业务。此时，蓝军部指出，未来的电信行业将是端—管—云三位一体，终端决定需求，放弃终端就是放弃华为的未来。

任正非最后拍板保留了终端业务，十年后，华为终端消费者业务的营收，占华为总营收的50%以上，超过了华为赖以生存的运营商业务。

现在回过头想，要是没有蓝军部，此时的华为不知道又作何打算？

华为蓝军部发挥作用还有另外一个例子。随着华为成为全球智能手机市场的头部玩家，华为蓝军开始拿着放大镜查找华为手机的瑕疵。

2015年，华为有一款手机因为在高温环境测试时，出现了胶水溢出，尽管其概率仅为千分之几，蓝军部评估后，否决了这批手机的上市决定，虽然华为因此损失9000多万元，但是却维护了华为手机的品牌形象。

华为蓝军为什么有那么大的权力呢？任正非在2013年说过："我们在华为内部要创造一种保护机制，一定要让蓝军有地位，蓝军要想尽办法来否定红军。"

蓝军除了能够直接"对抗"各个业务部门，它也是第一个敢于直接对任正非本人提出批评的部门。

【故事点评】

华为的蓝军从不同的视角观察公司的战略与技术发展，进行逆向思维，审视、论证红军战略、产品、解决方案的漏洞或问题；模拟对手的策略，指出红军的漏洞或问题，在技术层面寻求差异化的颠覆性技术和产品。

红军要过硬，蓝军必凶狠。研究红军，不仅是为当好蓝军，更重要的是帮红军找到破敌之道。这个故事告诉我们：要有创新精神、创新机制和创新能力，要主动打破自己的优势，形成新的优势。我们不主动打破自己的优势，别人早晚也会来打破。所以，只有敢于正视自己，不断历练自己的队伍，才能成为一支真正走向胜利的强军！

在有凤的地方筑巢

很多地方和企业为了吸引人才，不遗余力筑巢引凤。而华为的任正非却反其道而行之，主张"在有凤的地方筑巢，而不是筑巢引凤"。因为"离开了人才生长的环境，凤凰就变成了鸡，而不再是凤凰"。

2016年岁末，北京大学教授陈春花、华为管理顾问田涛一行与任正非见面交流，在谈到华为引进国际人才时，任正非说道：

华为前二十年是走向国际化，是以中国为中心走向世界；华为后二十年是全球化，以全球的优秀人才建立覆盖全球的能力中心，来辐射全球。全球能力中心的布局和建设将会持续下去，这些能力中心会逐渐补足各专业组织的能力。因此，华为坚持打开边界，与世界握手，把能力中心布局在人才聚集的地方，"在有凤的地方筑巢，而不是筑巢引凤"，引进了一大批国际化管理人才和顶尖技术人才。

我们在全球寻找优秀人才，找到人才后围绕他建一个团队，而不是一定要把他招到中国来，这叫"机构随着人才走，不是人才随着机构走"。华为规定，跨国招聘应遵循属地化管理原则。在遵从当地法律的前提下，当地用人需求优先考虑在当地聘用，做到人才在哪里，华为就在哪里。

华为的微波技术全球领先，就是因为华为从意大利挖来了一个"牛人"——隆巴迪。

隆巴迪是意大利著名的微波研究专家。10余年前,华为因为他,把华为微波研究中心设在米兰。

2004年,隆巴迪在西门子公司工作,负责将微波产品卖给华为,用于华为在柬埔寨的一个项目。不久,隆巴迪参观了华为深圳总部,去了"高大上"的F1展厅,见识了深圳的工厂,特别是看了华为的发展轨迹后,感觉到华为并不是一般意义上的科技公司。他发现,在华为负责生产制造的员工很少,负责研发的人员占了非常大的比例,由此他了解到华为更关注长远的创新和发展。

回去后,隆巴迪在西门子内部做了一个报告,他告诉同事:"华为作为一家跨国公司,虽然它的规模还比较小,但在将来几年甚至数个月,我们就能看到它发展壮大。"

2008年夏天,隆巴迪成为华为的一员,并全权负责华为米兰微波研究中心的筹建。他利用一切机会和资源向业界专家介绍华为和微波发展平台,还将与他共事过的、在业界具有10年甚至20年以上成功经验的专家都拉到了华为,组建了微波专家核心团队。

目前,米兰微波研究中心拥有50多人的专家团队,取得了丰硕的研究成果,拥有引领微波行业的前沿技术,成为华为微波的全球能力中心,华为因而占据了全球最大的微波市场份额。

隆巴迪喜欢给别人看他的华为工卡,他自豪地告诉团队成员:"我的工号是900004,是华为欧洲研究院的第四名外籍员工,也是意大利米兰微波分部第一个外籍员工。直到现在,我依然觉得自己来华为是幸运的,能和非常优秀的团队一起做着业界最前沿的研究,贡献着新的思路和想法。而华为米兰微波研究中心从无到有,从有到强,研究中心就像我的孩子一样,已经成为我生命的一部分。展望未来,我看到了米兰微波研究中心的无限机会。"

南橘北枳,橘子生长在淮河以南叫橘,生长在淮河以北叫枳。任正非认为，人才的产生是需要环境的，一个人的创新能力与他所处的环境关系很大。

华为之所以在米兰建立微波研究中心，是因为米兰有微波研究环境，有人才、产业环境和高校资源。米兰是全球知名的微波之乡，诸多知名公司如西门子、阿朗、爱立信都在米兰设有微波研发和销售机构。该地还有米兰理工大学等高校，人才资源丰富，微波的产学研生态系统完整。隆巴迪和他的团队在这样的环境里，与别人喝咖啡的时候就能得到各种信息。如果他们离开米兰到了中国，会怎样？中国没有微波的产业环境，他连喝咖啡都不知道与谁去喝。这正是任正非主张"在有凤的地方筑巢，而不是筑巢引凤"的原因。

【故事点评】

国以才立，业以才兴。人才是一个国家最重要、最稀缺的战略资源，自然也是企业的核心竞争力。谁拥有更多、更好的人才，谁就能在竞争中取得主动、赢得未来。因此，很多企业为了吸引人才，不遗余力筑巢引凤。而任正非却反其道而行之，主张"在有凤的地方筑巢，而不是筑巢引凤"。"人才在哪里，资源在哪里，华为就在哪里"，这就是华为吸引人才的独特之处。

老鼠与大象

华为成长的道路上一直面临以小博大、虎口夺食的压力。1999—2000年,华为陆续进入了非洲、中东、亚太、独联体、拉美等十几个国家和地区,华为的品牌在第三世界打响。2000年以后,华为将目光转向欧美,开始进入世界通信巨头的腹地。发达国家对于通信设备供应商有诸多的要求,缺乏经验的华为步履维艰,每一个客户的突破都困难重重。任正非此时给华为人讲了一个老鼠与大象的故事。

大象悠然自得地躺在大树下乘凉,一只老鼠出现在它的眼前。"喂,快让开,你挡住我去路了。"老鼠趾高气扬地斥责着大象,一点也不把大象放在眼里。

"你算什么东西,敢这样跟我讲话?"大象惊讶地瞪大眼睛盯着老鼠。和自己庞大的身躯相比,这不知天高地厚的家伙简直就是大山前的一块小石子:"知道我是谁吧?我是森林王国的第一大力士,就连称霸一方的狮子、老虎见到我也是闻风丧胆、逃之夭夭,你这个小不点也敢如此口出狂言?"

"一旁吹牛去吧,你有什么了不起,"老鼠毫不胆怯,反唇相讥,"你力大无穷只能吓唬软弱的狮子和无能的老虎。你永远是我的手下败将,不服气的话咱俩一比高下如何?"

大象被激怒了,它猛地站起身,舞动长长的鼻子对准老鼠狠狠地卷过去,老鼠却灵活一闪,趁着象鼻还没有完全收拢时反身一转钻进大象鼻孔,尽管大象使出浑身解数一次又一次地喷着粗气,想把老鼠喷出来,但聪明的老鼠却顺势极力往里钻,同时又抓又咬,大象的鼻子被挠得鲜血直流,终于忍受不住,只得开口求饶。

在华为成长的初期,任正非经常把外国的电信巨头比作大象,把华为比作老鼠。

众所周知,大象体积庞大,它那条长而有力的鼻子不仅是它平时进食的好帮手,更是它对付敌人的一件有力武器,即使是狮、虎这些猛兽,看到后也会知难而退。而老鼠对于大象来说,就是微不足道的一个小家伙罢了。

从小爱听故事的任正非从老鼠与大象的故事中受到了启发。他告诉华为的员工:华为的对手足够强大,强大到我们还没有真正体会到。华为和竞争对手比,就像老鼠和大象相比。华为是老鼠,人家是大象。如果华为保守、僵化、故步自封,站在那里一动也不动,大象肯定一脚就把老鼠踩死了。

但是老鼠很灵活,不断调整方位,一会儿爬到大象的背上,一会儿钻到大象鼻孔里,大象老踩不到它,就会受不了。华为必须有灵活的运作机制和组织结构体系。

华为是老鼠,可以爬到大象的耳朵里去,在一些特殊的软件里,加上香槟,加上茅台,加上俄罗斯的伏特加,这样就可以在大象的耳朵里挖出一块市场来。

人们对于华为的国际化一直有一个困惑,在海外知名度不高、技术优势更不明显的时候,华为凭什么能从跨国巨头的"虎口"中夺食,使海外市场销售额保持稳步快速增长?关键在于华为能够扬长避短,灵活应变,快速响应用户需求。

【故事点评】

大象虽然体形庞大,但是很笨重,不灵活。老鼠对抗大象,优势显然不是体力,而是灵活应变。老鼠很灵活,能够不断地调整方位。华为就像老鼠,灵活地调整着自己的运作机制,以灵活的机制应付强大的对手,由此取得市场优势。经过三十年成长,昔日的老鼠已变成狮子,当时的那些大象,有的已经倒下。任正非的动物理论也在不断优化。这个故事告诉我们,强大者不可轻视比自己弱小的对手,华为国际化的经验值得后来者借鉴。

鲜花插在牛粪上

华为曾在创新的道路上,盲目地学习与跟随外国公司,有过很多的教训。所以任正非曾在多次讲话中提到,华为长期坚持的战略,是基于"鲜花插在牛粪上"的战略,是从不离开传统去盲目创新,是基于原有的存在去开放、去创新。鲜花长好后,又成为新的牛粪。华为要永远基于存在的基础上去创新。

2010年12月6日,任正非在华为云计算发布会上说:

在云平台前进的过程中,我们一直强调鲜花要插在牛粪上,绑定电信运营商去创新,否则我们的云就不能生存。我们首先是基于电信运营商的需求来做云平台、云应用,与其他厂家从IT走入云有不同。我们做的云,电信运营商马上就可以用,容易促成它的成熟。

我们在云平台上要在不太长的时间里赶上、超越思科,在云业务上我们要追赶谷歌。让全世界所有的人,像用电一样享用信息的应用与服务。

华为"鲜花插在牛粪上"的创新战略,不仅体现在云业务上,还体现在消费者业务、企业业务等方面,都是在通信业务的主轴上衍生出来的。这就是华为的聚焦战略,不盲目进行多元化拓展。

华为在2002年引入战略管理方法之后,几乎没有犯过重大战略错误,它是靠什么做到的呢?

正如任正非所说:"我一贯主张'鲜花要插在牛粪上'。我从来不主张凭空创造出一个东西、好高骛远地去规划一个未来看不见的情景,我认为要踩在现有的基础上前进。前路是曾经脚下的路的积累。世界上总有人去创造物理性的转变,创造以后,我们再去确定路线。我们坚持在牛粪上长出鲜花来,那就是一步一步地延伸。我们以通信业务起步,逐步地扩展开。我们不指望天上掉下林妹妹。"

【故事点评】

坚持"鲜花插在牛粪上"战略是华为的成功准则之一。华为聚焦战略,不盲目进行多元化拓展,这就是华为三十余年来没有犯过重大的战略错误的原因。实际上,"鲜花"和"牛粪"才是最相配的。鲜花又美又香,牛粪又丑又臭。在创新上,华为曾经走过的弯路,就是一坨牛粪,在继承的基础上再谈未来,就是"把鲜花插在牛粪上",等鲜花长好后,又成为新的牛粪,从而形成良性循环,让牛粪上不断地长出鲜花来!

班长的战争

任正非喜欢讲战争故事,如上甘岭战役是怎么胜利的、抗美援朝战争是怎么打的等等。他讲得激情投入,员工们听得热血沸腾,听完之后,感觉工作一天的疲乏都被赶走了。

2014年,任正非给华为员工讲了《班长的战争》。

"班长的战争"是美国军队的现代作战方法,战争的主角并不是过去的师团,靠名将,而是靠连排,甚至班一级的小分队。他们深入敌后,携带卫星定位仪器和激光指示器,随时可以根据下载的卫星画面寻找敌人的踪迹,甚至可以通过卫星呼唤战机、导弹来进行轰炸,而班长作为一线现场作战指挥员,有专业技术的要求,同时也有临机决断的指挥能力要求。

当年美国打伊拉克,美军组建了"三人作战小组"。三人中,有一人是信息情报专家,他带着先进的设备,可以测出这个地方有多少兵力,确立敌人的目标方向后,把情报传递给火力战斗专家;火力战斗专家根据信息情报专家的情报来配置炸弹,然后报告给战斗专家;战斗专家可能就是一个少将,他确定必要的作战方式,按照军部授权,直接指挥前线炮兵开火,这就是"三人作战小组"。

当然"三人作战小组"并不是说只有三个人,每个人可能又带领一个小组,但这三人小组本身又是一个小组,是一个综合作战小部队。

当然,"班长的战争"并不是孤立一个人、一个班在作战。这一战争模式,必须建立在整个大后方强有力的远程支援、数百人数千人通过网络平台的数据支持,以及随时可以根据"炮火""敌情"而呼唤的后方总指挥的运筹帷幄之上。

在互联网时代,要快速捕捉机会、响应市场,组织就必须得精简、简约,而不是搞人海战术,要让每个人都成为价值创造者,使每个人都能有价值地工作。

这就需要改变整个组织结构和组织模式,总部要提高专业化整合与管理能力,一线则要提高综合作战能力。不管是互联网企业小米,还是传统企业海尔及华为,所进行的变革都是在走向组织精简扁平化,强调速度,强调客户价值导向。

组织结构不再是过去的传统的金字塔结构,企业的权威也不再是行政权威,它包括专业权威,也包括流程权威。

管理学上有一项关于管理宽度的研究,即在一个组织结构中,管理人员能够有效实施直接管理的数目是多少?研究表明,一个管理者,不管才能多么杰出,层次多么高级,最有效的管理对象,都在个位数之内,这正好是一个"班"的人数。从这个意义上讲,高层管理者,也是一位班长。

在当下的信息化时代,培养能征善战的"班长",打赢"班长的战争",应当成为企业和其他团体领导人的自觉,当然,这也是一场新的考验。

强调"班长的战争",并不是说"班长"可以为所欲为,而是需要相应的机制监督,如由董事会来监督"班长"。所以任正非提出,既要及时放权,把指挥权交给一线,又要防止一线的人乱打仗,监督机制要跟上,所以要建立公司董事会,由公司董事实现对经营者的监督。

"让听得见炮声的人来呼唤炮火",就是要求"班长"在最前线发挥主导作用,让最清楚市场形势的人来指挥,提高反应速度,抓住机会,取得成果。它要求上级正确把握战略方向,平台部门对一线组织有效支持,"班长"们具有调度资源、及时决策的权力。其基础是组织和层级精简,决策方式扁平,运营高效。

任正非认为,企业管理要学部队,部队的组织机构是最具有战斗力的。缩小作战单元,让前方听得见炮火的人指挥战争,提升一线的综合作战能力,总部变成资源配置和支援的平台,这是华为组织变革的一个趋势。

所以任正非提出要简化组织管理,让组织更灵活,五年以内逐步实现让前方来呼唤炮火;要缩减组织层次,缩小规模,几个组织合并成一个组织,进行功能整合,以便于快速响应前方的呼唤。

未来的战争,需要未来的组织。强调授权以后,要精简前方作战组织,缩小后方机构,加强战略机动部队的建设。"大后台、小前端"的管理模式,就是对前方的不确定性,依靠能力出众的精兵组织;对确定的事情,由后方的组织提供重型火力支持,增强精兵作战实力。

把指挥权交给一线,通过指挥权前移,让小团队在一线发现战略机会,即时向相关各方请求支援,用现代化手段实施精确"打击",这正是许多创新型企业的成功经验。随着企业规模的壮大、市场的扩大,企业的组织模式必须相应改变。如果依然像过去那样把大部分甚至所有权力都收到后方机关来,机关势必越做越庞大,组织流程势必越来越繁杂,运营成本势必越来越高,最后的结果往往是公司创新艰难,甚至被市场淘汰。

【故事点评】

"班长的战争"告诉我们,要发挥班长在前线的作用,班长应有客户的选择权、产品的选择权、合同的决策权,由前方推动后方的各项改革,让听得见炮声的人来决策。信息化时代,创新型企业要想赢得市场,就要打赢"班长的战争"。"班长"这个最小的战术支点,有可能成为决定全局的要点。所以,任正非敏锐地意识到打好"班长的战争"的重要性。他在十几年前提出,要改变过去集团冲锋的作战方式,转向"班长的战争"模式,以此来抓住"战略机会点"。其理由是,"要让听得见炮声的人来呼唤炮火"。

任正非从实践中得出经验：创新产品的研发,五六个人的团队足矣。五六个人研发不了,五六十人也研发不了,就算配置到五六百人,还是难以成功。即使是5G和鸿蒙操作系统这些大项目的开发,也会分拆成一系列小课题,分头进行研发,最后进行统一集成。因此,当下的创新型企业,"班长"往往成为决战决胜的主力,打赢"班长的战争"已经成为企业在竞争中取胜的利器。

"天才少年计划"

2019年5月,美国商务部将华为列入"出口管制实体清单"后,华为启动了"天才少年计划",开始招揽各类人才,希望把世界顶尖人才吸纳到华为。

2019年6月20日,任正非在华为EMT会议上讲道:"华为要打赢未来的技术与商业战争,技术创新与商业创新双轮驱动是核心动力。创新就必须有世界顶尖的人才,要有顶尖人才能够充分发挥才智的组织土壤。我们首先要用顶级的挑战和顶级的薪酬去吸引顶尖人才,今年我们将先从全世界招进20—30名天才少年,2020年我们还想从世界范围招进200—300名天才少年。这些天才少年就像'泥鳅'一样,钻活我们的组织,激活我们的队伍。未来3—5年,相信我们公司会焕然一新,全部'换枪换炮',要打赢这场战争,靠的是人才。"

竞争的本质从来都是人才的对抗。美国之所以强大,关键在于美国拥有适合人才成长的土壤和机制。所以,华为要向美国学习,要破格提拔优秀人才,要敢于吸收全世界的优秀人才。

为了吸引全球更多的人才加入,华为致力于打破组织的边界,包括合作的边界、地理的边界和文化的边界。

2019年7月,任正非签发了华为内部《关于对部分2019届顶尖学生实行年薪制管理的通知》,华为对部分2019届顶尖学生实行年薪制管理,其年薪为89.6万—201万元。华为对顶尖人才有两种表述:顶尖学生和天才少年。此次华为披露的是为顶尖学生制定的年薪制方案,未来针对天才少年或许将会开出更具吸引力的薪酬。

2019年8月,华为在国内招聘了首批八名顶尖学生。这八名顶尖学生全部为2019届应届毕业生,其年薪最低的为89.6万元,最高达201万元。他们分别来自清华大学、中国科学院、香港科技大学等名校和科研机构,所涉课题包括人工智能、操作系统等领域。

2020年8月,华为高薪招聘了4名天才少年,他们刚毕业就拿到201万元年薪。更令人惊叹的是,这几名高薪聘请的毕业生,只是华为"天才少年计划"中的一部分。

【故事点评】

众所周知,目前华为因为美国的打压处于非常困难的时期,即便如此,华为不仅没有大幅裁员或降薪,反而扩招专业技术人员,大幅提高技术研发人员的薪酬,并启动"天才少年计划",坚持用最高的薪酬,找最优秀的人才,不惜代价争夺未来人才。任正非认为,未来的竞争,一定是人才与人才的竞争,企业的竞争力也决定于是否拥有最优秀的人才。如果不给人才新机会和有竞争力的薪酬,就吸引不来真正有竞争力的人才。

华为不造车

随着科技的进步，人工智能、5G技术的应用极大地方便了人们的生活。无人驾驶一直是近几年来的热门话题，国内外众多科技企业纷纷涉足智能车和无人驾驶领域，不少城市相继出现无人驾驶试点。

无人驾驶是汽车发展的必然趋势，这便衍生出产业链上的众多机会。谷歌和苹果公司近年来都涉足无人驾驶车领域。近年来，作为国际科技巨头和全球5G时代领导者的华为，也萌生了"造车梦"，有高管提出了造车的想法，各类媒体也曾大肆炒作华为造车的新闻。

华为的"造车梦"始于2018年。2019年5月，华为智能汽车解决方案BU宣告成立，它隶属于ICT管理委员会，与三大传统业务集团（BG）地位相当，并由华为无线网络业务部和日本运营商业务部的总裁王军出任总裁。媒体分析认为这意味着华为正式进军汽车行业，各种猜测甚嚣尘上，众说纷纭。

其实，当时的华为轮值董事长在华为智能汽车解决方案BU成立之时，就公开宣布"华为不造车，只是帮汽车厂家造好车"，但社会上仍有不少人说华为不务正业，业务没有边界，想当"飞猪"赚快钱。

为了彻底打消华为内部人士的"造车"念头，守住华为的战略边界，任正非于 2020 年 11 月 25 日亲自签发了《关于智能汽车部件业务管理的决议》和华为常委会《关于应对宏观风险的相关策略的决议》文件,正式将华为智能汽车解决方案 BU(IAS BU)的业务管辖关系从 ICT 业务管理委员会调整到消费者业务管理委员会;同时任命余承东为智能终端与智能汽车部件 IRB 主任,汪涛为消费者业务管理委员会成员。

任正非重申:"华为不造整车,而是聚焦 ICT 技术,帮助车企造好车,成为智能网联汽车的增量部件提供商。以后谁再建言造车,干扰公司运营,可调离岗位,另外寻找岗位。智能终端与智能汽车部件 IRB 和消费者业务管理委员会要坚持华为不造车的战略,且无权改变此战略。近两年来,尽管外部环境在不断变化,但我们要清楚,打造 ICT 基础设施才是华为公司肩负的历史使命,越是在艰苦时期,越不能动摇。"

在 2020 北京国际车展上,华为还举办了一场智能汽车解决方案生态论坛,以理论结合实践的方式,集中向外界传达了华为对汽车行业的理解程度和现阶段的成果。华为轮值董事长徐直军表示:"华为智能汽车解决方案将于 2021 年底批量上车。"

从 2019 年 5 月成立智能汽车解决方案 BU,到 2020 年再次参加北京车展,华为在短短一年多的时间里就拿出了包括智能座舱、自动驾驶、三电系统、智能车云等全套智能车解决方案。华为公司自己不造车,致力于帮助车企造好车,华为作为智能网联汽车增量部件提供商的未来,令人期待!

【故事点评】

在"美国禁令"和芯片断供的双重压力之下,华为正遭遇运营商和消费者两方面业务下滑的威胁。运营商业务方面,华为的 5G 设备屡遭美国、英国、印度、瑞典、意大利等国家的限制使用,消费者业务则处于芯片短缺的危机之中。除了这些,同为三大主要 BG 业务的企业业务方面,随着阿里、百度和腾讯的"围剿",云服务也面临着激烈的市场竞争。不可否认的是,华为现在这三大支柱业务,都面临着巨大的压力。华为需要一个新的突破口,未来前景广阔的智能汽车领域,无疑是华为最佳的选择。华为确实在向这一方向发力,但"华为不造整车,而是聚焦 ICT 技术,帮助车企造好车,成为智能网联汽车的增量部件提供商"。

造芯片光砸钱不行

芯片制造是近年来炙手可热的焦点话题,甚至被提到了国家战略层面。随着美国的制裁,华为面临无芯可用的局面。

目前,华为已具备全场景芯片研发能力,其自主研发的芯片不仅用于智能手机、平板电脑、电视,也被用于网络通信、安防、服务器等众多领域。华为海思芯片也应用于无线网络、固定网络、数字媒体等领域。

值得一提的是,由华为海思自主研发的麒麟9000芯片基于5nm工艺制程的手机Soc,集成多达153亿个晶体管,比苹果A14的118亿个多了30%。麒麟9000芯片是行业内有史以来技术挑战最大、工程最复杂的一款高端芯片,由台积电代工。不管是从哪个角度来看,麒麟9000都是华为历经10多年最完美的杰作,并搭载在华为Mate40系列旗舰机型中。

在2019年被美国列入"出口管制实体清单"的情况下,华为顶住了压力,没有被打垮,关键在于自己手握核心技术,具备了全场景芯片研发能力。于是,美国在2020年5月又实施了第二轮制裁,将范围扩大到了使用美国技术和美国设备的公司。由于美国禁止半导体供应商使用美国制造的设备为华为生产芯片,自2020年9月15日起台积电不能再为华为代工芯片,华为手机面临无芯片可用的尴尬境地,这对华为来说,确实是一场灾难。

华为可以研发芯片，但不能生产芯片。

华为如何破局？这个问题一直牵动着全国人民的心。

2019年初，任正非在内部讲话中提到，"现在公司处在危亡关头，研发坚持加大战略投入，向上捅破天，向下扎到根。短期要解决生产连续性问题，长期要敢于牵引发展方向"。

事实上，华为在半导体制造上的布局，早已开始。从2016年华为的光刻机专利被曝光，到2019年华为旗下的哈勃科技投资了14家半导体产业链相关的企业，就可见任正非和华为已经在为今天的芯片制造做准备。

如何追赶上国际前沿技术，打造自己的芯片产品、芯片产业？任正非在央视节目《面对面》中也谈到这个问题。

在谈到芯片话题时，任正非表现得非常冷静，不仅指出现阶段中国要研发芯片并不容易，还很不客气地指出，当前一些所谓的芯片研发投入是夸大炒作，是为了在股市圈钱。

任正非说："我们还是要踏踏实实，自知在云、人工智能上我们落后了许多，才不能泡沫式地追赶。在这些问题上，我们要有更高眼光的战略计划。"

任正非认为："修桥、修路、修房子，已经习惯了，只要砸钱就行了，这个芯片砸钱不行的，得砸数学家、物理学家、化学家，中国要踏踏实实在数学、物理、化学、神经学、脑科学，各个方面努力地去改变，我们才可能在这个世界上站得起来。"

只是芯片制造太难，工程太系统，设备太复杂，所需时间太长，非短时间能突破。华为虽有筹谋，但还不能马上补齐短板。从任正非回答记者的采访来看，中国在芯片制造上面临的困难不小。

有很多人认为，搞芯片只要砸钱就可以搞定。其实，生产芯片没有这么简单。华为有的是资金，如果制造芯片是个靠砸钱就能解决的问题，对华为来说就不是问题了。

2020年,任正非在接受媒体采访时谈了自己的观点:制造芯片光砸钱不行,要砸数学家、物理学家、化学家。目前我们还面临着许多现实层面的短板。

一是基础教育和理论研究较为薄弱,扎扎实实做学问的不多。

任正非说:"我们有几个人在认真读书?博士论文中真知灼见有多少呢?"任正非肯定美国在科学技术上的深度、广度,甚至美国一些小公司的产品都是超级尖端的。即使华为在全球处于业界领先地位,但也仅是企业层面相比,可以说差距不大了;但就国家整体和美国比,差距还很大。这与近年来经济上的泡沫有很大关系,P2P、互联网、金融、房地产、山寨商品等等泡沫,使得学术思想也泡沫化了。

任正非认为,"高科技不是基础建设,砸钱就能成功,要从基础教育抓起,需要漫长的时间,我们公司也是急不得的。"

一个基础理论形成需要几十年的时间,如果大家都不认真去研究理论,都去喊口号,几十年以后我们也不会强大。所以,还是要有人才踏踏实实做学问。

二是人才引进的机制不够灵活。

任正非谈道:"科学家的工作特点是流动的,但是因为税收、户口、各地政策不同,购房、购车、入学等制度问题,影响了一些高科技人才的回流和引流。"

任正非认为:"应该调整我们的政策,拥抱这个世界。我们国家有五千年文明,有这么好的基础,应该拿出政策来拥抱世界人才来中国创业。"

三是底子薄,自家的人才不够,理论基础达不到。

当然,还有一个办法,把研究所建到国外去。在华为的研发战略中,跨国创新成为一大创举。任正非表示,华为"在很多国家建立创新基地和研究中心。哪个地方有能力,我们就在当地去建一个研究所"。

据任正非介绍,华为目前在全世界有26个研发中心,拥有在职的数学家700多人、物理学家800多人、化学家120多人。

华为同时还有一个战略研究院,每年都拿出大量资金,向全世界著名大学的著名教授"撒胡椒面",并且不求投资回报。

华为领先的5G标准,就是源于10多年前土耳其Arikan教授的一篇数学论文。华为用十年时间,投入了数千名研发人员,以这篇论文为中心,一步步研究解体,形成各种专利。华为把土耳其教授的数学论文变成技术和标准,今天华为的5G基本专利数量占世界总量的27%左右,排名第一。

任正非说:"这个土耳其教授不是华为在编员工,但由华为出资支持他的实验室,支持他招更多的博士生。"

任正非表示:"虽然美国的一些政客想要打垮华为,但是,华为是不会被轻易打倒的,因为我们的求生欲望会促使我们寻求自救之路,从而使我们变得更加强大。不过,美国的部分政客的想法或行为代表不了整个美国,所以,我们不会对美国产生任何憎恨。并且,我们还会坚持走自强、开放之路。"他还强调,"若想要真正变强大,那么就要学习包括敌人在内的所有人。"

不了解芯片的人会问:我国能够研制原子弹和卫星,为什么不能制造芯片?芯片制造到底难在哪里呢?

芯片(IC:Integrated Circuit 集成电路)是指内含集成电路的硅片,体积很小,为智能电器的核心部件,芯片一直起着"大脑"的作用,复杂程度远超出航天飞机、原子弹和登火星技术。

芯片的技术含量和资金极度密集,生产线动辄数十亿,上百亿美元。此外,人才也是这个行业的稀缺资源。技术又贵又难,人才难以培养,少数几家大企业垄断了行业的尖端技术和市场。仅以光刻机为例,整机由千万条电路和无丝毫偏差的三万余个零件构成,在指甲盖大小的芯片上面设计建造"世界摩天大楼",千挑万选后,一块真正的芯片才真正诞生。制约集成电路技术发展的四大要素有功耗、工艺、成本和设计复杂度。这不是短时间靠砸钱和一不怕苦二不怕死的精神可以做到的。

芯片难做主要是因为，芯片的核心技术基于材料能力、架构设计能力和工艺能力。而芯片是民用商品，又必须符合成本和效率模型优化的经济规律，跨越质优价廉效率高的市场经济竞争门槛。

芯片制作完整过程包括芯片设计、晶片制作、封装制作、测试等几个主要环节，其中每个环节都对技术和科技水平有相当高的要求。芯片的设计和工艺都很复杂，但是相比较而言，制造工艺更难。制造工艺要求使用高端光刻机，光的波长是纳米级别的，短时间内华为无法跨越生产工具的高集成和人才储备门槛。

目前，世界上只有荷兰 ASML 公司掌握着最先进的 10nm 甚至精度更高的光刻机，其最先进的 EUV 光刻机单价能卖到 1 亿美元以上，而国内的光刻机技术水平还在 90nm 上，差距巨大且高端人才稀缺。

高端光刻机号称是世界上最精密的仪器，分辨率通常在十几纳米至几微米之间，堪称现代光学工业之花，制造难度极大，全世界只有少数几家公司能够制造，没有哪个国家能依靠自主技术而独立生产制造。

目前，中国在芯片产业的投资和人才的引进方面还处于初始阶段。像华为这样每年投巨资搞芯片研发，以及将股权向研发人员倾斜的企业，国内也找不出第二家。

此外，芯片制造所需的材料也大量依赖进口，有的材料如光刻胶需全部进口。国内半导体材料产业总体规模偏小，技术水平偏低，国产材料的销售规模占全球比重不到 5%，与发达国家相比仍存在较大差距。

所以，国家现在要奖励那些投资搞芯片产业研发的科技企业，并且鼓励其上市融资；同时鼓励芯片领域的留学生回国创业，毕竟全球芯片一半的需求在中国市场。当然还要消除国际上对我们发展芯片技术的误解，多与国际相关领域的院校展开学术交流。

中国的芯片产业发展难就难在了别人起步较早，投入较多，在芯片制造方面已经与我们拉开了一定的距离;难在中国芯片企业研发投入少、吸引人才的优势不多;难在我们还不能做到像三星、台积电这些企业那样成批量规模生产芯片,并能维持长期盈利。

所以,我国在芯片制造上面临的困难,似乎短时间内看不到希望。但我们相信华为在芯片上早有布局的未雨绸缪,不会让中国芯片出现时间拖久。我们从余承东的"造芯有望""实现换道超车"的豪言,到华为"天才少年计划""南泥湾计划"的实施以及与众多科研机构和高校的联合攻关等一系列的扎根"造芯"之路可以看出,华为正在有条不紊地全力冲刺。我们期待华为芯片制造捅破天的那一天!

【故事点评】

时下,"造芯"成了一个热门词,芯片概念更是资本市场的热宠,很多企业纷纷宣布重金打造芯片,部分企业醉翁之意不在酒,它们借进军芯片研发与制造博取关注,或捞取补贴,或哄抬股价,目的是圈钱。

芯片研发和制造来不得半点投机取巧,需要耐得住寂寞。正如任正非所说,发展芯片光砸钱不行,还要砸物理学家、数学家和化学家。

因为科学是脑,技术是手。科学发展了,才会有相应的技术出现;科学不能取得突破,技术就成为无源之水、无根之木。

芯片是急不来的,不光是制造工艺、装备、耗材问题,还需要各方面的专家和基础研究的积累。

无须争论,中国与美国在科技上的差距还很大。任正非提醒说,我们还是要踏踏实实做学问。中国要想进一步提升国际竞争力,唯有靠搞好基础教育,培养出真正做学问的人。

任正非告诉我们:发展芯片一定要保持良好的心态,不能急躁和冒进,一定要明白"积跬步以致千里"的道理。选择做芯片,就要做好多年没有回报的打算,就要耐得住寂寞,试图追求"短平快",最好不要跨入这个领域。

不做企业明星

在当代中国商界,任正非是最淡泊名利的企业家之一。他创立华为30多年来,从不做一些沽名钓誉的表面文章,也从没有参加过任何颁奖典礼活动。他说:"作为国际化的民营科技企业,应该淡泊名利,把精力都用在为客户服务上。我们不做企业明星,只做明星企业。"

凭华为的经营规模和对国家、社会所做的贡献,任正非可以说是荣誉等身,但他一直拒绝担任社会职务,多次谢绝参选全国人大代表、政协委员,他的名片上只有一个头衔——"华为技术有限公司总裁"。

2018年是中国改革开放40周年,党中央和国务院决定表彰"中国改革开放100名先锋"。任正非作为民营企业家的杰出代表入选。但是,最后公布的"百名先锋"上却没有任正非的名字,大家感到很奇怪。

2019年,任正非在接受央视采访时透露:"我得知消息后,立即给深圳市委、市政府和中央写信,主动申请不要将我列入'中国改革开放100名先锋'名单。后来,深圳市委、市政府尊重我的意见,把我从名单中删除了。"

任正非不仅自己不要荣誉,还不断提醒华为的高管不要有狭隘的荣誉感。他说:"不要总想到做领袖的光荣,不要去背这个沉重的包袱,荣誉对于我们来说是没有用的。我们说未来要领导世界,是为了鼓舞大家,让大家奋斗,去做得更好。我们要把精力放在为客户服务和产品研发上,少参与外面的个人奖项评选,埋头做实业。"正是任正非始终淡泊名利,他才有大把时间考虑华为的发展。

任正非拒绝领奖的事例还有很多。如 2004 年,任正非成为中央电视台中国经济年度人物候选人,编导给华为打电话说,如果要获奖,任正非必须出席颁奖典礼,却被任正非拒绝。他还委派负责公关的副总裁到央视公关,要求取消这一称号。所以直到现在,中央电视台中国经济年度人物榜单上一直没有任正非的名字。

2019 年 4 月 18 日,美国《时代》杂志发布了"2019 年度全球百位最具影响力人物榜单"。榜单共分为先锋、艺术家、领袖、偶像及业界泰斗五个类别。华为公司创始人任正非、Facebook CEO 马克·扎克伯格、领导探测黑洞并拍摄照片研究的天文学家谢普·多尔曼等人上榜。《时代》杂志在提名词中称:"当任正非在 1987 年创建华为时,他并不是一位计算机奇才。但他的管理工作帮助华为成为全球最大电信设备公司,去年营收达到 1070 亿美元,客户遍及 170 个国家和地区。除了尖端智能机,华为还是 5G 领域的先锋,这项革命性技术将推动第四次工业革命中无人车和智慧工厂的发展。尽管华为近期风波不断,但现在没有任何强大力量能承担得起忽视华为的代价。"

任正非入选的是业界泰斗类别,面对这项含金量很高的殊荣,任正非却不领情,谢绝领奖。他让华为公司官方论坛在 18 日晚比较含蓄地发了一张图片,对这个奖项进行回应:图中是一架伤痕累累的飞机,机身上戴着一顶礼帽,并配上文字"我们还在痛苦中,不知道能不能活下来"。

这看起来像是美式幽默,但实则是任正非的一贯表现。

2001 年,任正非在《华为的冬天》里说:"十余年来我天天思考的都是失败,对成功视而不见,也没有什么荣誉感、自豪感,而是危机感。也许是这样才存活了十年。"

2019 年 12 月,中央电视台举办的"2019 中国品牌强国盛典",华为获得"年度荣耀品牌"奖,其他获奖企业都是老板登台领奖,华为却派了一名年轻的女员工去领奖,此举引起了网友的广泛讨论,有人说任正非太不给中央电视台"面子"了。

任正非却说:"面子是虚的,不能当饭吃,为了面子而丢掉里子,是愚蠢的。我不要什么面子,要的是成功!"

【故事点评】

"不做企业明星,只做明星企业。"这是任正非的做事理念。正是始终坚守这一点,他才有大把时间考虑华为的发展,埋头做实业。正如任正非所说:"高科技企业以往的成功,往往是失败之母,在这瞬息万变的信息社会,唯有惶者才能生存。"

"不做企业明星,只做明星企业",这句话朴实而纯粹。如何看待名利,是检验一个企业家品格的试金石。"个人的名利淡如水,华为的事业重如山",任正非的这种风范值得所有中国企业家学习。

一杯咖啡吸收宇宙能量

任正非在华为经常对员工讲"一杯咖啡吸收宇宙能量"。他说:"一杯咖啡吸取宇宙能量,敢于与世界名流喝咖啡,听听人家的想法,开阔我们的视野,也会给我们启发,少走弯路。"

任正非 2017 年 12 月 11 日在喀麦隆代表处讲话时说:

一杯咖啡吸收宇宙能量,并不是咖啡因有什么神奇作用,而是利用西方的一些习惯,开放、沟通与交流。你们进行的普遍客户关系、投标前的预案讨论、交付后的复盘、饭厅的交头接耳,我都认为是在交流,吸收外界的能量,在优化自己。形式不重要,重要的是精神的神交。咖啡厅也只是一个交流场所,无论何时、何地都是交流的机会与场所,不要狭隘地理解形式。

法国的花神咖啡馆是百年来文人作家的交流场所;摩洛哥里克咖啡馆是二战期间各国间谍的交流场所,不是有《北非谍影》吗?老舍茶馆、成都的宽窄巷等是用品位吸引人们去交流,你约不到人,咖啡馆就是可被动获得机会的邂逅,不仅仅是学术。

我强调公司要开放,见识比知识还重要,交流常常会使你获得一些启发。

我觉得你们年纪轻轻就走出国门,就到了艰苦地区,不要自闭于代表处，自闭于首都，要大胆融入当地社会，更重要的是要融入当地的上层社会，市场的机会、格局的形成，都在他们手里。西方人好运动，你们固守在"闺房"中，如何交朋友？打球去、滑雪去、水上运动去，一切运动都是接近客户的机会。没咖啡，胜似咖啡。

任正非推崇"一杯咖啡吸收宇宙能量"，倡导开放的思想交流与智慧碰撞。他将这种思想落实到了制度上，建立属于华为的"罗马广场"，让大家自由阐述自己的观点。在华为内部，这个机制就是"华为心声社区"，让华为人免责提意见。

任正非强调指出，华为的高级干部和专家要少干点活儿，多喝点咖啡。视野是很重要的，不能老像中国农民一样，关在家里埋头苦干。美国是很开放的，这是我们不如美国的地方。2013年，华为公司轮值董事长胡厚崑写了一篇文章《数字社会的下一波浪潮》，就专门讲"过去拥有的知识已经没有意义了"，知识不是最重要的，重要的是掌握知识和应用知识的能力和视野。

那么，喝咖啡与开阔的视野有什么内在联系呢？

在这个咖啡杯里，以华为员工为核心，团结世界所有同方向的科学家，淡化工卡文化。如果那些科学家做出了跟华为员工同样的贡献，那么就要给他们同样的待遇。

"不求他们归我们所有，不限制他们的人身自由和学术自由，不占有他们的论文、专利，只求跟他们合作。"任正非更进一步地说，"咖啡杯里不仅要有有学问的科学家，还要有一些'歪瓜裂枣'瞎捣乱，也期望'黑天鹅'飞到这咖啡杯中来。"

与此同时，华为还设立了创新研究计划，为全世界的高校与科研机构构建了一个虚拟的"咖啡吧"，在这里大家可以交流思想，分享技术，还可以与华为谈合作。通过 HIRP(华为创新研究计划)，华为大力支持全球同方向的科学家。让科学家的研究成果，像灯塔一样，可以照亮我，也可以照亮别人，不影响科学家们去推动产业化。显然，创新需要一种自由交流的氛围和机制,以开放的姿态来吸收宇宙能量。

2019年6月17日下午,任正非在深圳与《福布斯》著名撰稿人乔治·吉尔德和美国《连线》杂志专栏作家尼古拉斯·尼葛洛庞蒂进行了长达100分钟的对谈。

任正非在谈话中表示,信息社会是合作共赢的,各国不可能孤立发展。在信息社会,一个国家单独做成一个东西是没有现实可能性的,所以国际上一定是走向开放合作的,只有开放合作,才能满足人类文明的需求,才能以更低的成本使更多人享受到新技术带来的福祉。

所以,任正非要求华为高级干部和专家"要多参加国际会议,多喝咖啡,与人碰撞,不知道什么时候就擦出火花,回来写个心得,你可能觉得没有什么,但也许就点燃了熊熊大火,让别人成功了。只要我们这个群体里有人成功了,就是你的贡献。公司有这么多务虚会,就是为了找到正确的战略定位,这就叫'一杯咖啡吸收宇宙能量'"。

【故事点评】

任正非讲的"一杯咖啡吸收宇宙能量",就是鼓励华为干部、员工多与外界沟通和交流,多与全球最优秀的人喝咖啡,多听人家的想法,开阔自己的视野,从中受到启发,丰富自己的思想。

其实,任正非的"一杯咖啡吸收宇宙能量"和西方"咖啡里的世界"都是一种激发集体智慧的交谈方法、一种工作会议讨论方式、一种解决问题的有效方法。几个人坐在咖啡桌旁促膝而谈,通过与其他人交流,从而不断激发新的创意,创造集体智慧,寻找新答案、新思维、新方法。要知道,未来的社会一定是开放、合作、融合、共赢的。特别对企业管理者来说,如果不具备"一杯咖啡吸收宇宙能量"的心态和能力,那么就很难把企业持续地经营下去。任正非告诉我们:要想成就有高度的事业,就必须敞开胸怀,拥抱未来,多与智者对话,与名人为伍,与国际同步,与高手过招,只有这样才能成为高手!

不要煽动民族情绪

面对美国政府持续的政治压力,一向低调的任正非罕见地频繁接受中外媒体的采访,坦诚回应外界的关切。他在采访中所传递出来的丰富信息,瞬间成为舆论关注的热门话题,赢得一片赞扬之声。任正非通过这几次的访谈,充分展示了一个优秀企业家的大胸襟和大格局。

2019年5月21日上午,任正非在华为深圳总部接受央视等媒体采访。谈到美国政府将华为列入"出口管制实体清单",切断华为供应链时,任正非表示:

我们一年前就受到美国实体管制了,大家要骂就骂美国政客,这件事不关美国企业什么事情。

在谈到爱国时,任正非表示:"不要煽动民族情绪,不能把买华为与爱国简单等同起来。不能说用华为产品就是爱国,不用就是不爱国,华为生产的是商品,消费者喜欢用就用,不喜欢用就不用,不要跟政治挂钩。千万不要煽起民粹主义之风,这是有害国家的。目前对华为有两种情绪,一种是鲜明的爱国主义支持华为,一种是认为华为绑架了全社会的爱国情绪。"

任正非坦言:"我们家人现在还在用苹果手机,苹果的生态很好,家人出国我还送他们苹果电脑,不能狭隘地认为爱华为就要爱华为手机。我的小孩就不爱华为,因为他爱苹果。余承东总说老板不为我们宣传。我制止他们瞎喊口号，不要煽动民族情绪。"

任正非还表达了对美国公司的感谢："我们还是非常感谢美国公司，三十年来伴随着我们公司成长，做了很多贡献，教明白了我们怎么走路。"他还表示，"我们将来还是要大规模买美国器件的，只要它能争取到华盛顿的批准。"这是 75 岁的任正非，在面临美国刁难时，亮出的胸怀和态度。

2018 年 12 月 1 日，加拿大应美国要求无端拘押华为 CFO 孟晚舟。磨难一个接一个出现，但任正非依然保持着乐观和坦荡。

【故事点评】

任正非反对煽动民族情绪就是华为强大的关键因素之一。如今中美贸易冲突愈加紧张，民族、爱国情绪高涨，稍微操弄一下，就能获得丰厚的利益。但是任正非能够克制住，可谓胜过常人万倍。利用民族情绪取得的利益，等情绪转移，自然也就没有了，这不是长久的利益所在。同时，情绪是感性的，是不讲理的。不讲理就意味着没办法解释，也没办法悖逆，只能顺着。如此一来，华为等同于被民族情绪绑架。

华为是商业企业，目标是正当获取商业利润。任正非这一次表态，显示了他的远见和智慧。

任正非还指出"不会轻易狭隘地排除美国芯片，不能孤立于世界"。大格局者当如此。发展来源于继承，也来源于交流和学习，只有不断学习先进的东西，博采众家之长，为我所用，才能真正强大自身，才有资格说"不"，才有更多自由选择的权利。这些都表现出了一个企业家的大格局和大胸襟。正是这样胸怀全人类的胸襟和格局，决定了华为舞台的宽度和广度。有道是，胸襟即格局，无论大洋彼岸的政客使出怎样的阴招、损招，华为有这样的胸襟，就一定能赢得与之匹配的格局。

送别荣耀

引得外界猜疑纷纷的"华为剥离荣耀"一事终于尘埃落定。华为终于下定了决心,整体出售荣耀。

2020年11月17日,华为投资控股有限公司决定将荣耀业务资产整体出售给深圳市智信新信息技术有限公司,华为不占有任何股份,也不参与经营管理与决策。

当日,多家企业在《深圳特区报》发布联合声明,深圳市智信新信息技术有限公司已与华为投资控股有限公司签署了收购协议,完成对荣耀品牌相关业务资产的全面收购。

深圳市智信新信息技术有限公司,由深圳市智慧城市科技发展集团与30余家荣耀代理商、经销商共同投资设立,包括天音通信有限公司、苏宁易购集团股份有限公司、北京松联科技有限公司、深圳市顺电实业有限公司、山东怡华通信科技有限公司、深圳冀顺通投资有限公司、河南象之音健康科技有限公司、福建瑞联优信科技有限公司、内蒙古英孚特通讯技术有限公司、哈尔滨金潭科技发展有限公司等。

声明指出,此次收购既是荣耀相关产业链发起的一场自救和市场化投资,能最大化地保障消费者、渠道、供应商、合作伙伴及员工的利益;更是一次产业互补,全体股东将全力支持新荣耀,让新荣耀在资源、品牌、生产、渠道、服务等方面汲取各方优势,更高效地参与到市场竞争中。

荣耀品牌诞生于2013年,始终面向年轻人,坚持中低端价位,七年间发展成为年出货量超7000万部的互联网手机品牌。荣耀的使命是创造一个属于年轻人的智慧新世界,将持续为全球年轻人提供潮酷的全场景智能化体验,打造年轻人向往的先锋文化和潮流生活方式。2017年,荣耀登上中国互联网手机第一的宝座。华为能稳居中国手机市场第一的宝座,少不了荣耀的助力。

2020年11月26日,华为召开荣耀送别会。任正非在荣耀送别会上发表了一个简短的演讲。任正非动情地说:"你们要走了,没有什么送你们的,除了秋风送寒催落的一地黄叶。"

这次的演讲主要有三层意思:

第一,为什么要剥离荣耀,以及如何做好这件事。

第二,这次的演讲也是一场"离婚"典礼,华为和荣耀都是成年人了,面对分别要理智,一旦"离婚"就不应该再藕断丝连。

第三,鼓励新荣耀拥抱全球化,做华为最强的竞争对手,同时给新荣耀今后的发展送上美好祝福!

任正非依依不舍地说:

我们近似严苛的管理,将你们一批天真浪漫、年轻的小知识分子改造成能艰苦奋斗的"战士",过去我们有些方法过于生冷,对不起了。今天要送别你们,同样是一样的依依不舍。正当秋风起,杏叶一地黄,出门也许是更冷的寒风,我们再不能为你们遮风挡雨了,一路走好,多多保重。

任正非在讲话当中还解释了剥离荣耀的原因。他说:"华为在美国的一波又一波严厉的制裁下,使我们终于明白,美国某些政客不是为了纠正我们,而是要打死我们。华为短期的困难,我们有能力克服。我们不因自己受难,而要拖无辜的人下水。"

与荣耀分离,华为肯定是不舍的。但是在这个艰难的时期,华为这么做也是非常的无奈。因为荣耀脱离之后,它要承担更多的责任。

任正非向新荣耀建议:"尽快地恢复渠道的供应。渠道干久了,小草枯了,就难恢复生命了。全力拥抱全球化产业资源,尽快地建立与供应商的关系。供应是十分复杂而又千头万绪的问题,你们的难度比任何一个新公司都大……要坚持向一切先进的学习,包括向自己不喜欢的人学习。坚定不移地拥抱全球化,加强拥抱英、美、欧、日、韩的企业;美国是世界科技强国,它的许多公司很优秀,你们要坚定大胆与他们合作;同时也要与国内合作伙伴合作,与他们一同成长。"

任正非对荣耀抱以厚望,他希望新荣耀将华为视作对手,可以拿着"洋枪""洋炮",与手持新"汉阳造"、新"大刀""长矛"的华为竞争。做华为全球最强的竞争对手,超越华为,甚至可以打倒华为。

读任正非的这篇讲话,再结合华为目前的处境,你可能会联想到历史上的"易水送别",想到"风萧萧兮易水寒",但是你却不会感觉到悲观、感觉到灰色,反而会在无边寒风、一地黄叶中感受到一股英雄豪气。

【故事点评】

任正非在送别荣耀时的讲话,表达了他心中的不舍与忧伤,同时对荣耀的未来寄予厚望!这是近几年笔者看到的中国企业家最好的演讲之一。其情真意切,读来令人动容。任正非的胸怀格局之恢宏,悲壮果决之豪气,令无数人潸然泪下,堪称中国商界年度最强音!

华为出售荣耀,不是抛弃荣耀,而是为了救荣耀,通过这种方式让荣耀渠道和供应商得以延续,这是断臂求生。华为这一决定是在产业技术要素不可持续获得、消费者业务受到巨大压力的艰难时刻做出的,目的是让荣耀渠道和供应商能够得以生存。

美国对华为的禁令升级,让华为一度连喘气的机会都没有。从 2019 年 5 月开始,华为连购买元器件都困难重重。从 2020 年 9 月 15 日开始,台积电终止了华为的海思芯片加工,华为智能手机芯片全面断供,处于无芯可用的境地。因此,华为消费者业务 CEO 余承东无奈宣告"麒麟 9000 芯片生产到 9 月 15 号就截止了,所以我们华为麒麟高端芯片将成为绝版"。

荣耀从华为剥离后,在购买零部件方面将不再受到"美国禁令"的影响。如此一来,荣耀手机能够继续生存和发展,与华为和其他品牌公平竞争,做大做强,对中国电子产业来说也是一件好事。我们祝愿华为早日摆脱技术封锁,顺利渡过难关!祝愿新荣耀迅速恢复生产,踏上新的荣耀之路!

"我不记恨美国"

虽然美国政府强力制裁华为公司,阻止外国采购使用华为 5G 设备,切断其芯片来源,几乎把华为逼上了绝路,但任正非依然强调"我不记恨美国,要向美国企业学习"。

2019 年 5 月 21 日,任正非在华为总部接受了中国媒体采访,围绕美国将华为纳入"出口管制实体清单"、谷歌断供、华为能不能度过眼下劫难等热点敏感问题侃侃而谈。

令许多人没有想到的是,即便遭遇来自美国政府釜底抽薪式的封杀和精准打击,任正非却没有把这样敏感时刻的亮相,当作义愤填膺的发声场。相反,他一再感谢美国企业这些年与华为的合作,认为对华为断供是美国政客推动的,这笔账不应记在美国企业头上。

任正非首先表达了对美国企业的感谢:"我们还是非常感谢美国公司,三十年来伴随着我们公司成长,做了很多贡献,教明白了我们怎么走路。"

任正非崇尚"以全球优秀企业为师"。他坦言:"美国企业有很多地方值得华为学习。我们只有认真向这些大公司学习,才会使自己少走弯路,少交学费。"

任正非说:"从来都是学生超过老师,这不是很正常的吗?学生超过老师,老师不高兴,打一棒,是可以理解的。到处都是老师,到处都可以学习。

我认为只有开放才可能快速地实现目标。"

在谈及未来如何与美国竞争时,任正非强调指出:"国家的未来就是教育。国家一定要开放,才有未来。但是开放前自己一定要强身健体。未来和美国技术竞争一定要通过教育。重视教育,最重要的就是重视和尊重教师。只有教师的待遇得到提升,才可以使教育得到较大的发展。"

任正非表示:"撇除个人利益、撇除家庭危机、撇除华为公司利益,我们始终认为美国是一个伟大的国家,美国在制度、创新机制、创新动力等方面的先进性,会使美国这个国家持续繁荣。过去几十年,美国在先进技术上是强势的先进,未来几十年美国会继续保持这种优势。我们向美国学习的决心不能改变,不能因为我个人受到磨难就改变。我们不会因为和美国产生利益冲突,而变成反美的思维方式。"

2020年8月31日,任正非在华为战略预备队学员和新员工座谈会上说:"我们处在动荡之中,首先要保持坚定不移的沉静。在'灯塔'的照耀下,整个世界都加快了脚步,今天技术与经济的繁荣与英、美、日、俄以及欧洲其他国家当年的技术灯塔作用是分不开的。我们要尊重这些国家,尊重做出过贡献的先辈。不管这些专利保护是否已经过期,先贤是值得尊重的。

"我们公司也曾想在突进'无人区'后做些贡献,以回报社会对我们的引导,也想点亮5G这个'灯塔',但刚刚擦燃'火柴',美国就一个大棒打下来,把我们打昏了,开始还以为我们合规系统出了什么问题,在反思;结果第二棒、第三棒、第四棒打下来,我们才明白美国的 些政客希望我们'死'。"

任正非表示:"求生的欲望使我们振奋起来,寻找自救的道路。无论怎样,我们永远不会记恨美国,那只是一部分政客的冲动,不代表美国企业、美国的学校、美国社会。我们仍然要坚持自强、开放的道路不变。你要真正强大起来,就要向一切人学习,包括自己的敌人。"这就是76岁的任正非,在面临美国极限打压华为之时,亮出的胸怀和态度。

【故事点评】

面对美国政府变本加厉的封锁行为,任正非对美国企业、美国科技成果表现出足够的尊重。相反,美国政客在全球贸易纠纷上的种种拙劣表演,已让包括美国众多盟友在内的世界各国,越来越清晰地看清这个霸权国家的本性。这种自信与底气,更来自华为人拥有着比施压者宽广得多的胸襟与气度。不得不说,任正非真是一个伟大的企业家,在这种情况下还能保持风度,实在是让人敬佩。

大浪淘沙,江流奔腾。华为之所以能一路前行并终于站在世界之巅,一个重要原因就是华为始终秉持开放合作、宽容共存的经营理念。"我们和美国有冲突,但最终还是要一起为人类做贡献","为人类建立庞大的网络,就是我们最大的社会责任,全世界 30 亿人口是我们连接起来的",正是这样胸怀全人类的胸襟和格局,决定了华为舞台的宽度和广度。

Chapter 7

第七部分

自省与进步

自我批判是个宝

自我批判是华为的核心价值观之一，是华为的传统。

正是这种传统，使华为始终保持着当年那股劲，从几个人扩张到19万多人，那股激情，那股玩命精神，使这个队伍始终保持着旺盛的战斗力。

任正非说："自我批判是个宝，多年的奋斗实践，使我们领悟了自我批判对一个公司的发展有多么的重要。如果我们没有坚持这条原则，华为绝不会有今天。"

为什么要开展自我批判呢？2000年，任正非在一篇名为《为什么要自我批判》的文章中详细解答了这一问题。

华为还是一个年轻的公司，尽管充满了活力和激情，但也充塞着幼稚和自傲，我们的管理还不规范。只有不断地自我批判，才能使我们尽快成熟起来。我们不是为批判而批判，不是为全面否定而批判，而是为优化和建设而批判，总的目标是要导向公司整体核心竞争力的提升。

这些年来，公司在《华为人》《管理优化》、公司文件和大会上，不断地公开自己的不足，披露自己的错误，勇于自我批判，刨松了整个公司思想建设的土壤，为公司全体员工的自我批判，打下了基础。一批先知先觉、先改正自己缺点与错误的员工已经快速地成长起来。

自我批判的目的是不断进步、不断改进，而不是停留和沉溺于自我否定。所以，我们每个人要对照任职资格标准，拼命学习，不断修炼和提升自己。

没有自我批判，我们就不会认真听清客户的需求，就不会密切关注并学习同行的优点，就会陷入以自我为中心，必将被快速多变、竞争激烈的市场环境所淘汰；

没有自我批判，我们面对一次次的生存危机，就不能深刻自我反省，自我激励，用生命的微光点燃团队的士气，照亮前进的方向；

没有自我批判，就会故步自封，不能虚心吸收外来的先进东西，就不能打破游击队、土八路的局限和习性，把自己提升到全球化大公司的管理境界；

没有自我批判，我们就不能保持内敛务实的文化作风，就会因为取得的一些成绩而少年得志、忘乎所以，掉入前进道路上遍布的泥坑陷阱中；

没有自我批判，就不能剔除组织、流程中的无效成分，建立起一个优质的管理体系，降低运作成本；

没有自我批判，各级干部不讲真话，听不进批评意见，不学习不进步，就无法保证做出正确决策和切实执行。

只有长期坚持自我批判的人，才有广阔的胸怀；只有长期坚持自我批判的公司，才有光明的未来。

任正非很清楚，每一个华为管理人员都会遭遇到个人责任能力临界点，这是一个不争的事实。客观地讲，管理者的成长与企业组织的成长，是一场马拉松式的速度赛跑——管理者个人素质与能力的成长速度，必须快于或至少等于企业组织的发展与成长速度。如果管理者个人素质与能力的成长，滞后于企业的发展，就会到达痛苦的"个人能力临界点"。

管理者遭遇的每个临界点都是管理者能力素质的制约瓶颈，都是他们必须自我超越的时刻。管理者只有通过不断的学习和自我否定，像蛇蜕皮一样，每蜕一次皮，就获得一次成长。尽管这个蜕皮的过程很痛苦，甚至很危险。

1998年,《华为基本法》定稿之时,任正非就提出在华为总部新基地门口立一块石碑,上书:"一个企业长治久安的基础是接班人承认公司的核心价值观,并具有自我批判的能力。"可见,华为之所以能够成功,没有垮下去,靠的就是围绕核心价值观的长期自我批判。

任正非认为,在这个大变革时代,自我批判是拯救公司最重要的武器。当互联网思维肆虐的时候,当"猪都能飞起来"的时候,任正非又在内部开展自我批判的行动。

任正非说:"极端困难情况下,会把我们逼得更团结,更先进,更受用户喜欢,逼得我们真正从上到下能接受自我批判,自我优化。外界的困难可以让内部更团结进步,而能接受自我批判本就是自我优化之路。"

任正非不仅坚持自我批判,而且接受下属对他的批判。

2018年,华为蓝军曾发表"任正非十宗罪",任正非在华为"罗马广场"、华为心声社区公开表明,"我错了,我改",这样的例子有过多次,由此才形成了华为实事求是、批判成风的氛围。

对于下属的批判,任正非说:我没有生气,我生气的是那种唯唯诺诺、根本就不动脑筋的人。

华为已经成为全球通信设备企业的领导者,但任正非认为,今天的华为恰恰可能是最脆弱的时候。为什么呢?因为成功容易让人变得怠惰和自大,让组织变得盲目骄傲和故步自封。过去的成功不是未来成功的可靠向导,不能陶醉于过去的成功,迷信过去成功的经验,要敢于不断地批判自己。

2016年8月,华为的一位海归程序员泥瓦客从组织、流程、环境、工具四个方面痛斥在华为做研发的不易,并写了一篇名为《华为到该炸掉研发金字塔的时候了》的文章,发表在一本内部刊物上,他在文章中直言不讳地指出华为在研发方面存在的四大弊端。

这篇文章被华为心声社区网站转发，一石激起千层浪，在华为引发了一场轰轰烈烈的内部讨论。

一位员工在留言中写道："很多研发的同学都抱怨过，聪明的人都去做管理了。根源还是研发团队的作战方式。一个项目需要那么多人，必然需要有管理，就有所谓的管理者，管的人越多，管理者做技术的时间越少。要转变开发的模式，打班长的战争。如果都是一个个的小团队，就不需要那么多的所谓的技术管理者了。"

内部激烈的讨论惊动了任正非。他在看完这篇文章和所有人的讨论后，签发了一封总裁办邮件，把文章和大家的讨论贴出来，告知全公司，此举动背后的心思不得不说耐人寻味。

任正非在他签发的邮件中写道："自我批判不是为了批判而批判，不是为了全面否定而批判，而是为了优化和建设而批判，总的目标是导向公司整体核心竞争力的提升。只有具备牺牲精神的人，才有可能成为将军；只有长期坚持自我批判的人，才会有广阔的胸怀。"

【故事点评】

人性都是脆弱的，面子、自尊等都是脆弱的证明，而强大则是反脆弱的过程，个人不曾打碎、重塑过自己，就谈不上成熟、强大。企业和人一样，都是从幼稚走向成熟的，这就需要不断地去伪存真，去除虚伪、虚荣的浮华，说真话，做实事，只有这样，才能取得成长。

批判与自我批判就是这样一个优化组织的工具和方法，遗憾的是，很多企业都无法做到。华为的快速成长，其实就是华为管理团队不断否定过去、自我否定的结果。三十余年的艰苦奋斗和残酷的竞争使任正非领悟到，"自我批判对于一个公司的发展有多么重要，如果没有坚持这个原则，华为绝对不会有今天。世界上只有那些善于自我批判的公司才能存活下来，我们要不断地自我批判，不断地进步，世界是在永恒的否定之否定中发展的。"

任正非说:"我也不在乎接班人是否忠诚,接班人都是从底层打出来的,打出来的英雄同时又能够进行自我否定,自我批判,同时又有开放的胸怀,又有善于妥协的精神,在看人的问题上能够多元视角,而不是黑白分明,他就是自然而然的领袖。"

北国之春

2001年3月，任正非去日本考察，当时陪同任正非出访的有华为公司主管财务的副总裁纪平、管理顾问黄卫伟、吴春波、陈培根和日语翻译孙萍。任正非回国后深有所感地写下了考察报告《北国之春》。此文刊发在2001年4月24日的《华为人》报上。任正非此次去日本考察的目的，是寻求"活下去"的方法。

任正非在《北国之春》一文中写道：

有人将企业比作一条船，松下电工就把自己的企业比作是冰海里的一条船。

在松下电工，不论是办公室，还是会议室，或是通道的墙上，随处都能看到一幅贴画，画上是一艘即将撞上冰山的巨轮，下面写着："能挽救这条船的，唯有你。"其危机意识可见一斑。

在华为公司，我们的冬天意识是否那么强烈？是否传递到基层？是否人人行动起来了？

华为还未处在冬天的位置，在秋末冬初，能认真向别人学习，加快工作效率的整体提高，改良流程的合理性与有效性，裁并不必要的机构，精简富余的员工，加强员工的自我培训和素质提高。居安思危，也许冬天来临之前，我们已做好了棉袄。

什么叫成功？是像日本那些企业那样，经九死一生还能好好地活着，这才是真正的成功。

华为没有成功，只是在成长。华为经过的太平时间太长了，在和平时期升的官太多了，这也许会构成我们的灾难。"泰坦尼克"号也是在一片欢呼声中出的海。

我们有许多员工盲目地在自豪，他们就像井底之蛙一样，看到我们在局部产品上偶然领先西方公司，就认为我们公司已是世界水平了。他们并不知道世界著名公司的内涵，也不知道世界的发展走势，以及别人不愿公布的潜在成就。华为在这方面很年轻、幼稚，很不成熟。

华为组织结构的不均衡，是低效率的运作结构。就像一个桶装多少水取决于最短的一块木板一样，不均衡的地方就是流程的瓶颈。

但如果我们的价值评价体系不能使公司的组织均衡的话，这些部门缺乏优秀干部，就更不能实现同步的进步。

华为由于短暂的成功，员工暂时的待遇比较高，就滋生了许多明哲保身的干部。他们事事请示，僵化教条地执行领导的讲话，生怕丢了自己的乌纱帽，成为对事负责制的障碍。

沉舟侧畔千帆过，我们不前进必定是死路一条。华为存在的问题不知要多少日夜才数得清楚。但只要我们不断地发现问题，不断地探索，不断地自我批判，不断地建设与改进，总会有出路的。

相信有很多人都读过任正非的《北国之春》，然而却不知道任正非写作《北国之春》背后的故事。

任正非的《北国之春》在《华为人》报刊发后，两位华为日本籍员工将其翻译成日文，很多日本员工看到后都表示惊叹，没有想到，任正非对日本企业有着如此深刻的认知，简直不敢相信这篇文章是出自任正非之手。

当时，华为的管理顾问吴春波老师回国后，也写了一篇日本考察报告《感受日本企业的寒冬》。吴春波回忆说："当我看到任总的《北国之春》之后,感觉真是天壤之别,庆幸自己写的这篇文章没有发表,立即把文章放到电脑的回收站中去了。"

任正非的《北国之春》笔者反复读过多次,每次都有不同的体会。这篇文章不仅让华为员工熟读于心,也让众多的企业家、专家学者们奉为经典,即便是今日今时仍然具有很大的现实意义。

据吴春波老师介绍,2001年3月,任正非的日本之行,初衷是为了调养身体。

2001年1月8日,任正非的母亲在昆明因车祸去世,而任正非正陪同国家领导人在国外访问,没能见母亲最后一面。这次意外的打击使任正非的身体彻底垮了,精神也垮了。"听他亲口讲:那几个月,晚上无法入眠,在床上哭,有时哭到凌晨三四点钟,哭累了,才能睡两三个小时。"

为了照顾任正非的身体,公司董事会策划了这次日本之行。出访时间为七天,访问地点包括东京、大阪、福冈、京都、静冈和横滨,顺便访问松下电工和日本电器(NEC)。

吴春波老师在《华为没有秘密》一书中写道:"任正非在日本考察期间,并没有忘记此行的主题,看日本,想华为,边走边看,且行且思,身在樱花盛开的春天,考察的是日本经济的冬天,深虑的是华为的冬天。"

任正非在访问日本期间,在京都郊区的一个小酒屋里吃饭。他平时极少喝酒,要喝也是礼节性喝一点。任正非也会大碗喝酒,可以看得出他的酒量肯定不小。纪平回忆说:"他高兴时,也时常提议'整个小高潮'。"一时兴起,任正非在小酒屋里情不自禁地与日本老人一起同唱《北国之春》和《拉网小调》。任正非唱得非常兴奋,很是投入,且手舞足蹈,唱到最后,任正非真的热泪盈眶,不能自已。

纪平说:"我和任总一起工作十几年,这是我第一次也是唯一一次听见他纵情高歌。"通过这件事,可以看出素有硬汉之称的任正非也有儿女情长。他看到日本老人那么乐观,热情,无忧无虑,也深受感染。

任正非感慨万千:"相比之下,感到中国老人有操不完的心,心事重重,活得很累。我们的父辈,他们至死也没有轻松过。"

任正非曾听过数百次《北国之春》,每一次都热泪盈眶,都为其朴实无华的歌词所震撼。

《北国之春》原作者的创作之意是歌颂创业者和奋斗者的,而不是当今青年人误认为的一首情歌。当一个青年背井离乡,远离亲人,去为事业奋斗,唯有妈妈无时无刻不在关怀他,以至于不知城里季节已变换,在春天已经来临时,还给他邮来棉衣御严冬。

任正非认为:"《北国之春》是日本人民奋斗的一个缩写。我亲自领悟过日本人民的勤奋,没有他们这种精神,就很难用二三十年时间,从二战的废墟中崛起。日本民族善于精工,在产品经济时代大放过光芒,让全世界人民对日本人民刮目相看。我也领教了他们在困难时期战胜萧条的忍耐与乐观精神。"

2019年9月10日,任正非在深圳华为总部会见了《北国之春》的词作者井出博正和翻译家唐亚明,重温《北国之春》。

亭亭白桦,悠悠碧空,微微南来风。

木兰花开山岗上,北国的春天,啊,北国的春天已来临。

城里不知季节(已)变换,不知季节已变换。妈妈犹在寄来包裹,送来寒衣御严冬。

故乡啊故乡,我的故乡,何时能回你怀中。

残雪消融,溪流淙淙,独木桥自横,

嫩芽初上落叶松,北国的春天,啊,北国的春天已来临。

虽然我们已内心相爱,至今尚未吐真情。

分别已经五年整,我的姑娘可安宁。

故乡啊故乡,我的故乡,何时能回你怀中。

棣棠丛丛,朝雾蒙蒙,水车小屋静。

传来阵阵儿歌声,北国的春天,啊,北国的春天已来临。

家兄酷似老父亲,一对沉默寡言人,可曾闲来愁沽酒,偶尔相对饮几盅。

故乡啊故乡,我的故乡,何时能回你怀中。

真正将二人联系在一起,策划并实现了这次相会的,是旅日华人、知名图书编辑、翻译家、作家唐亚明。早在1982年,唐亚明来日本以前,工作便是翻译日本歌曲。《北国之春》是他的前辈吕远翻译的,这首歌的美好词曲也深深印在唐亚明心里。

任正非与井出博正(左)、唐亚明(右)在华为总部合影

来到日本以后,唐亚明进入日本少儿出版社福音馆书店,活跃在日本童书编辑第一线。回忆起《北国之春》这首歌曲以及在中国人内心存留的关于这首歌的感动,唐亚明策划了一本叫作《北国之春》的童书。他请词作者井出博正回忆并记录下童年的生活,因为那正是这首歌如水动人的源头。当这样一本童书的出版被华为日本公司的人得知后,因缘际会,在童书《北国之春》翻译者唐亚明的策划和陪同下,井出博正前往深圳华为总部,与任正非欢谈。

任正非在席间说:"我那时写的不光是《北国之春》,我写的是整个日本。因为那个时候全世界都是经济非常困难的时候,日本人是怎么度过这个最大的困难的?我们怎么向日本人学习?所以我就把这个歌曲一次次解析,然后把日本写进去了。那本身就是一篇随笔,随便写的,没想到在中国流传开了。"

井出博正听了任正非的介绍后,感慨地说:"我上小学一年级时,父亲去世了。所以,比我大十二岁的哥哥进城打工,给家里寄钱,供我上学。我后来成为作词家以后,首先想写的就是家乡,而且写家乡的时候,就想写自己的母亲和哥哥,那就是后来的《北国之春》。"

任正非出生在贫穷的贵州镇宁,《北国之春》这首歌的词曲可谓伴随了他的成长,对他个人和华为公司经营都有很大影响,增强他的忧患意识,也提高了华为防范风险的能力。

【故事点评】

2001年3月,在樱花盛开、春光明媚的时节,任正非踏上了日本的国土。他此次日本之行,不是去感受异国春天的气息,欣赏漫山遍野的樱花,而是为了学习日本"过冬"的经验。

当时他到访日本,看到在整个日本经历了长达十年的低增长甚至负增长的状况下,日本的企业家们依旧保持着冷静和乐观的心态,受到了灵魂的冲击。于是在樱花盛开的季节,他提笔写下了这篇脍炙人口的文章《北国之春》,当时他的心境是非常复杂的。通过这篇文章,我们看到了一个真性情的任正非。

可以说,《北国之春》是任正非写的一篇醒世经典文章。任正非为华为人树立起一面巨大的镜子:在泡沫破裂,三大过剩笼罩着日本企业的时候,他却看到那里的人民,平和、忍耐、乐观、勤奋和奋斗的精神未变,信念未变,对生活和工作的热爱未变。这种内心强大的力量,震撼了任正非。他要把这样的精神境界和危机意识传递给每一个华为人,让华为活下去。

《北国之春》不是一篇走马观花的赏樱之旅的游记,在任正非眼中没有烂漫的樱花,有的只是探索与思考,行为了思,行成就思,这是一次观察之旅、思考之旅、探索之旅、觉悟之旅。任正非告诉我们:"从来就没有什么救世主,也没有神仙皇帝,要创造美好的明天,全靠我们自己。"

不做"黑寡妇"

在 2000 年之前,华为与其他公司合作一两年后,就把这些公司吃了或甩了,同行称华为是"黑寡妇"。后来,任正非反对这种做法,坚决不做"黑寡妇",并主张华为要"开放、合作、实现共赢",打开边界,与世界握手,与合作伙伴一起建立"互生、共生、再生"的产业环境和共赢繁荣的商业生态体系,共同促进数字世界、智能世界的加速发展,让所有人受益更多。

任正非指出:

拉丁美洲有一种毒蜘蛛,这种蜘蛛在交配后,母蜘蛛就会吃掉公蜘蛛,作为自己孵化幼蜘蛛的营养,被人们称为"黑寡妇"。

以前,华为跟别的公司合作一两年后,就把这些公司吃了或甩了,同行称华为是"黑寡妇"。

华为跟别人合作,绝对不能做"黑寡妇"。我们已经够强大了,内心要开放一些,谦虚一点,看问题再深刻一些。不能小肚鸡肠,否则就是楚霸王了。我们必须改变这个现状,要开放、合作、实现共赢,多把困难留给自己,多把利益让给别人。

华为发展壮大,不可能只有喜欢我们的人,还有恨我们的人,因为我们可能导致很多个小公司没饭吃,不要一将功成万骨枯。前 20 年我们把很多朋友变成了敌人,后 20 年我们要把敌人变成朋友。当我们在这个产业链上拉着一大群朋友,朋友多了,我们就只有胜利一条路了。

在任正非看来,华为要有原创精神,但并不等于关起门来自己创新。自主创新不是封闭的,而应当采取开放、合作、共赢的态度和方式,整合各方资源优势,与合作伙伴共谋发展。

任正非告诫华为人:"即使我们成为行业的领导者,也不能独霸天下,我们不要树敌过多,要多交朋友。我们立足建立平衡的商业生态,而不是把竞争对手赶尽杀绝,我们努力通过管道服务全球,但不独占市场。"

苹果和三星作为华为的竞争对手,华为终端一直把超越它们作为自己奋斗的目标。2018年,华为手机出货量超过苹果,成为全球第二大智能手机厂商,仅次于三星。于是,华为公司内部有人喊出了"打败苹果,干掉三星"的口号。任正非知道后,在华为内部会议上明确表示:"以后不许说'打败苹果,干掉三星',谁说,罚款!"任正非能够说出这样的话,足以说明他是有战略远见的,不被眼前的短暂优势所迷惑,而是始终坚持向竞争对手学习,因为合作共赢才是长远发展之路。

2015年,华为还与苹果签订了手机专利技术交叉授权协议,覆盖GSM、UMTS、LTE等无线通信技术。国家知识产权局公布的许可备案登记信息显示,2015年华为向苹果许可专利769件,苹果向华为许可专利98件。

任正非还提出希望华为用世界上最好的镜头、最好的显示屏、最好的音响、最好的计算能力,组装出世界上最好的手机。但这些零部件不需要全都自己开发,而是要把华为的研究系统和战略合作供应商平台全打通、全融合,与产业链上的各厂家共同分享利益。

华为能否走出"强则霸""大则傲"的历史性陷阱?任正非在一次高级干部会议上以极其冷峻的口吻告诫大家:"任何强者都是在均衡中产生的。我们可以强大到不能再强大,但是如果一个朋友都没有,我们能维持下去吗?显然不能。我们为什么要打倒别人,独自称霸世界?想要把别人消灭、独霸世界的成吉思汗和希特勒,最后都灭亡了。华为如果想独自称霸世界,最终也要灭亡的。我们为什么不把大家团结起来,和强手合作呢?我们不要有狭隘的观点,想着去消灭谁。我们和强者,要有竞争也要有合作,只要有益于我们就行了。"

【故事点评】

不做"黑寡妇"体现了华为"开放、合作、共赢"的经营理念。我们欣喜地看到,二十年来华为一直在提倡"做厚供应商""生态链合作共赢",其实就是对不做"黑寡妇"这一策略的一种身体力行。开放、合作、共赢是所有国际化企业的必经之路,想独霸天下只有死路一条。

华为的冬天

2000年,华为销售收入220亿元,利润29亿元,华为的销售收入和利润位居全国电子百强榜首,在这个让人振奋的时间节点,任正非却拉响了"冬天"的警报,给头脑过热的华为人降温。2001年3月,任正非在《华为人》报上发表了著名的文章《华为的冬天》。他在《华为的冬天》一文中写道:

我到德国考察时,看到第二次世界大战后德国恢复得这么快,当时很感动。他们当时的工人团结起来,提出要降工资,不增工资,从而加快经济建设,所以战后德国经济增长很快。如果华为公司真的危机到来了,是不是员工工资减一半,大家靠一点白菜、南瓜过日子,就能行?或者我们就裁掉一半人是否就能救公司。如果是这样就行的话,危险就不危险了。因为,危险过去后,我们可以逐步将工资补回来,或者销售增长,将被迫裁掉的人请回来。这算不了什么危机。如果两者同时都进行,都不能挽救公司,想过没有。

十年来我天天思考的都是失败,对成功视而不见,也没有什么荣誉感、自豪感,而是危机感。也许是这样才存活了十年。我们大家要一起来想,怎样才能活下去,也许才能存活得久一些。失败这一天是一定会到来,大家要准备迎接,这是我从不动摇的看法,这是历史规律。

华为公司总是喊"狼来了",喊多了,大家有些不信了,但狼真的会来了。今年我们要广泛展开对危机的讨论,讨论华为有什么危机,你的部门有什么危机,你的科室有什么危机,你的流程的那一点有什么危机。还能改进吗?还能提高人均效益吗?如果讨论清楚了,那我们可能就不死,就延续了我们的生命。怎样提高管理效率,我们每年都写了一些管理要点,这些要点能不能对你的工作有些改进,如果改进一点,我们就前进了。

我们怎样才能活下来。同志们,你们要想一想,如果每一年你们的人均产量增加15%,你可能仅仅保持工资不变或者还可能略略下降。电子产品价格下降幅度一年还不止15%。我们卖得越来越多,而利润却越来越少,如果我们不多卖一点,我们可能保不住今天,更别说涨工资。不能靠没完没了的加班,所以一定要改进我们的管理,提高贡献率。

任正非具有非常强烈的忧患意识。对他来说,"危"是来自员工的盲目乐观、缺乏危机意识;"危"来自各级管理者没有做好迎接失败到来的准备;"危"来自公司业务发展的速度还不够快。为了增强全公司的危机意识,不断提高华为公司管理人员的管理效率,及时化解危机,谋生存、求发展,任正非还提出了十条应对之策:

(1)均衡发展,改进管理工作中最短的那块木板;(2)对事负责,建立以流程型和时效型为主导的体系,加快流程的运转速度;(3)自我批判,提升干部的敬业精神、献身精神、责任心、使命感,促进组织改革和技能创新;(4)评价干部,推行任职资格管理制度,使有贡献、有责任心的人尽快成长起来;(5)压缩机关,"治大国如烹小鲜",简化、优化、固化组织体系和流程体系的正常态运行;(6)规范管理,有效、快速地服务业务需要,以便创造和引导需求,取得"机会窗"利润,同时缩小差距,同步于世界而得以生存;(7)不以己悲,以平常心承受利益的重新分配,一切为了企业核心竞争力的提升和效益的增长;(8)模板建设,善于引导已经优化、已经证实行之有效的工作模板化;(9)向死而生,假定"华为的危机,以及萎缩、破产是一定会到来的",积极做好迎接危机的心理准备和技能准备,并备足过冬的"棉袄";(10)严格自律,专注于本职工作,安静地应对外界议论。

任正非是低调的,但绝不是悲观的,他坚信冬天定会来临,也坚信冬天总会过去。他在文章最后写道:"沉舟侧畔千帆过,病树前头万木春。网络股的暴跌,必将对两三年后的建设预期产生影响,那时制造业就进入了惯性收缩。眼前的繁荣是前几年网络股大涨的惯性结果。记住一句话'物极必反',这一场网络设备供应的冬天,也会像它曾热得人们不理解一样,冷得出奇。没有预见,没有预防,就会冻死。那时,谁有棉衣,谁就活下来了。"

这篇文章发表后在社会上引发热议,有人认为这是任正非为 IT 业敲响的警钟,也有人说任正非是在"作秀",还有人猜测他是在给华为人事变动制造舆论。由于任正非很少和媒体打交道,因此,当时有很多人不了解任正非写这篇文章的背景和真实用意。

事实上,华为第一次冬天的预警,原本是任正非针对华为内部作出的,但却让整个中国企业界感到浓浓的寒意。

作为一名具有忧患意识的企业家,任正非对市场细微的变化都了然于胸。在 20 世纪 90 年代末期,中国电信市场的年复合增长率三倍于国民经济发展速度。结合华为此前每年翻番的表现,1999 年时的任正非,判断华为当年营收"仍然会翻番"。

不过,电信市场的分拆带来了不稳定因素,各省的电信网络建设都停滞了下来,组织调整、企业内部建设、分拆业务成为各地电信部门的关键词,就在 1999 年,华为首次出现年增长率没有超过 50%,任正非感觉到了寒意。

而从全球来看,2000 年是科技股暴跌、互联网泡沫破碎的一年,纳斯达克指数一年下跌 56%,思科、爱立信、摩托罗拉等电信设备巨头,纷纷告别了持续增长的状态。而包括朗讯和北电在内的巨头,都陷入亏损泥潭。

2001年上半年，北电、爱立信数以万计地裁员、思科出现26亿美元的巨额亏损、朗讯差点被并购，标志着网络和电信设备供应商的冬天终于到来。任正非早就预料这一天终将来临，他在2001年初就写下了在业界广为流传的《华为的冬天》。

笔者观察发现，任正非的危机意识并非无中生有，是建立在对未来的科学判断和对自身清晰的认识之上的。因此，从2001年开始，任正非在公司内部进行预警。事实证明，在2002—2003年，冬天确实来了。2002年华为的销售收入出现了首次下滑，从2001年255亿元跌至221亿元。如果说国内电信重组和互联网泡沫破灭是导致这一现象的外因，那么华为在国内极高的市场份额和海外市场拓展遭受挫折，则是内因。华为苦心经营了5年的海外市场，到2002年时还不到整体销售额的5%。没有好的经营模式，而海外市场开拓的费用却长期高居不下。任正非的"过冬"言论，的确恰逢其时。这个时期，不仅仅是华为进入"冬天"，中国和全球经济增速放缓，很多企业都备感"寒冷"，感受到了经济发展的"冬天"。而任正非通过不断强化、预警，为华为指明了正确的道路。通过不断强化管理、增强"体质"，最终华为安然度过了"严寒的冬天"。

【故事点评】

任正非写的《华为的冬天》这篇力透纸背的文章，不仅是对华为的警醒，还适用于整个行业。接下来的互联网泡沫破裂让这篇文章广为流传，"冬天"自此超越季节，成为危机的代名词。

任正非用非常朴实的语言，告诉华为员工一个简单而又真实的道理——要想使一个企业持续地生存发展下去，需要每位员工"居安思危，不断进取"。可以说，还是危机意识使华为在"冬天"得到了平稳过渡。任正非告诉我们：创业难、守成难，但是，知难不难。高科技企业的成功，往往是失败之母。在这瞬息万变的信息社会，唯有惶者才能生存，只有"怕死"的企业才能活得更长久。

个人是渺小的

2012年1月7日,《华为人》报刊发了任正非一篇文章,任正非在文中对华为内外矛盾、对自己的内心进行了深入剖析。任正非说:"人感知到自己的渺小,行为才开始伟大。"

我是在生活所迫、人生路窄的时候创立华为的。那时我已领悟到,个人是历史长河中最渺小的,组织的力量、众人的力量,才是无穷的。

人感知到自己的渺小,行为才开始伟大。我后来明白,一个人不管如何努力,永远也赶不上时代的步伐,更何况是知识爆炸的时代。只有组织起数十人、数百人、数千人一同奋斗,你站在这上面,才摸得到时代的脚。

我转而去创建华为时,不再是自己去做专家,而是做组织者。我一度被称作甩手掌柜,不是我甩手,是我真的不会管理。在时代面前,我越来越不懂技术,不懂财务,也不懂管理,如果不能民主地善待团体,充分发挥各路英雄的作用,我将一事无成。

组织的力量是强大的,个人的力量是薄弱的。好的管理者在"组织平台建设"和"组织行为建设"上一定是出色的。

当年参加革命队伍的人最怕的是什么?就是怕失去与组织的联系,因为组织的力量远远大于他们个人的力量,组织里的学习机会、创新机会、发展机会、成功机会都远远大于个人。

强者除了自强，更为重要的是认识到组织的力量、团结的力量更强！而组织起超强的团队，激发众人的智慧和能量，不仅是强大，更是伟大！所以，任正非才说"人感知自己的渺小，行为才开始伟大"，是组织的力量把公司抬到了金顶。

【故事点评】

"人感知自己的渺小，行为才开始伟大"这句话可以说是任正非一生经营智慧的总结。43岁开始创业的任正非已经领悟到个人的力量是非常有限的、渺小的，坚信组织的力量、众人的力量才是无穷的。因此，他强调制度、团队的力量，并通过充分放权、授权和"利益分享"的方式，将十几万华为人的聪明才智黏合起来，充分发挥各路英雄的作用，把他们与生俱来的天赋以及他们掌握的知识整合到一个方向上去，让每个个体的能量都得到充分的释放和激发，团结合作，艰苦奋斗，终于成就了一个千亿级科技帝国。

任正非的分享理念让我们理解了个人的渺小，更清晰地明白在一个急剧变化的环境中，只有认识到个人存在的局限性，并借助于组织的力量才能与环境互动，而这也是任正非与华为能够驾驭变化的本质驱动力。

不当鸵鸟

华为高管们长期不接受媒体的采访,凡事"不回应、不评论",以至于华为公司在外界看来,总有拨不开的迷雾和说不清的秘密。因此,有人将华为这种心态称为"鸵鸟心态"。

2010年11月25日,任正非与公共关系、品牌部等有关部门进行了一次座谈,座谈的主要内容就是"改善与媒体的关系"。

任正非在讲话中坦言:在舆论面前,公司长期的做法就是一只把头埋在沙子里的鸵鸟,我可以做鸵鸟,但公司不能,公司要攻击前进,华为公司到这个时候要允许批评。

现在华为和媒体的关系是有问题的,要敢于把事实真相对外宣传,改善和媒体的关系,善待媒体。

任正非表示,公司以前的宣传策略和他个人的心理障碍不无关系。但要把他个人和公司的宣传策略区分开来。如果不区分开来,公司宣传永远定位在一个不正确的位置上,就把公司耽误了。

"华为才是个二十多岁、朝气蓬勃的'小伙子',确实需要被世界正确认识。别人对公司的误解,有很重要的原因是我们不主动与别人沟通,甚至连被动的沟通我们都害怕,还把这当成了低调……我可以做鸵鸟,但公司不能。"

为转变华为公司一直以来对外封闭的形象，任正非要求"公司高管今后要学会与媒体打交道，积极主动接受媒体采访，公司的高管在一年内至少接受媒体采访一次。这一要求将计入高管的年度考核内容，与其工资、奖金直接挂钩"。

任正非还鼓励公司媒体关系部门"要敢说话，要敢说错话……要低作堰，而不是高筑坝"，媒体"采访任何一个员工都可以"，他还鼓励员工"想说什么就说什么，批评华为公司更好"。

华为创立以来，很多记者在遇到与华为有关的事件时，通常在第一时间向华为的媒体关系部门求证，而华为的媒体关系人员经常以"不予评论、不予置评"之类的回应拒绝向媒体透露华为的态度。

对于这样的问题，任正非开始对媒体关系部门的工作人员放权："媒体公关部门的人员要敢说话，不要怕说错话，说两句错话有什么关系吗？公司真有因为哪个人说错话垮了的吗？说两句错话组织就垮掉了，说明这个组织真不值钱。"

"华为公司到这个时候要允许批评，你们看我所有的讲话、所有的文章，都号召华为公司内部要出现敢于反对的声音、敢于反对我们的人。"任正非说。

此前，任正非也发表过很多次内部讲话，不过，针对公司改善与媒体的关系专门召开座谈会，尚属首次。

这是华为从"被动聚焦"到"主动曝光"的小步尝试。可以期待的是，在高管微博亮相之后，华为或许已在酝酿更多的改变。

对于华为的这一转变，多位业内资深人士表示任正非的反思精神令人尊敬，而这种反思精神也是一个成熟企业家所必备的素质。不少业内人士表示，"华为的反思是非常适当而且及时的"。

华为大部分员工在论坛上也给予了支持，"华为以前是一个封闭的公司，现在感觉是有一定的改观……我们有好的东西要敢于去给外界看，让外界也知道我们在做什么"。也有员工认为此举有利于树立公司在公众中的知名度和美誉度,"公司开始拓展企业网市场,客户不再只有三大运营商了,后续终端也可能会直接面向消费者市场"。

2011年1月25日,胡厚崑、徐文伟、余承东、丁耘、陈黎芳、李昌竹等多位华为高管开通了新浪微博。

华为的高管们在新浪微博上十分活跃,不仅积极介绍华为产品,还对网友提问坦率回复。像华为消费者业务CEO余承东,每天都更新微博,不遗余力地宣传华为手机,介绍手机里面的"黑科技",引来众多粉丝的关注。

华为内部人士透露,任正非这一转变,多少是受到2010年10月华为公司董事长"孙亚芳离职"传言的触动。2010年10月,有传言称,华为将发生一场人事"地震",创始人兼总裁任正非欲将其子任平引入EMT(经营管理团队),但遭到以孙亚芳为首的高管们的集体反对,董事长孙亚芳正在走离职程序。

华为官方虽然声明这"纯属凭空捏造的谣言",任正非也表示"不让子女接班",但外界依然坚信华为就是"任正非的王国","子承父业"不过是时间问题。

严重的信息不对称,引发了外界对华为的猜疑,甚至是妖魔化;现在,在任正非的推动下,华为紧闭的大门开始逐渐开放。

值得一提的是,从2011年开始,华为和上市公司一样对外发布经营业绩。华为首席财务官孟晚舟公布了华为的全年业绩,其中华为125亿元年终奖,成了坊间热议的焦点。华为公开对外披露业绩,被视为华为实现开放透明承诺的又一举措。

尤其是2019年5月,美国将华为列入"出口管制实体清单",禁止华为从美国公司购买技术和零部件。一年后,美国又使出终极"撒手锏",切断华为全球所有的芯片来源。在至暗时刻,一向低调的任正非频繁接受中外媒体采访,回应外界关切,大讲华为的故事,从容淡定,谈笑风生。从历史到现实,从国家到个人,从科技到生活,他侃侃而谈,让全世界看到中国企业和企业家坚强与豁达的一面,也让人感受到改革开放 40 多年浸润下一位中国企业家的豪情、智慧与格局。凡事"不回应、不评论"的华为,终于不再是"鸵鸟"。

【故事点评】

此前,由于创始人任正非坚持远离聚光灯,"上行下效",远离公众视线、远离媒体也成为华为高管的共识。从隐身幕后到走上前台,华为高管齐开微博,可以视为华为对外部开放的初步试探。任正非要求公关部门"改善与媒体的关系","不做把头埋在沙子里的鸵鸟","善待媒体,允许批评",华为紧闭的大门开始逐渐开放,这是一种进步。

"不当鸵鸟"彰显了任正非的开放心态。正如任正非所说:"开放的心态,会帮助我们吸收整个人类社会文明的积极成果,会让我们活得更明白、更理性、更智慧,也更长久。"任正非给外界传达出这样一种信号:华为正在试图建立一种更加透明化和开放化的公司制度体系,它的形象变得更加亲民。而事实上,这是一场更深层次的战略转型,华为正在从一家神秘的 B2B 公司转型为一个世界级的消费者品牌,因此,它必须敞开心扉,只有与世界对话,与世界握手,才能拥有全世界。

"泰坦尼克"号

《泰坦尼克号》是一部美国的爱情片。影片以1912年"泰坦尼克"号邮轮在其处女航时撞上冰山而沉没的事件为背景,讲述了处于不同阶层的两个人——穷画家杰克和贵族女露丝抛弃世俗的偏见坠入爱河,最终杰克把活命的机会让给露丝的感人故事。

1912年4月10日,号称"世界工业史上的奇迹"的豪华客轮"泰坦尼克"号开始了自己的处女航,从英国的南安普顿出发驶往美国纽约。富家少女露丝与母亲及未婚夫卡尔坐上了头等舱;另一边,放荡不羁的少年画家杰克也在码头的一场赌博中赢得了下等舱的船票。

露丝厌倦了上流社会虚伪的生活,不愿嫁给卡尔,打算投海自尽,被杰克救起。很快,美丽活泼的露丝与英俊开朗的杰克相爱,杰克带露丝参加下等舱的舞会、为她画像,二人的感情逐渐升温。

1912年4月14日,星期天,一个风平浪静的夜晚。"泰坦尼克"号撞上了冰山,永不沉没的"泰坦尼克"号面临葬身大海的命运,露丝和杰克刚萌芽的爱情也将经历生死的考验。

美国大片《泰坦尼克号》于1998年4月在中国内地上映后,任正非观看了这部电影,并在华为多次讲到《泰坦尼克号》的故事。

当然,任正非所关注的不是爱情故事,而是提醒华为人要居安思危,从

"泰坦尼克号事件"中吸取教训。

2012年11月24日,任正非对华为展厅的展示工作提出指导意见时表示:"你们知道世界上对男人的最佳表达是什么吗?电影《泰坦尼克号》告诉我们,在生死存亡的时候让女人先走,自己死掉,这就是对男人的最佳表达。"

2016年7月12日,任正非在华为2016年市场年中会议上发表讲话时,再次提到了《泰坦尼克号》:"'泰坦尼克'号是在一片欢呼声中出海的,与华为今天何其相似。沿着惯性,华为还有3—5年的高速增长,3—5年后呢?百年前生产'泰坦尼克'号的贝尔法斯特在工业革命中,何等的繁荣呀!匹兹堡、底特律也曾是世界中心,斗转星移,换了人间。三十年河东、三十年河西,华为也快三十年了,要想不死,就必须自我改革,激活组织,促进血液循环,焕发青春活力。"

而当时令任正非尤为担忧的是:"经过近三十年的经营,华为已经成长为世界级一流公司,在通信计算等领域正在进入'无人区'。五年后,我们就要引领世界了,但现在居然还没有一个领袖群。"

【故事点评】

"泰坦尼克"号这艘邮轮给任正非带来的是巨大的危机感与惶恐感,他看到的是辉煌背后的险恶,成功之后的危机。任正非通过"泰坦尼克"号邮轮沉没事件向公司传递的是未雨绸缪的危机意识,并警醒华为人,华为的今天就仿佛昔日欢呼出海的"泰坦尼克"号,前路早已布满危机,要想不死,就必须居安思危,坚持自我改革,激活组织,促进血液循环,焕发青春活力。

"瓦萨"号战舰

任正非在华为多次讲到舰船,他于2015年1月16日在华为市场工作会议上讲了"瓦萨"号战舰沉没的故事。

瓦萨王朝统治时期,瑞典是欧洲的强国之一。为了与劲敌丹麦、波兰对抗,称霸波罗的海,瑞典国王古斯塔夫·阿道夫斯二世要求建造一批新的战舰,并要求战舰航速要快、火力要强、装饰要华丽,因为这样才足以显示瓦萨王朝的权力、战斗力和财富。1626年年初,其中最大的战舰"瓦萨"号,在国王的亲自监督下正式开始建造。

性格暴躁的国王总是有太多要求。在"瓦萨"号建造期间,他不断下令依照他的旨意改变设计和建造要求。在"瓦萨"号的骨架已经安装好的时候,他下令增加战舰的长度。最后,"瓦萨"号拥有了双排共64门舰炮,全长达到了69米,成了当时装备最齐全、武装程度最高的战船。但对于横梁和压舱物来说,在一个并不稳固的平台上安装的这些装备显得过高过长了,而且与平台的功能极不相称。但国王的命令没人敢违抗。试验中"瓦萨"号发生了危险的摇动,但这个预警信号被忽视,因慑于国王的狂躁,还是决定准备航行。

1628年8月10日,"瓦萨"号在万众瞩目中扬帆起航,但在航行了不到1海里后便遇上大风浪,开始侧倾,又因船身过重而加速沉没。凝聚着瑞典

国王无限期盼的心血之作首航仅仅 10 多分钟便沉没而成绝唱。

任正非参观了瑞典斯德哥尔摩的"瓦萨"号沉船博物馆,粗看介绍后,便欣赏着这艘长 69 米、主桅杆高 52 米,即使现在看起来也仍然恢宏无比的战舰,想象着 300 多年前的它在万众期待中盛装出海和它短暂的航海生涯,唏嘘不已。

任正非感叹道:"瑞典的'瓦萨'号战舰是当时世界上最大的炮舰,很漂亮,里面的雕塑都是艺术品。为了好看还加盖一层。国王为了显示威力,又加建了一层炮塔,但船体本身没有改,结果一出海就沉船了。我们要接受'瓦萨'号战舰沉没的教训。战舰的目的就是作战,打胜仗,任何装饰都是多余的。我们在变革中,要避免画蛇添足,使流程烦琐。"

任正非指出,华为管理流程变革的目的要始终围绕为客户创造价值,不能为客户直接和间接创造价值的部门是多余的部门、流程是多余的流程、人是多余的人。华为将紧紧围绕价值创造,来简化公司的组织与流程。变革的目的是多产粮食和增加土地肥力。凡是不能为这两个目的服务的,都要逐步简化。

例如,前些年,华为从上到下开始为胶片所累,有一个 12 人的团队,一年从头到尾经常有 4 个人在负责写胶片。华为员工抱怨,说自己电脑里已存了 6000 多套胶片。有人算了一笔账,每份胶片的人工成本高达 6 万元(也有人说不贵)。有的干部动不动就要下属写胶片,而且写起胶片来,丝毫不放松要求,字斟句酌,力求完美,轰轰烈烈,甚至不惜为此大动干戈,不仅助长了官僚作风,而且浪费资源。

任正非早在 2011 年年初的市场大会上强调指出:"要让基层部门把精力聚焦在工作上,聚焦在客户上,要减少不必要地为领导做胶片,为机关填表格的工作。我们公司做胶片,像疯子一样,从上到下忙着做胶片,活也不干。为什么?领导要来了,胶片要多姿多彩,领导喜欢你就升官了。"任正非严厉批评装饰胶片这种好看不中用的歪风邪气,并说:"今后谁再安排下属写好看的胶片,谁就下台。"

【故事点评】

任正非在华为多次提到过"瓦萨"号战舰,就是为了提醒华为人要吸取"瓦萨"号战舰沉没的教训,时刻牢记管理的本质与终极目标。他告诉华为人,造战舰的目的就是打胜仗,任何装饰都是多余的。

"瓦萨"号战舰,是17世纪一艘装备最全、武装程度最高的战船,却在初次航行出海10分钟就沉没了。"瓦萨"号战舰沉没的原因在于瑞典国王搞错了战船目的,从而本末倒置。企业经营也是如此,我们不能本末倒置,在做事的时候掺杂太多私心杂念,要知道,目标纯粹是胜利的首要因素。反思自己的企业,是不是也像是"瓦萨"号战舰一样增加了很多不必要的流程和繁复制度,以至于忽略了核心目的。任正非以"瓦萨"号战舰为例,界定了企业变革的目的,阐明了企业管理的本质与精髓:简单、实用与有效。

"无人区"的迷茫

任正非是一位具有忧患意识的企业家,他有句名言叫"惶者生存"。在华为的发展史上,任正非分别在 2001 年、2004 年、2008 年、2012 年和 2016 年五次拉响了"冬天"的警报,并要求华为高管要牢固树立危机意识、戒骄戒躁。

2001 年,国际高科技产业哀鸿遍野,华为却发展势头强劲。但是在这样的情况下,任正非却发表了一篇题为《华为的冬天》的文章,敲醒了很多沉溺在胜利的喜悦中的华为人。

任正非的《华为的冬天》一文出炉,让华为在中国的企业界确立了新的地位,其重视危机的企业文化开始拥有了狂风骤雨般的影响力。

2016 年,华为的销售收入达到 5200 亿元,位居全球信息与通信行业首位,在世界 500 强中排名第 129 位,华为正如日中天,而此时,任正非却说"华为已感到前途迷茫"。

2016 年 5 月 30 日,任正非作为民营科技企业家的代表在全国科技创新大会上发言,他当着习近平主席、李克强总理和全国亿万观众的面表达了自己的忧虑:

未来二三十年,人类社会将演变成一个智能社会,其深度和广度我们还想象不到,如果不能坚持创新,迟早会被颠覆。现在的时代,科技进步太快,不确定性越来越多,我们也会从沉浸在产品开发的确定性工作中,加大对不确定性研究的投入,追赶时代的脚步。

华为已经攻入"无人区",处于无人领航、无既定规则、无人跟随的困境。要想打破这一困境,必须坚持科技创新,追求重大创新。华为现在的水平尚停留在工程数学、物理算法等工程科学的创新层面,还没有真正进入基础理论研究。随着逐步逼近香农定理、摩尔定律的极限,而对大流量、低时延的理论还未创造出来,华为已经感到前途茫茫,找不到方向。

重大创新是"无人区"的生产法则,没有理论突破、没有技术突破、没有大量的技术积累,是不可能产生爆发性创新的。华为跟着人跑的"机会主义"高速度会逐步慢下来,创立引导理论的责任已经到来。虽然近年来在应用性创新上到达极限,但是在理论性创新上空白一片,长此以往,我们原有的成绩必然被德国、美国等擅长"从0到1"的国家击溃。

任正非此话一出,引发轩然大波。作为中国高科技企业的标杆和国际化典范的华为,2015年的营收超过国内BAT(百度、阿里巴巴和腾讯)的总和,手机业务颇有盖过三星,与苹果逐鹿天下的气势,任正非为何会发出如此感叹?

其实,在这个充满不确定的时代,感到前途迷茫,找不到方向的不止华为,几乎所有的企业都感到困惑和迷茫。感到前途迷茫是数字化浪潮下全球性的集体"焦虑症"。但是,任正非作为中国高科技行业无与伦比的智者,站在全国科技创新大会这样的殿堂上,当着国家领导人的面出人意料地喊出"华为已感到前途迷茫",当然不是危言耸听。

对企业来说,最好的时候也就是最危险的时候。而危机意识,是华为走到今天的秘诀。在这种时候,任正非的"前途迷茫说",当然是对公司内部最好的清醒剂。但最重要的是,任正非的迷茫是真切的,是发自内心深处的。这种迷茫,可能超越了大多数人的认知。

作为长期研究华为的学者,笔者认为有必要深入剖析一下任正非感到

"迷茫"的原因。

任正非虽然对华为的未来感到迷茫,但他同时对华为的未来充满信心。他提到的攻入"无人区"后感到"前途迷茫"是纯粹对科学技术的迷茫。作为信息论基础的香农定理,作为信息工程技术基础的摩尔定律都已逼近极限,如果不能突破时延和带宽的极限,人类社会如何走向智能社会?

任正非告诉我们:"战争打到一塌糊涂的时候,高级将领的作用是什么?就是要在看不清的茫茫黑暗中,用自己发出微光,带着你的队伍前进;领导者一定要像克劳塞维茨所形容的高级将领那样,在茫茫的黑暗中,鼓舞精神,激励斗志,高歌前进。"

同时,他还告诉人们,迷茫中也酝酿着新技术、新机会、新突破,这是对科学家、未来人才突破基础理论的期许。华为已经炸开人才金字塔尖,通过多种多样的方式吸引更多优秀人才的加入,共同突破迷茫,走向未来的智能社会。

华为的2012实验室早已开始对未来5—10年的前瞻性技术进行研究。在5G通信技术领域,华为已经取得重大技术突破,领跑行业。

显然,面对全球数字化浪潮,任正非已经意识到危机的存在和挑战的艰巨。但作为行业领导者,华为将拿出一百分的勇气和定力,不骄不躁,稳步前行,与运营商和合作伙伴一起共建更加美好的全联接世界!

其实,此时的任正非比任何人都清楚,当下最重要的任务不是要攻下某一技术难关,而是要在万物互联的智能时代到来之前,开展一场深刻而彻底的自我变革,全面提升华为的核心竞争力、商业领导力和思想领导力,只有这样,华为才能蜕变为真正的行业领导者;只有这样,华为才能抓住时代赋予的大机遇;也只有这样,华为才能拥有更加广阔的视野和更宏大的格局!而践行这一切,必然一路荆棘,面临许多挑战。不过,令人欣喜的是,华为已经在路上。

【故事点评】

华为进入"无人区"后的迷茫,是从"跟随者"转变为"领导者"后的角色适应,而这种迷茫也许会让华为在"登顶"后犯下错误。

华为已经攻入电信行业的"无人区",处在无人领航、无既定规则、无人跟随的困境。这意味着华为将承担起制定规则、创立理论的重任。在培养人才方面,任正非建议国家重视教育,用最优秀的人去培养更优秀的人。华为的做法是把所有的年轻人都送到一线去磨炼,去承担更大的责任。

毫无疑问,人才与创新驱动是华为发展之本。过去的三十余年,华为之所以能在中国企业中一骑绝尘,独孤求败,就在于华为在技术创新上舍得投入,每年将销售收入的10%以上真金白银地砸进去,砸出了汇聚和融合全球通信技术的洼地,垒起了自主创新的华为高地,使华为的国际专利申请数居全球第一。华为的这一次"迷航",注定要孤独,且无人喝彩,只有任正非这样的伟大企业家,才会产生深重的忧患和危机意识,承担起引领的责任,在七十几岁高龄之际,他再一次在茫茫黑暗中,用自己发出微光,带着他的队伍前进,就像高尔基笔下的丹柯一样把心拿出来燃烧,照亮未来通信技术前进之路。

常怀"空杯心态"

2014年,任正非在《致新员工的信》中,提出希望华为新员工怀有归零心态,踏踏实实做新人。

任正非还讲了一个有关"空杯心态"的故事,告诫华为高管和员工,要保持危机意识,戒骄戒躁,永不自满,坚持自我批判,保持空杯心态,重新出发。

南隐是日本的一位著名的禅师。有一天,一位知名的学者特地来向南隐问禅,进门后,他的态度十分傲慢,嘴里喋喋不休。

南隐则默默无语,只是恭敬地给他沏茶。

南隐将茶水注入这位学者的杯子,满了也不停下来,而是继续往里面倒,眼睁睁看着茶水不停地溢出杯外。

这个学者感觉很奇怪,就不解地问:"大师,杯子已经满了,你为什么还要往里倒?"

南隐说:"你就像这只杯子一样,里面装满了自己的想法。如果你不先把杯子里的水倒掉,叫我如何对你说禅呢?"

这位学者恍然大悟。自己既然是来请教的,心态这么傲慢,是无法获得知识的。这就是"归零心态"的典故。

作为华为的文化教员,任正非非常推崇这个故事,他说:"清空你的杯子,方能再行注满,空无以求全。"

"空杯"的象征意义在于做事前先要有好心态。如果想学到更多学问,先要把自己想象成"一只空着的杯子",而不是骄傲自满。

2001年3月,任正非访问日本,参观了气势宏伟的松下电器公司历史展览馆。展览馆是松下创立50周年时建成的,仿照20世纪30年代松下总部的原貌而建,是松下公司的资料馆,规模宏大,资料齐全,馆内有复原再现当初创业车间的展区,也有影像展区,可以看到松下幸之助先生当时亲自讲述其经营理念的录像。

在参观过程中,任正非对感兴趣的地方看得很仔细。他最感兴趣的有两个部分:一个部分是松下的创业阶段;另一个部分是松下的国际化阶段。

参观完毕,松下电器的CEO赠送任正非的是一幅很大的书法作品,上面书写的是松下幸之助1937年确立的"松下七精神",即"产业报国、光明正大、团结一致、奋斗向上、礼节谦让、适应形势、感恩报德"。由此看来,重视历史的松下,也重视自己的核心价值观。

参观结束后,一行人畅谈观后感,华为管理顾问吴春波向任正非提议:"华为也应该建一个这样的展览馆,把华为的创业史和产品都陈列在里面。"

任正非不假思索地说:"华为不需要历史。"

华为确实是一家不重视历史的公司,在华为公司总部的展厅里,几乎看不到华为的历史,在公司网站上甚至找不到多少资料。作为全球最大的通信设备制造商、全球第二大智能手机厂家和世界500强企业,公司对外公布的一份《华为大事记》,只有半页纸,就连公司创立时间、注册资金、创始人、公司的规模、行业地位、获得的荣誉等资料在华为公司网站上都找不到。华为公司展厅最醒目的是华为的核心价值观和公司历年来所获得的专利数量。

2017年,是华为创立三十周年。笔者到华为采访时,好奇地问任总:今年是华为创立30周年,公司为何不搞庆典?

任总回答道:"华为不需要历史,只需要铭记自己的核心价值观。一个高科技企业,绝不能对历史怀旧,绝不能躺在过去的功劳簿里,那样就很危险了。"

任总还说:"华为没有成功,只在成长。今天的华为恰恰可能是最脆弱的时候。因为成功容易让人变得怠惰和自大,让组织变得盲目骄傲和故步自封。过去的成功不是未来成功的可靠向导,不能陶醉于过去的成功、迷信过去成功的经验,要敢于不断地批判自己。一个企业、一个组织,如果总是背负成功与辉煌的包袱,这个企业离死亡也不远了。"所以,他始终认为华为是一个没有历史的公司,要求华为的高管始终保持空杯心态,忘记历史,牢记使命,走出疲劳和病态,重新激发活力,让公司走得更稳、更远,开创更加美好的未来。

笔者研究华为23年了,发现在华为的文化里,没有迷恋历史情结,强调一切向前看,时刻铭记自己的核心价值观。华为成立30多年来,从未搞过庆典活动,始终在坚守、践行"以客户为中心"的核心价值观。

空杯心态就是我们常说的"归零心态"。"归零心态"也是一种企业文化。任正非在接受媒体采访时被问到团队建设的"核心密码"时脱口而出:"如果有什么深切的体会,那就是我们经常要求管理者和员工保持归零心态,每月每年都归零。"

在任正非看来,空杯心态就是对过去荣耀、挫折的一种舍弃,也是对自己的一种否定,舍得之后才能获得更多,否定自己需要很大的勇气,但唯有如此才能找到自己的不足,找到应该努力的方向。只有时刻保持空杯心态,勇于放下,才能取得更好的成绩,才能在今后的道路上走得更稳、更远!

是的,核心价值观是任正非和华为的"上甘岭",守住了上甘岭,就守住了公司的未来。至于以往那些辉煌或失败,真的不重要。

【故事点评】

空杯心态是一种挑战自我的永不满足；空杯心态是对自我的不断扬弃和否定；空杯心态就是忘却过去，特别是忘却成功；空杯心态是一种谦逊的态度，随时准备重新开始。一个人如果忘掉自己过去的成绩和荣誉，就不会患得患失，能够坦然面对各种挑战和压力，随时都可以轻装上阵，不断地冲击新的事业巅峰。

这个故事告诉我们，不论是管理者还是普通员工，都应该时时提醒自己，不能沉迷于过去的业绩，要经常调整自己去适应新的变化，定期给自己的内心清零，重新出发。正如任正非所说："过去的成功不是未来成功的可靠向导，不能陶醉于过去的成功、迷信过去成功的经验，要敢于不断地批判自己。一个企业、一个组织，如果总是背负成功与辉煌的包袱，这个企业离死亡也不远了。"

Chapter 8

第八部分

哲思与洞见

一桶糨糊

任正非讲话很接地气，比如他多次讲到"糨糊"一词。糨糊，是一种传统使用的胶黏剂。用面粉或淀粉加水熬制成糊状，即为糨糊。糨糊具有一定的黏稠度，多用于纸张、布料或物品的黏合。

任正非说："我什么都不懂，就懂一桶糨糊。把十几万人黏在一起，才有今天华为这么强大。"

2015年12月18日，清华大学EMBA企业家学员们走进华为，做华为最优实践案例研究和现场课程，《华为基本法》起草人之一、中国人民大学教授彭剑锋作为领队与任正非进行了一次面对面的对话。在谈到他个人的非凡影响力时，任正非竟然说出这样让大家匪夷所思的话：

"我自己什么都不懂，也什么都不会。只能借助比我更专业和更有能力的人。我们不懂管理，就花钱请IBM来帮我们做流程和供应链管理，请Hay来做职位评价体系与任职资格体系。我个人能力不够，只能靠团队智慧来决策、靠机制和制度来管人，所以我们推行轮值CEO制度，形成适度民主加适度集权的组织决策体制。我对具体业务不清楚，我日益远离经营，甚至远离管理，变成一个头脑越来越发达、四肢越来越萎缩的人……"

在一大段几乎自残式的谦虚后，任正非话锋一转："我既不懂技术，也不懂管理，也不懂财务，我就懂一桶糨糊，将这种糨糊倒在华为人身上，将十几万人黏在一起,朝着一个大的方向拼死命地努力。"

2019年9月24日,任正非在华为总部接受德国电视一台采访。当记者问到"您被称为中国的乔布斯,华为在中国被视为一个伟大的企业,怎么做到的?"时,任正非表示自己不是乔布斯,他解释称乔布斯对人类贡献非常大,他创造了移动互联网,而且他在哲学上追求完美。

任正非称自己没有特别精湛的技术,只是提了一桶"糨糊"把十几万员工黏合在一起,让他们努力冲锋,他们奋斗出来的成绩被外界归到了他头上。他思想上信奉灰度,信奉妥协,认为"白"与"黑"之间有一个妥协是灰度。他认为自己没有乔布斯那么伟大,所以不能叫中国乔布斯!

【故事点评】

别人用糨糊黏东西,任正非却用糨糊黏人。任正非懂人性、懂团队,懂得一个"黏"字。其核心就是通过利益分享的机制,将19万多人黏在一起,形成强大的聚合力,朝着一个大的方向努力奋斗。

懂人性,方能懂管理。在对人、对团队有朴素而深刻的理解基础上,任正非在华为创造出了独一无二的制度安排:决定华为不上市,把绝大部分股权分给员工,自己仅拥有公司不到1%的股权。他抓住人性的特点,充分激发人性中积极创造的一面。任正非拎的这一桶糨糊,还真值得琢磨,值得管理者们学习。

有舍才有得

任正非曾在华为讲了一个小故事:

以前,农村有个习俗,每当柿子成熟的季节,农民不会把柿子全都摘光,总会留下几颗柿子在树上,这是为什么呢?这样做一来可以供路上来往的行人需要时享用,二来留给鸟儿过冬吃,让鸟儿不至于在严寒的冬天饿死。

万物有灵,来年开春的时候,鸟儿就会捉树上的虫子,这样,下一年柿子才会丰收。

留几颗柿子在树上,既是一种善行,也是一种互惠互利。

"舍"并不都是失去,终有一天,会是另外一种"得"。

有舍有得,不舍不得,大舍大得,小舍小得。

现代管理学之父彼得·德鲁克说:"伟大的领导者都有一个共同的特质,就是他的内心是大善的,对人有悲悯心。"任正非就是这样一个有悲悯心的企业家、大善人。虽然他表面上好像很严苛,制定了很多严格制度和规则,对干部和员工的要求非常严格,但他这样做的目的,是通过制度来抑制人性中的恶,使人性中向上、向善的一面充分发挥出来,希望来到华为的每个人都能成才、成功。

华为的一位高管向笔者讲了这样一个故事:有一年,华为的一位技术骨干提出离职,因任正非特别看好他,多次找他沟通,恳劝他,挽留他,但遗憾的是没有将他留下来。最后,任正非只好死心。

然而这位骨干的离职申请却迟迟没通过,任正非给一直拖着,有人说:"任总太不近人情了,员工不愿意留下,离职申请怎么还不给通过啊?"

然而,过了12月31日,任正非才同意了这位员工的离职申请。原因是按照华为公司的规定:在每年12月31日前离职的员工一律不发年终奖。

原来,任正非拖着不签字,是为了让这位员工拿到年终奖!那位员工后来拿到了200万元年终奖。

任正非对员工的爱惜之心,深深地赢得了员工的忠心。

经常有人问笔者:余老师,华为任正非为什么能凝聚19万多名知识型员工,做到"枪声"就是命令,指东打东,指西打西?

我说:因为任正非舍得分钱。钱分好了,员工才有干劲。

任正非是目前中国民企持有公司股份最少的创始人。他明白一个道理:有舍才有得。你愿意舍财,别人就愿意追随你。

他曾这样评价自己:"华为公司发展到今天,我自己没做什么实质性的贡献,如果一定要说有什么贡献的话,就是在分钱的问题上我没有犯大的错误。"

全员持股制度应该是华为最大的颠覆性的制度创新,是华为创造奇迹的根本所在。

华为拒绝上市,实行全员持股。员工进入华为工作一两年后,根据表现可获得一定的股权认购额度,员工可自愿购买股份并按照股份获得分红。员工在离职时,所持股份将由华为进行回购。作为华为公司的创始人、总裁,任正非放弃了企业物质利益分享的优先权,他自己仅持有公司不到1%的股份,而其余股份由员工拥有。

有一次,四通集团公司董事长段永基登门拜访任正非。两人谈到华为股份制度时,段永基直截了当地问任正非,"如果有一天华为的其他人联合起来,要将你推翻,把你赶走,你怎么办?"段永基话音刚落,任正非就说道:"如果他们真的联合起来把我赶走,我是欢迎的,我认为这恰恰是一个企业成熟的表现,说明他们已经不再需要我了,这是华为的大好事。"

笔者曾问任正非:"您在华为主要做什么?"任正非回答了两个字:"分钱。"他紧接着说,"外界都说华为人敢于拼命,你们有没有想过,华为人为什么愿意这么玩命干呢?其实就是因为分钱分得好!把钱分好了,很多管理问题就都解决了。"

全员持股和利益分享机制的建立,反映了任正非对员工利益的基本态度,体现了他对员工的真正的尊重,因为人的最基本诉求首先是利益的获取。更重要的是,华为全员持股制度吸引、团结、黏住了大批人才,包括外国员工,增强了员工的归属感,稳住了创业团队,成就了华为今日的辉煌。

任正非深知"财散人聚,财聚人散"的道理。他告诫华为干部:"一定要把最基本的东西想明白。第一,财富这个东西越散越多;第二,权力、名声都是你的追随者赋予你的,假使哪一天你的追随者抛弃你,你的权力,你的所谓的成就感,你在聚光灯下的那些光辉形象,乃至于财富,都会烟消云散、灰飞烟灭。"

【故事点评】

《卧虎藏龙》里有一句话:"当你握紧拳头,手中什么也没有,你松开十指,却能拥有整个世界。"舍得是一种智慧,小舍小得,大舍大得,这是一种明朗大气的做事风格。其实,企业无非就是赚钱、分钱的商业系统,所以薪酬管理是企业经营管理中非常重要的一环。赚钱是能力,分钱是胸怀,能力很重要,但胸怀决定你走多远、走多久!任正非的高明处就在于大智若愚,懂得激发众人的智慧。他舍得分钱,舍得与员工共享公司发展成果。"舍得"是任正非的大智慧,他不仅形成了独特的管理哲学,也创造了华为传奇。诚可谓:"万般神通皆小术,唯有空空是大道。"

静水潜流

任正非最喜欢的一句名言是：静水潜流。这是华为国际化过程中的经验之谈，发人深思，对走在国际化道路上的中国企业也是一种启示。

水代表了世界上最柔弱的东西，但又是战胜其他所有事物最强大的力量。《老子》中就有：天下莫柔弱于水，而攻坚强者莫之能胜，以其无以易之。

上善若水。水善利万物而不争，处众人之所恶，故几于道。

水，以柔克刚，弱者也即强者，天下莫能与之争。

静，是一种没有摇旗呐喊的张扬，不显山不露水，不虚张声势的收敛，是蒋干盗书，看似漫不经心，其实是目标明确，精心策划，含而不露，心机深藏，一切都在不言之中达到目的。

静，并不是真的平静，而是表面看起来是平平静静，其实是春雨润物，水滴石穿，蕴藏着巨大的能量，是"于无声处听惊雷"。

假如你不知水之深浅，拿起石头往水里，水花溅得起响，水声越是响亮，水就越浅，而溅不起什么水花，没有多大的水声，那水一定是深不可测，其蕴藏着的力量是巨大的。这就叫作"静水潜流"。

历经九年的艰苦拓展，经过屡战屡败，屡败屡战，华为终于迎来了海外市场的全面突破。华为不仅完成了国际市场布局，国际市场销售实现连年翻番式增长，并且打入了高端市场，华为的国际品牌和行业地位也不断提升,已经形成与国际接轨的营销方法、模式以及大平台服务体系,积累了海外市场本地化建设的经验。更为重要的是,海外市场的开拓,不仅带动了国内市场的发展,也使华为开始走出严冬,进入了新的发展时期。

华为进入国际市场,是一种必然的趋势,同时是一个艰难困苦的历史过程。对于任何希望实现国际化的企业来讲,国际化的道路并不仅仅是其产品或服务进入国际市场那么简单,也不是单纯以国际市场销售额比重的上升来衡量的。

国际化意味着华为需要全面面对新的市场规则,从学习规则、理解规则、掌握规则,到运用规则和主导规则;国际化意味着华为的经营战略和管理体系将全面地与国际惯例接轨,即企业的经营管理理念、经营战略、组织运作体系、企业文化、内部运作体系、管理机制与制度等全面地接受国际市场规则的考验。华为能否在走出国门的考试中合格,取决于自身的素质与能力,取决于企业走出国门前的修炼。国际化的成败,取决于华为积累的基本功。

走在以生存为底线的国际化道路上,华为走得很艰难,也很执着。九年的国际化道路,迈出的虽然只是一小步,却是有决定意义的一大步。未来的路还很长,需要解决的问题也很多,华为还要义无反顾地走下去。

在国际化过程中,华为应该说是比较扎实和富有成效的,其以生存为底线的国际化道路的尝试,不论是成功的经验,还是失败的教训,都是一笔珍贵的财富。

【故事点评】

任正非一直强调华为的管理要做到"静水潜流"。他要求华为的干部要虚怀若谷,闻过则喜;管理要注意方法,沉着冷静;工作中要低调踏实,耐得住寂寞,甘于平淡,不受外来因素的干扰,专注于自己的目标。只有这样,华为这艘大船,即便遇到外部的惊涛骇浪,内部也不会自乱阵脚。改变现状,也必须是循序渐进的改良,而不是翻天覆地的激进式改革。

非洲尖毛草

如果说薇甘菊是华为精神与基因特质的象征,华为的成长发展模式则更像尖毛草的生长模式,可以称为"倒生长模式"。任正非曾给华为员工讲了一个非洲大草原上的尖毛草的故事。

非洲大草原上生长着一种名为尖毛草的奇特植物。在它生长初期,大概 6 个月的时间里,尖毛草露出地面的高度一直保持在一寸左右。从表面看,就像进入了停滞期。

尖毛草在成长初期,只有一寸多高,孤寂地看眼前其他野草疯长。当同期竞争者都争先恐后向上攀高时,尖毛草就一直这么矮矮地蹲着,不紧不慢的。然而半年过后,一旦雨季来临,它就会像从冬眠中惊醒了一般拔地而起,疯狂生长。这时的尖毛草可以在一天内攀升半米,只需短短几天,它就能超越其他竞争者,傲视群草,成为名副其实的"草地之王"。

为什么尖毛草拥有如此强悍的爆发性生长力?

原来在看似无所作为的半年时间里,它根本就没有闲着。其他野草忙着往上冲,它则默默在地下经营自己的根系,不断向深处探索、汲取养分,存储后续发力的资本。任正非认为尖毛草这种"倒生长模式"折射出了华为对成长的看法,而华为自主研发麒麟芯片的历程正是这种成长模式的典型代表。

如今，华为海思芯片已真正进入向上飙升的成长期，是华为高端商务手机的标配。如果要讲华为的未来，一定离不开芯片，这里暗藏着无限的想象。只有放开眼界，才有可能在这片海洋中畅游。

"野蛮生长"，几乎成为中国企业创业期的成长模式，也成为企业机会主义成长的借口，"风口理论""互联网思维""颠覆性成长"成为主流的企业成长路径。华为的"尖毛草成长模式"即"倒生长模式"为中国企业反思其成长模式带来了有价值的借鉴。

纵观华为三十多年的成长曲线，与尖毛草的成长模式极为相似，笔者称之为"尖毛草成长模式"。

在华为成长初期，为了打好基础，积蓄力量，在聚焦业务发展的同时，关注内部管理，优化组织，搭建平台，梳理流程，构建队伍，构筑文化；关注外部机会，但不做机会主义者；关注短期利益，但不因短期利益而牺牲长期的发展。中国许多企业在成长初期所出的问题，不是因为成长速度太快，而是因为高速成长撕裂了脆弱的内部管理机制。

华为当年制定的《华为基本法》、世界一流的管理体系的引进、组织的优化、高级人才的引进等，实际上就像尖毛草那样在积蓄未来成长的力量，在他人竞相奔走的时候，倒退几步，深蹲下来，调整呼吸，积蓄力量，瞄准目标，控制步伐，为冲刺做准备。正如朱元璋的谋士朱升在朱元璋扛起反元大旗时建言："高筑墙、广积粮、缓称王。"

华为对公司的机会与内外环境作出准确判断后，便集中一切资源，开始发力，释放能量，实现反周期成长。而此时，先行的竞争对手们因为跑得太快，已经身衰力竭，气喘吁吁。接下来华为超越竞争对手就是必然，也是水到渠成的事情。

很多企业都在学华为，以华为为标杆。笔者认为，学华为的当下，不如学华为的过去，学华为的成长路径。

【故事点评】

任正非用非洲草原上尖毛草的生长模式,来比喻华为的成长模式。华为的成长模式与尖毛草一样:聚焦、坚韧、沉静、内敛。在成长初期,抵制诱惑,稳打基础,积蓄力量。当机遇来临时,顺势而为,将积蓄起来的能量释放出来,促进正生长,实现反周期成长。

不做"完人"

很多人都有这样一种心态,希望把自己最好的一面展现给别人,以求得别人的认同。追求完美是上进、积极、进取的表现,值得称赞。但如果想让自己的方方面面,都达到最佳的状态,则是不现实的。这既不符合自然发展规律,也会给自己带来沉重的包袱,最终反而把自己弄得没有特色。

由于客观存在的个人时间、精力、能力等方面的限制,如果在工作过程中刻意追求全面兼顾,则往往导致工作重点不突出,自然也就没有亮点、特点。这类"完人"给人的感觉就是没有什么不好,也看不出哪里有错,但就是说不出哪里好。

"完人"有急切的成功欲、表现欲,什么工作都想做好,最终结果却是没做出亮点,平平庸庸。其实,没必要做"完人",特别是年轻人,不仅仅是因为自身精力、能力有限,还因为如果一味追求完美,可能还会错过更重要的事物。比如:如果有"我很完美,我看上去没有什么错,领导没有批评我"这种自我感觉良好的心态,那就可能被眼前的东西所迷惑,再也不去努力、不去改变、不去挑战自己、不去翻山越岭。因此,任正非希望华为人不要做"完人",做完人很痛苦。

2008年6月,任正非在华为公司干部座谈会上说:

不要做一个完人,做完人很痛苦的。要充分发挥自己的优点,使自己充满信心地去做一个有益于社会的人。

金无足赤,人无完人。完人实际上是很少的,我不希望大家去做一个完人。大家要充分发挥自己的优点,做一个有益于社会的人,这已经很不错了。

我们为了修炼成一个完人,抹去了身上许多的棱角,自己的优势往往被压抑了,成了一个被驯服的工具。但外部的压抑并不会使人的本性完全消失,人的内在本性的优势,与外在完人的表现形式,不断地形成内心冲突,使人非常的痛苦。我希望把你的优势充分发挥出来,贡献于社会,贡献于集体,贡献于我们的事业。每个人的优势加在一起,就可以形成一个具有"完人"特质的集体。

我从小到大就是一个很有争议的人,如果不是这个世界宽容地对待我,我也没有今天。要看人的优点,不要老看缺点,不要求全责备,这个世界上没有完人。当然,在道德品质上必须一票否决。因此,华为用人所长,不求全责备,不拘一格降人才,努力创造条件,使优秀干部和专家快速成长,破格提拔优秀干部。

我的缺点和劣势是明显的。我们公司以前有位员工,已经到美国去了,他走的时候跟我说,你这个人只能当老板,如果你要打工,没有公司会录用你。

任正非还告诉员工,在人生的路上,他希望大家不要努力去做完人。一个人把自己一生的主要精力都用于去改造自己的缺点,等你改造完了对人类有什么贡献呢?他希望大家不要过多关注缺点,多关注自己和他人的优点。

东汉末期的曹操,在招募治国用兵人才时,就公开在《求贤令》中写道:"哪怕有不好的名声、可笑的言行,甚至是不仁不孝之人,只要有治国用兵之术,都不要有所遗漏。"曹操说的是要能容纳一些有才干、有能力但存在明显的道德瑕疵的人。但华为却更看重品德:"一个品德不好的人再有才干也不能进入公司中高层";"一个人如果连自己的亲人都不爱,他一定不会爱祖国、爱人民、爱公司的";"员工人品的好坏将直接影响到客户对公司的认同"。这是华为与曹操在人才鉴定标准上的区别。

任正非的用人、容人,与曹操有所不同,他不能接受品德不好的人。任正非在品德与才干方面,更看重、更强调的是品德。

在企业运作上,华为不追求完美,更崇尚的是"实事求是"和"道法自然"的平衡,即用辩证法的思想来认识事物,不去追求绝对的完美,而去追求合理性,尊重自然规律,按照自然发展规律办事,创造条件,使规律本身发挥作用。

任正非在接受采访时说过这样一句话:"我这一生就是短的,我只做长我这块板,我再拼别人一块长板,拼起来就是一个高桶。每个人都发挥自己的优势,也多看看别人的优点,从而减少自己心里的压抑,要正确地估计自己。"

任正非指出:"绝大多数人都会过高估计自己。我们的豪言壮语如果偏离了我们的实际,你会浪费很多精力,而不能实现你的理想。有一首歌叫《铃儿响叮当》,这首歌现在已经成为西方圣诞节里不可缺少的歌,其作者是约翰·皮尔彭特。他的一生从来就是过高地估计自己,他设计的人生目标最后全都失败了。直到87岁,那天他出去参加别人家的圣诞平安夜聚会,在途中,赶着雪橇车的时候,随意哼唱出这首歌,结果这首歌就成了脍炙人口的世界名曲。你看看,过去的失败,就因为他没有正确对待自己,没有正确对待自己的人生,他浪费了80多年不应该浪费的光阴。"

因此,任正非希望大家要正确估计自己,然后作出对自己的准确判断,这样才能够充分发挥自己的作用。同时,要认识到在这个社会中差距是客观存在的。没有水位差,就不会有水的流动。人和人的差距是永远存在的。即便是同一对父母生下的小孩,也是有差距的,更何况不同父母的人,当自己的同学、同事进步了,自己与他们产生了差距,就应该判断自己是否已经发挥了自己的优势,若已经发挥了,就不要去攀比,若没有发挥好,就发挥出来。

【故事点评】

不做完人是时代的需要。伴随着经济的快速发展和社会的转型升级,如今社会专业分工越来越细,专业化、精细化的要求也越来越高。如果我们还是继续面面俱到地追求"完美",那必然各个方面都只是蜻蜓点水、浅尝辄止。没有工匠精神,社会如何更好地发展呢?从能量守恒角度来讲,一般情况下,一定时期内一个人的能量是恒定的,各个分量之间存在此消彼长的关系。不完美的人,会有一些小的缺点,相反往往也在某些方面有过人之处。有特点,才有亮点。不完美的人有时甚至会犯错误,但只要他的行为不违背底线、不影响公序良俗、没有危害社会,我们都应该理解、包容。总体来看,不完美的人更有助于推动社会进步和变革,有助于改革发展,破旧立新。从这个层面上来讲,不完美的人,恰恰是牺牲了自己"做老好人"的完美形象,来为社会发展变革创造条件、贡献力量。

同时,作为企业管理者,要用人所长,不求全责备,不拘一格降人才,努力创造条件,使优秀人才快速成长,破格提拔优秀干部。我们应该明白,其实在这个世界上,每个人的基因都是不同的,有高有矮,有黑有白,有美有丑。有些缺点的根源来自遗传基因,可能终生都很难改变。因此,我们与其把有限的精力浪费在与基因对抗上,倒不如把有限的精力用在发挥自己的特长上。与其拼尽全力去做一个完美而无个性的人,不如做一个有特点、有价值、有个性的人。

我是个"宅男"

古今中外,凡成大业者或大学问家,无一不是博览群书的。任正非就是一位热爱阅读、勤于思考的企业家。

任正非说:我没有什么业余爱好,平时不吸烟、不喝酒、不去娱乐场所,业余时间就是待在家里看书。他称自己是"宅男",下班就回家,唯一的爱好就是读书。

几十年来,任正非孜孜不倦地阅读,连出差时必带的物品都是书籍,基本上一个礼拜要读一两本书,每天看几本杂志。

华为的一位高管介绍,任正非平时喜欢阅读政治、军事、经济、社会、人文等方面的书籍,中外历史方面的书读得最多,而很少读小说和管理之类的书。他认为小说太假,不真实,而很多管理类书籍都是教授们闭门造车,读多了限制思想,真正的管理哪是几条原理那么简单。

有人问任正非:您最喜欢哪本书?哪本书对您影响最深?

任正非说:"我读过很多书,我喜欢稻盛和夫的书,但不知哪本书影响了我,思想是怎么生成的。我脑袋里产生的想法我也找不到源头在哪里。"

他看书时还喜欢在书上做批注,写读书心得,然后与华为人分享。每当他看到好书、好文章和好看的电视剧,还忙不迭地推荐给公司高管。他曾向华为高管们推荐了10多本书,其中包括《五角大楼之脑》《隆美尔战时文件》《CEO 的海军陆战队》《战时日记》《国际商法》《闪击英雄》《失去的胜利》《超限战》《落难英雄丁盛将军回忆录》《华为之熵,光明之矢》等。

此外,任正非还向华为员工推荐了《价值为纲》《黄沙百战穿金甲》《以客户为中心》《以奋斗者为本》《枪林弹雨中成长》《厚积薄发》《迈向新赛道》《华为没有秘密》《下一个倒下的是不是华为》等 10 多本书籍。领导人的品位也熏陶了这家卓越公司,日渐将华为的视野推升到哲学与历史的高度。

任正非是技术出身,知识面广,志存高远,眼界开阔,富有思想,他在部队服役时就是"学毛著标兵"。他现在虽然已经七十几岁了,但他的思想始终处于高度开放的鲜活状态,思维非常敏捷,讲话逻辑性很强,而且富有哲理。这一点我们可以从他的讲话和所写的文章中得到证实。

笔者有一次在北京首都机场偶遇任正非,发现他正在看英国战略家利德尔·哈特所著的《隆美尔战时文件》。该书整理了隆美尔在北非作战期间所保存的大量战时文档,里面许多内容都反映了如何在运动中集中兵力,如何在点上突破进而取得全局胜利,以及当将军的真谛。他读完后还推荐华为高管们阅读。

任正非说:"只有产生一批设想挖掘巴拿马运河、苏伊士运河这样具有大视野的思想家和战略家,华为才能称得上是国际企业。华为要想走向世界,必须培养出有大局观的人才,具备敏锐的市场洞察能力。"因为,他深知,随着自己渐渐老去,华为迟早需要新的"船长"带领大家继续披荆斩棘。

任正非曾说过:"如果我们的队伍都只会英勇奋战,思想和方向错了,我们越厉害,华为未来的发展就越有问题。所以我们希望你们中间能产生思想家,不光是技术专家,要产生思想家,构筑未来的世界。将来华为的轮值董事长要做思想家,手脚都要砍掉,只剩下一个脑袋,首席执行官也要做一名战略家,应该站在全局视野上看系统结构,先将其屁股砍掉,让其不能坐在局部利益上。"

对于华为而言,还有很长的路要走,会遇到很多艰难险阻,需要更高瞻远瞩的领导者,这就是任正非向华为干部荐书的初衷。当然,仅靠读书是培养不出思想家和战略家的,也锻炼不出华为的接班人。但是我们能从任正非的这个举动中看出,企业的最高领导者一定要养成终身学习的好习惯,只有这样才能与时俱进,带领企业不断发展壮大!

在任正非看来,"学习本身不是目的,学会举一反三,灵活运用知识才是真正的目的。为此,就必须进行积极、认真的思考,弄清知识的来龙去脉以及知识的有机联系。如果学到的东西不经头脑加工,就好比吃下的食物未经口腔咀嚼、肠胃消化,即便是美味佳肴,也不会被身体吸取一样,非但无益,反而有害"。

任正非认为,学习与思考是人们在获取知识过程中的两个相辅相成、密不可分的思维活动。一味学习,而不思考,只能被书本牵着鼻子走,就会被书本所累,从而受到书本表象的迷惑而不得其解。所谓尽信书则不如无书。只学习不思考不行,只思考不学习也不行。只有将二者正确地结合起来,才算真正懂得了学习与思考的辩证关系。

任正非平时很少和别人闲聊,他会有计划地去挑选好书来读,有针对性地和人交流。他一直处在学习、思考、求生存的状态。所以说,他一直有着超乎寻常的对现实的担忧、对未来辉煌的向往,焦虑感与成就感交织,被时不我待的使命感驱使着前行,放下名利,专心于自己的事业。

在任正非的思想体系中,你不仅可以看到中国古代传统的哲学智慧,比如"无为而治""力出一孔,利出一孔""深淘滩,低作堰""自利则生,利他则久""财聚人散"等,也可以看到近代毛泽东思想中的"批判与自我批判""农村包围城市";不仅可以看到文学作品中的丹柯,而且可以看到第二次世界大战期间的美国英雄人物"蓝血十杰";不仅可以看到"凤凰""乌龟""狼狈",还可以看到"黑寡妇""猫头鹰",甚至是"眼镜蛇";另外,"青纱帐""土八路""上甘岭""炮楼"等的隐喻更是比比皆是。

华为所有的管理思想,要么是学动植物,要么是学美国、学毛泽东、学军队,都是通过生活化的案例进行学习。

任正非是一位兼具哲学思想与人文情怀的企业家,也是一位史学发烧友,始终"以史为鉴"。从任正非所写的文章和内部讲话中,我们可以体味到这位伟大企业家的思维轨迹,分析他是如何做企业的;可以更贴近地感受到真实的任正非,更直接地理解华为公司的过去、现在和未来。

2009年,任正非在游览四川都江堰时,从李冰父子治水的故事中得到启示,写了一篇名为《深淘滩,低作堰》的文章,第一次明确提出:"将来的竞争就是一条产业链与一条产业链的竞争。从上游到下游的产业链的整体强健,就是华为生存之本。"把常识推到极致就是宗教。这句话用在任正非和华为的身上是恰如其分的。

任正非具备极强的学习能力,他看电视剧《大秦帝国》,对商鞅这位中国历史上杰出的悲剧性改革家充满了敬重,又充满遗憾。他说:"商鞅变法的路子是对的,可惜太激进,变革不能太激进,会人为增加变革的成本。"

任正非认为企业家要终身学习。他从中国人民大学、浙江大学请了几位大学教授做顾问,顾问们的办公室和他的办公室挨着,他只要一有时间就跟教授们泡在一起辩论。有时候他跟教授们拍桌子,辩论完他就走了,隔了一会,他又晃回来继续聊,刚才教授批判他的观点已经变成他的了,而且从他口里说出来比教授的水平更高、更有思想、更有深度。

任正非一直倡导华为高管们要有"宽文化背景"。他说:"未来公司需要什么样的干部,我认为未来公司需要的管理干部是对市场有深刻体验和宽文化背景的人。宽文化背景怎么理解,'大杂烩',什么都懂一点。要成为华为的高级干部必须要有宽文化背景,干部要进行必要的循环,这是宽文化学习的好机会。"

什么是任正非定义中的"大杂烩"?历史、哲学、军事、天文地理、古今中外,无所不包。这是他30多年来一贯的倡导,他不仅对中高级干部这么要求,甚至在10多年前的秘书工作会议上,也这样要求公司的秘书们。

读的书多了、杂了，文化背景深厚了，同时在实践中又时常面对和处理各种复杂情形，一般来说，一个人的思维方式就会变得系统、多元，而不会简单、机械，不是非黑即白。领导者最可贵的就是灰度思维。

任正非的思维极其开阔，经常有一些天马行空的观点，但这一切观点都离不开华为，他自觉不自觉地把各种思想火花，与华为这个组织的生死相关联，也许正是他把华为放到更大的背景中去思考，从而能够不断地看开、看透、看淡——既不可能建立永恒的帝国，也不存在永恒的伟大者，其实华为也不过是个过客，只求把过程做到最好。只有看开、看透、看淡，才能更少一些名与利的负累，才能无所畏惧地持续奋斗，做大战风车的"堂吉诃德"——事实上，华为30余年的历史，就是一部东方的"堂吉诃德"大战西方"风车"的历史。

著名管理学家、中国人民大学教授彭剑锋先生曾写过一篇题为《任正非的学习与"血洗"》的文章，任正非看到这篇文章后对他说："我就是要'血洗'你们的知识！知识只有'洗'完以后才是你的。"

思考是孤独的，难以让商业领袖享受到成就感。30多年来，任正非思维的兴奋点几乎从没有离开过华为。他是一个白手起家的知识型退伍军人，一个从来都不甘居于人后的理想家，一个贫困潦倒、走投无路、43岁才开始创业的男人。一种或自发、或自觉的使命感，使他对华为付出了全部的身心。

【故事点评】

学习，是人一生当中最重要的事情，我们应该活到老、学到老。未来的文盲不是指不识字的人，而是不勤于学习和思考的人。学习能力、思维能力、创新能力是构成现代人才体系的三大能力。学习是思考的基础，思考是学习的升华。在学习的基础上思考，思考才能深入。在思考的前提下学习，学习才有效果。同时对所学的知识必须结合实际反复运用，知识才能巩固,技能才可纯熟,这就是我们掌握知识的必由之路。

任正非告诉我们,任何一个人在学校里学习的知识总是有限的,如果不能养成终身学习的习惯,你就很难成长。整个社会经济不断发展,技术不断升级迭代,生活在其中的人一定是需要不断学习的。从实践中学习,做完事情后给自己一点总结反思的时间,并养成这种习惯,只有这样,才能不断地成长。

华为之熵

任正非对"熵"有着深入研究,是国内最早把熵的概念引入到企业管理中并系统阐述的企业家。他将热力学理论引入华为公司治理系统,是对公司运作和管理的一次创新。

2017年9月,华为总裁办发布了题为《华为之熵,光明之矢》的邮件,该文系统阐述了任正非的"熵减"思想。

2019年7月,华为大学编辑出版了一本书《熵减:华为的活力之源》,该书精心挑选华为内部针对任正非华为管理思想中的"熵""熵减"等概念的讨论成果,其中既有华为高层在管理理念层面的反思,也有中层及一线员工践行过程中的经验总结。任正非亲自为该书作序。

任正非在序言中生动地阐述了"熵减"观点:

熵减的过程是痛苦的,前途是光明的。水从青藏高原流到大海,是能量释放的过程,一路欢歌笑语,泉水叮咚,泉水叮咚,泛起阵阵欢乐的浪花。遇山绕过去,遇洼地填成湖,绝不争斗。若流到大海再不回来,人类社会就死了。

当我们用水泵把水抽到高处的时候,是用外力恢复它的能量,这个熵减过程多么痛苦呀!水泵叶片飞速地旋转,狠狠击打着水,把水打到高处,你听到过水在管子里的呻吟吗?我听见过:"妈妈我不学钢琴呀!""我想多睡一会。""妈妈痛,好痛呀!我不要让叶片舅舅打我呀!我做作业了。"

人的熵减同样,从幼儿园认字、弹琴到小学学数学,从中学到本科、硕士、博士,考试前的不眠之夜……好不容易毕业了,又要接受 ABC 的考核、末位淘汰等的挤压。熵减的过程十分痛苦,十分痛苦呀!但结果都是光明的。从小就不学习,不努力,熵增的结果是痛苦的,我想重来一次,但没有来生。人和自然界,因为都有能量转换,才能增加势能,才使人类社会这么美好。

我们一定要加强中、高级干部和专家的实践循环,在循环中扩大视野、增长见识,提高能力。这就是熵减。万物生长是熵减,战略预备队循环流动是熵减,干部增加实践知识是熵减,破格提拔干部也是熵减,合理的年龄退休也是熵减。

实际上,早在 2012 年,任正非在七篇文章和多次讲话中提到了"熵"这个概念。任正非为什么如此重视"熵"这个概念?究竟什么是华为之熵?华为靠什么来熵减呢?

"熵"原本是热力学第二定律的概念,能量是有效能量加上无效能量构成的,有效能量可以做功,无效能量就是无法再利用的能量。熵就是无效能量的一种度量方式。熵的理论暗含了个人成长和组织管理的科学方法。其物理意义代表系统的无序程度。无序程度增加,是熵增;反之则是熵减。

物理学家薛定谔说:"人活着就是在对抗熵增定律,生命以负熵为食。自然万物都趋向从有序到无序,即熵值增加。而生命需要通过不断抵消其生活中产生的正熵,使自己维持在一个稳定而低的熵水平上。生命以负熵为生。"

管理学大师彼得·德鲁克把熵引入管理学:"管理要做的只有一件事情,就是如何对抗熵增。在这个过程中,企业的生命力才会增加,而不是默默走向死亡。"

小到一株草,大到一个社会,其实都可以用熵这个概念来解释。一个人，如果不吃不喝也不动，很快会走向死亡。一个企业，如果不能持续创新和进步，很快就会被淘汰，最终走向灭亡。

在这个物理学的概念里，既隐藏着企业最终的发展趋势——熵死，也同样提供了解药。

任正非认为，熵减的过程是痛苦的，前途是光明的。要保持华为的竞争力，熵减运动必不可少。

从个人的微观层面来说，华为希望从人力资源管理角度，探索如何激发生命的活力，激发员工的活力，解决人的惰怠和熵增问题，从而产生推动华为发展的力量。

人的天性会使其在富裕以后变得惰怠，这种自发的演变趋势并不是客观规律，人的主观能动性是可以改变它的。组织的责任就是逆自发演变规律而行动，以利益的分配为驱动力，阻止惰怠的生成。民意、网络表达多数带有自发性，组织却不能随波逐流。组织的无作为，就会导致熵死。整个华为公司就是遵循这样的熵减机制，希望通过建立耗散结构，通过战略牵引吐故，把旧的技能、旧的思想等冗余的组织吐掉，进而实现纳新，把新的开放、打破平衡和负熵因子引入进来，并以此从旧的无效走向新的有效。

【故事点评】

熵减的目的就是"每个人在最佳时间，以最佳角色，做出最佳贡献"。华为的熵减包括炸开人才金字塔，破格提拔人才，向满广志、坤山学习，激发人的正能量，用合理的价值分配来撬动价值创造，吐故纳新，淘汰倦怠员工等。

华为的发展不是偶然的，任正非创造的管理思想和战略起着决定性的作用。华为之所以不易被人理解，一个重大原因就是任正非的管理思想，其源头上摆脱了商学院式的理论框架，仿佛黄河源头的九曲十八弯，既有观察现实世界、不断实践的人性感悟，也有横贯东西方的科学和哲学洞察。

可以说,华为之熵是任正非管理思想的精华!

企业也遵循从创立、成长,到成熟,最后衰退的规律。很多大公司的倒下,并不是因为被对手击垮,而是由于自身组织和人员的自大、封闭、惰怠等,使其在时代的风口失去了转向的能力。最坚固的堡垒都是从内部攻破的,这个内部的"罪魁祸首"就是熵增。

熵增会贯穿企业发展始终,像某些人类的疾病一样无法根治。熵减就是激活组织和激活组织成员。华为做熵减,就是逆向做功,激发正能量,坚持核心价值观不能变。如果不做功,企业发展的趋势就是走向灭亡。企业想生存就要逆向做功,把能量从低到高抽上来,增加势能,这样企业就会持续发展。

可以说熵增定律揭示了所有生命和非生命的演化规律,比如没有生命的手机会变卡、地上积灰尘。有生命的个人,自律比懒惰要痛苦,放弃比坚持更轻松。正如任正非所说:"熵减的前途是光明的……熵增的结果是痛苦的,我想重来一次,但没有来生。"

万事万物从诞生那一刻起都在走向死亡的路上。死亡才是永恒的,我们能做的只能是延缓死亡的过程。要延缓死亡,就需要打破系统的平衡和稳定,保持系统的活力。熵和生命活力,就像两支时间之矢,一头拽着我们进入无穷的黑暗,一头拉扯着我们走向永恒的光明。

灰度

任正非是中国企业家中少有的思想家和哲学家,也是"灰度管理理论"的开创者和实践者。灰度是任正非的世界观和思维方式,也是任正非认知与洞察管理世界的坐标。依据灰度的世界观和思维模式,任正非发展了一套系统的管理哲学、管理体系和管理方法论,这就是任正非的"灰度管理理论"。

任正非2009年1月15日在《开放、妥协与灰度》一文中写道:

一个领导人重要的素质是方向、节奏。他的水平就是合适的灰度。

一个清晰方向,是在混沌中产生的,是从灰色中脱颖而出的,而方向是随时间与空间而变的,它常常又会变得不清晰。并不是非白即黑,非此即彼。合理地掌握合适的灰度,使各种影响发展的要素在一段时间内保持和谐,这种和谐的过程叫妥协,这种和谐的结果叫灰度。

没有妥协就没有灰度。妥协其实是非常务实、通权达变的丛林智慧。凡是人性丛林里的智者,都懂得在恰当时机接受别人妥协,或向别人提出妥协,毕竟人要生存,靠的是理性,而不是意气。

坚持正确的方向,与妥协并不矛盾;相反,妥协是对坚定不移的正确方向的坚持。

当目标方向清楚了,如果此路不通,我们妥协一下,绕个弯,总比在原地踏步要好,干吗要一头撞到南墙上?

妥协并不意味着放弃原则,一味地让步。明智的妥协是一种适当的交换。为了实现主要的目标,可以在次要的目标上做出适当的让步。这种妥协并不是完全放弃原则,而是以退为进,通过适当的交换来确保目标的实现。

相反,不明智的妥协,就是缺乏适当的权衡,或是因坚持了次要目标而放弃了主要目标,或是因妥协的代价过高而遭受不必要的损失。

明智的妥协是一种让步的艺术,妥协是一种美德,而掌握这种高超的艺术,是管理者的必备素质。只有妥协,才能实现"双赢"和"多赢",否则必然两败俱伤。因为妥协能够消除冲突,拒绝妥协,必然是对抗的前奏。

如果我们的各级干部真正领悟了妥协的艺术,学会了宽容,保持开放的心态,就会真正达到灰度的境界,就能够在正确的道路上走得更远,走得更扎实。

任正非的灰度理论主要体现在六个方面:以灰度看待人性,以灰度看待未来,以灰度看待企业中的关系,以灰度培养与选拔干部,以灰度把握经营管理节奏,以灰度洞察商业环境。

第一,以灰度看待人性,就必须摒弃非黑即白、爱憎分明、一分为二的思维方式。人性是复杂的,几千年来,人们对人性的研究一直处于停滞状态。无非是性善,性恶;或者是天使,魔鬼;抑或是X假设,Y假设。

而以灰度理论来看,人力是一种资源,管理者与管理的使命就在于激发人的正能量,抑制人的负能量,团结一切可以团结的人,调动一切可以调动的积极性,挖掘一切可以挖掘的潜力,实现公司的目标与战略。

任正非说:"我们真正的干部政策是灰色一点,桥归桥,路归路,不要把功过搅在一起。不要疾恶如仇,黑白分明……干部有些想法或存在一些问题很正常,没有人没有问题。"如果说任正非是"人性大师",那么他对人性的深刻洞察,无疑是基于灰度理论的。

第二，以灰度看待未来，看战略与目标。面对黑天鹅，面对灰犀牛，面对蝴蝶效应，既不盲目乐观，也不盲目悲观，未来有阳光灿烂，也有疾风骤雨；既不冒进，也不保守。有灰度，方能视野开阔，把握不确定性，看清未来的方向，认清未来发展的战略目标。

基于灰度理论，任正非为进入"无人区"的华为指明了未来的方向："坚定不移的正确方向来自灰度、妥协与宽容"，"不能依据不同的时间、空间，掌握一定的灰度，就难有合理、审时度势的正确决策"。

第三，以灰度看待企业中的关系。在企业经营管理中存在着大量相互矛盾和相互制衡的关系，如激励与约束、扩张与控制、集权与放权、内部与外部、继承与创新、经营与管理、短期利益与长期利益、团队合作与尊重个性，等等，这些关系构成了黑白两端，互不相让地影响着企业的决策，也逼迫企业做出选择。

任正非看待和处理这些关系，既不走极端，也不玩平衡，而是针对内外部关系做出智慧的决策，其核心就是依据灰度理论，抓住主要矛盾和矛盾的主要方面，有效地运用这些矛盾内含的能量，将这些矛盾变为公司的发展动力。

第四，以灰度培养与选拔干部。任正非把灰度作为干部的领导力和经营管理能力的重要内容，同时也作为选拔干部的重要标准。他认为，"开放、妥协、灰度是华为文化的精髓，也是一个领导者的风范"，"如何去理解'开放、妥协、灰度'？不要认为这是一个简单的问题，黑和白永远都有固定的标准，什么时候深灰一点，什么时候浅灰一点？干部就是要掌握灰度"。干部放下了黑白、是非，就会有广阔的视野和胸怀，就能够海纳百川，心存高远。他所提倡的"砍掉高层的手脚"，实际上就是让高层管理者把握灰度观，形成灰度思维，并以此洞察人性，在混沌中把握方向，理性地处理企业中的各种矛盾与关系。在处理犯了错误的干部时，他也一直采用灰度的方式，在明处高高地举起拳头，私下则轻轻地安抚，既不一棍子打死，也不放任纵容,对事旗帜鲜明,对人宽容妥协。

第五,以灰度把握企业管理节奏。任正非一直强调,作为高级管理者,在企业经营管理过程中,必须紧紧盯住三个关键点:方向、节奏与人均效率。当企业的方向大致正确之后,经营管理节奏的把握就成为领导力的关键。面对企业中的各种问题,性格急躁的任正非肯定是着急的,但在具体实施过程中他又表现出极大的忍耐力和容忍力。他在说的时候,是疾风骤雨、电闪雷鸣,但具体实施的时候,又能和风细雨、润物无声。这种"着急和等不及"与"不着急和等得及"就是任正非灰度管理的最好体现。

第六,以灰度洞察商业环境。任正非对于外部商业环境是以灰度的视角来洞察的,他认为确定性是企业发展的敌人,要拥抱外部环境的不确定性;他从来不抱怨外部商业环境的险恶,总是以乐观主义的态度评价宏观层面的问题;他把竞争对手称为"友商",并把"与友商共同发展,既是竞争对手,也是合作伙伴,共同创造良好的生存空间,共享价值链的利益"作为公司的战略之一;他崇尚以色列前总理伊扎克·拉宾的"以土地换和平"的观念,自称是"拉宾的学生"。

任正非曾说过:决策的过程是灰色的,所以决策层必须有开放的思维、妥协的精神,这样才能集思广益。但越朝下,越要强调执行。高层决策要忌快忌急,慢一些会少出错;基层却要讲速度、讲效率。

"灰度给了我更大的心胸,我用它来包容整个世界。"是的,一个企业家只有学会了宽容,保持开放的心态,才能真正达到"灰度"的境界,才能够在正确的道路上走得更远,走得更扎实。

灰度不仅是一种世界观,更重要的是一种思维方式。正如任正非所言:"灰度是常态,黑与白是哲学上的假设,所以,我们反对在公司管理上走极端,提倡系统性思维。"

【故事点评】

灰度管理思想突破了将一切事物都一分为二看待的简单思维。在管理的过程中,管理者在看待一个方案、看待一个员工时,不能简单地说这个方案可行还是不可行,这个员工优秀还是不优秀。一些人或一些事在没有绝对正确或错误的情况下,管理者要找出介于两种结论之间的办法,也就是将管理延伸到一个能够伸缩的缓冲地带,也就是灰色地带。

在任正非看来,妥协是管理的一个重要方式。管理是一门高深的艺术,并不是非错即对、非黑即白那么简单的。管理中最重要的是中间的灰度,灰度管理是指在黑与白的管理之间寻求平衡。

华为管理顾问吴春波老师对任正非的灰度理论有很深的研究。他认为,有灰度的人一定是很痛苦的,或者说一定经过了痛苦的思考与修炼的过程。任正非的独到之处在于,他没有基于自己的性格特点来管理华为,而是基于灰度理论,把个人性格与作为企业领袖的任职资格完美地结合到一起,相得益彰、天衣无缝地形成一套系统的经营管理哲学,灰度管理理论就是其中重要的组成部分。

以华为为平台,任正非将其付诸华为的经营管理实践。而华为的经营发展实践,也验证了任正非的灰度管理理论。

Chapter 9

第九部分

铁骨与柔情

向死而生

任正非一直是中国企业家中的硬汉。2019年美国政府的禁令一出,华为的零部件"断供"潮一波接着一波,从禁售、到软件和操作系统,再到芯片,华为面临着生死存亡的严峻挑战。面对美国的霸凌,华为能挺住吗?

任正非的表态是:"短期内有一定影响,但已经做好了应对的准备,华为有能力渡过难关。目前,我们公司整体情况是好的,整个公司嗷嗷叫,不怕谁。我们有能力自己站起来。大家要不断研究,加强国际交流,不断开放思想。只有敢于敞开心胸,容纳人才,我们才有未来。"

2019年6月23日,任正非在华为IRB(投资评审委员会)战略务虚研讨会上讲话时说:对华为而言,最重要的是活下去。一个企业活下去并不容易,要始终健康地活下去更难。因为它每时每刻都面对激烈的市场竞争,面对企业内部复杂的人际关系,面对变幻莫测的外部环境。企业必须时刻处在发展的过程中,在不断改进和提高的过程中,才能活下去。

对华为公司来讲,长期要研究的是如何活下去,寻找活下去的理由、活下去的价值。活下去的基础是不断提高核心竞争力,而提高企业竞争力的必然结果是企业的发展壮大。这是一个闭合循环。

任正非认为,华为还是要踏踏实实继续做学问,过去的三十余年,华为从几十人对准一个"城墙口"冲锋,到几千人、几万人、十几万人都对准同一个"城墙口"冲锋,攻打这个"城墙口"的"炮弹"已经增加到每年150亿—200亿美元了,全世界很少有公司敢于像华为这样对同一个"城墙口"进行集中投入,要相信华为领导行业的能力。华为有的研究所已经在单点上实现突破,领先世界了,要继续在单点突破的基础上,在同方向上多点突破,并逐步横向拉通,在未来3—5年内,华为是有信心保持竞争力的。

面对自2019年以来的巨大压力和挑战,华为选择的是宁可向前一步死,绝不退后半步生。华为为什么要做出如此选择呢?

如果华为选择暂时退让、妥协,会不会比现在好受一点,答案是肯定的。但是,任正非毫不犹豫地选择了向死而生!

任正非告诫运营商业务部门的干部:"未来十年华为会在极端艰难的条件下,打一场混战,除了保持坚定不移的战略方向外,灵活机动的战略战术也非常重要;要保持战略耐心与定力,面对困难,要心有惊雷,面不改色;华为要有打持久战的心理准备。"

号称"没有远大理想",其实是任正非的自谦。他很清楚,华为的路走向何方,以及该怎么走。多年前,他认定华为的长远发展方向是网络设备供应商——这是公司核心竞争力的重要体现。有了这个导向,华为才不会迷失方向。长期以来,华为不断向西方学习,吸取他人长处,补己短板,打败了世界通信巨头,如今更是在代表新一轮科技革命的5G上冲到了世界前沿。

其实,在美国的极限打压之下,华为并没有按下暂停键,而是选择按下开始键。

在2020年9月10日举办的华为开发者大会上,华为发布了鸿蒙OS 2.0系统和EMUI 11,华为消费者业务CEO余承东明确表示,2021年华为全部智能手机将支持鸿蒙OS 2.0系统。2021年4月前,该系统将推出面向平板、内存手机在内的设备的版本;2021年10月,将向更多全场景终端设备开放。

随着美国政府的步步紧逼，目前，华为人已经放弃幻想，主动寻找自救出路。

他们按照既定方案和节奏，继续加大研发投入，推进业务，意在规避含有美国技术的产品，同时加速推进笔记本、智慧屏业务，通过自力更生、艰苦奋斗，在困难期间，实现自给自足。这里面最值得关注的应该就是鸿蒙系统和芯片供应了，因为华为的产品包括笔记本电脑、手机等，要想实现真正的去美国化，操作系统和芯片供应是必须解决的问题。

从终端业务延续来看，华为正在全力加速芯片的补漏以及操作系统、移动应用软件的迭代，手机业务外的平板、电脑以及手表等的相关业务也在逐步展开。

目前HMS在全球已经有180万开发者，集成HMS的应用数量超过9.6万个，超过6万多个海外应用上架了华为应用市场（App Gallery），头部的3000个应用已经有超过80%在华为应用市场可以下载。

任正非公开表示："我们需要创新，找到一个一个的机会点。求生的欲望使我们振奋起来，寻找自救的道路。无论怎样，我们不会记恨美国，我们仍然要坚持自强、开放的道路不变。你要真正强大起来，就要向一切人学习，包括自己的敌人。"

德国哲学家马丁·海德格尔曾用理性的推理详细地讨论了死的概念，并最终对人如何面对无法避免的死亡给出了一个终极答案：生命意义上的倒计时法——"向死而生"。海德格尔是站在哲学理性思维高度，用"死"的概念来激发人们内在"生"的欲望，以此激发人们的生命活力。这种倒计时法让人们明白：生命是可以延长的。

在《华为的冬天》一文中，任正非直言"繁荣的背后就是萧条"，如果华为不能居安思危，就必死无疑，因为"物极必反"是客观规律。

华为10多年前对"生存极限的假设"以及目前面临的境况，有过"向死而生"的推演。我们相信置之死地而后生的华为，在美国"围剿"下最终会变得更强大,冲到世界科技的巅峰。

【故事点评】

"向死而生"不仅是华为的战斗精神,也是在伤痕累累中绝地反击的意志与底气,更是生存哲学。

任正非更是用战争思维指导商业运营的企业家,他认为"进攻是最好的防守",中美贸易冲突是一场国运博弈战,极端困难的外部条件,会倒逼华为变得更加强大。华为将继续加大投入,不论是5G还是芯片,华为都不会放弃。任正非号召19万多名华为铁军:"面对巨大外部压力和挑战,华为宁可向前一步死,绝不退后半步生。要让打胜仗的思想成为一种信仰,没有退路就是胜利之路。"我们也相信华为一定会打赢这场不见硝烟的战争,并在生死存亡的关键时刻创造新奇迹。

投降没有出路

任正非在华为 2018 年 IRB 战略务虚研讨会上说道：

投降没有出路。我们要做好三个战略准备：一是重视体验，以商业需求曲线和技术生长曲线叠加的最大值作为战略目标，视频技术将远远超过人眼需求，是一个战略城墙口；二是每条战线要收缩一些边缘性投资，在关键领域加大投资，避免生命线被卡住；三是现在和美国赛跑，已经到了提枪跨马上战场的时候，美国排外，会有一大批科学家离开，我们要改变用人的格局和机制，敞开心胸，容纳人才，他们想在哪儿，我们就把他们安置在哪儿。

2019 年 6 月 20 日，任正非在华为 EMT 会议上再次强调：公司已经进入战时状态，每个体系都要调整到冲锋状态，不要有条条框框，要发挥所有人的聪明才智，英勇作战，努力向前冲。华为公司未来要拖着这个世界往前走，自己创造标准。只要能做成世界最先进，那我们就是标准，别人都会向我们靠拢。未来三至五年，相信我们公司会焕然一新，全部"换枪换炮"，所以我们一定要打赢这场战争。

【故事点评】

不浪费一场危机的机会,在直面磨难中发展壮大,靠的是不屈不挠、坚韧不拔,靠的是大智慧、大格局,靠的是开放合作、团结一心。任正非的硬气,要归功于华为的未雨绸缪,更得益于华为持续的对研发的高投入,华为牢牢掌握了业内很多核心技术,所以能"泰山崩于前而色不变"。

伊尔-2 战斗机

行伍出身的任正非非常喜欢战斗机,他在华为经常讲军队和战斗机的故事。

2019 年 5 月 21 日,在华为深圳总部举行的媒体见面会上,任正非拿出了一张"烂飞机"的照片,上面印有"没有伤痕累累,哪来皮糙肉厚,英雄自古多磨难"。

伊尔-2 战斗机到底是什么样的飞机,能让任正非如此推崇?任正非饶有兴趣地给记者讲述了这架"烂飞机"的故事:

伊尔-2是二战中苏军的战机,又叫"黑色死神",是第二次世界大战期间苏联的一种对地强击机、航空史上单产量第二大的军用飞机。

1938年,面对西方国家的技术封锁,著名飞机设计师伊留申率领团队,开始研制全新的对地强击机。卫国战争爆发之前,这种正式被命名为伊尔-2的新战机刚装备给苏联红军。

这种强击机对敌方地面目标特别是坦克具有强大的突击力,在战斗中取得了非凡的战绩,成为著名的坦克杀手,让德军闻风丧胆,称它为"黑色死神"。

二战期间,即使被打得像筛子一样、浑身弹孔累累的伊尔-2飞机,依然坚持飞行,最终安全返回。

获得"苏联英雄"称号的苏联空军上将拜杜科夫这样描述:"伊尔-2!前线所有人都喜欢这种出色的飞机——苏联设计师和工人同志的杰作。尤其在战场上直接支援步兵和坦克作战时,它更是不可替代的……飞机的生命力让人叹服,机翼被子弹打穿,一侧支离破碎,飞机照样能飞,还能正常降落。即使稳定器只剩下不到一半,它还能飞!无论是坚不可摧的装甲,强劲可靠的发动机,还是简洁明快的结构,没有别的飞机能与它媲美……"

凭借在卫国战争中获得的卓越战绩,以及它所代表的不屈精神,伊尔-2享誉世界,苏联领导人将伊尔-2评价为"如同红军的面包和空气般不可或缺"。

任正非解释说:"我在网站上看到这张'烂飞机'照片,觉得很像我们公司目前的情况,所以打印发给大家。我们的运营商业务部门认为自己就是这架飞机,他们就自己拿来广播了。后来梳理下来发现,运营商业务部门反而还没有大的问题,因为有十几年的充分准备。我们现在的情况就是一边飞一边修飞机,争取能够飞回来。"

记者问任正非,飞机之所以能飞回来,是不是因为要害部位没有受损,如果要害部位受到攻击,还怎么能飞回来?

任正非讲了两个故事来回答记者的疑问：只要有人在，哪怕失去一切，都可以重振雄风。

二战时的德国和日本。德国因为不投降，最后被炸得片瓦未存，除了雅尔塔留下准备开会，其余地方全被炸成平地。日本也受到了强烈轰炸，如果不投降，美军也要将其全境炸平，最终日本采取了妥协的方法，保留天皇，日本投降，没有被完全摧毁，但是大量的工业基础被摧毁了。

当时有一个著名的口号"什么都没有了，只要人还在，就可以重振雄风"，没多少年德国就振兴了，所有房子都修复得跟过去一样。日本的经济也快速恢复，得益于他们的人才、得益于他们的教育、得益于他们的基础，这点是最主要的。所有一切失去了，不能失去的是"人"，人的素质、人的技能、人的信心很重要。

任正非进一步解释道，华为有三个板块，只有网络连接部门能称霸世界。

美国打的是这个部门，"烂飞机"说的也是这个部门。现在梳理下来发现，因为准备时间长，这个部门困难少，反而别的部门困难多。在5G、光传输、核心网等领域，华为不仅不会受到打击，还会领先世界很多年。

任正非非常喜爱这架"烂飞机"的图片。此前，他就曾把扣押在加拿大的女儿孟晚舟比作这架飞机。

他说："儿女大了，他们成长太顺利了，受点磨难应该是好事。没有伤痕累累，哪来皮糙肉厚，英雄自古多磨难。我认为这个磨难对她本人也是巨大的财富。经过这些困难，会让她意志更加坚强，对她的成长更加有利。"他还补充道，"这些磨难将使她变得更强大，并为未来面对更大的事情做好准备。所以就让她继续煎熬吧！"

【故事点评】

任正非把当前处于至暗时刻的华为，比作一架在战斗中受到重创的伊尔-2飞机。这架在二战中被打得像筛子一样、浑身弹孔累累的伊尔-2飞机,依然坚持飞行,最终安全返回。正如这张"烂飞机"图片上的宣传语:"没有伤痕累累,哪来皮糙肉厚,英雄自古多磨难。"这架飞机如此,华为亦如此!华为一直秉承的是一种顽强不息、拼搏奋进的精神。

星光不问赶路人

任正非的每次讲话,都成为外界观察华为最新思考的窗口。2020年6月19日,任正非发表了以《星光不问赶路人》为题的内部讲话。

我们不要因美国一时打压我们而沮丧,放弃全球化的战略,不全球化是不行的。

过去几百年来,西方科技像灯塔一样照亮了人类追赶的道路,不仅仅是飞机、火车、汽车、轮船、收音机、卡拉OK……要尊重这些文明国家、尊重先做出贡献的先辈。今天华为已积累到一定程度了,也想要学习先辈,在无人区点亮5G的灯塔,做出我们应有的贡献,回报世界给我们的引导,让我们的光辉也照亮大家共同前行。

当华为尝试迈出第一步,刚刚擦亮一根火柴,企图点亮一座灯塔时,就受到美国的不理解,不理智的一棒打下来,一开始我们还真以为是我们合规犯了什么错误,在自查自纠;接着第二棒、第三棒又打下来,一棒比一棒狠,我们才知道是要打死我们,并不是小羊在上游喝了什么水。求生的欲望,使我们振奋起来了。全体员工表明了,"宁可向前一步死,决不后退半步生"。我们并不以此灰心,我们也不会怨恨,美国仍然是世界的科技灯塔,我们仍然要一切向先进的人学习。

"星光不问赶路人,岁月不负有心人"出自大冰的作品《我不》。意思是无论出身,无论学识,无论目标,只要你勇于在暗夜前行,星光总会照亮前行的路,只要跟随着"星光"(智者)的指引去坚持,不久的将来,肯定能实现心中所愿。

任正非在讲话中回忆了华为三十余年来的战略,认为华为的战略假设与现实遭遇并不一致。现在华为必须全面靠自己打造产品。任正非表示,时代证实了华为过去的战略是偏斜的,是不完全正确的,华为的能力很不符合现实生存与发展的需求。但是,华为有信心、有决心活下来。华为也别无选择,只有义无反顾,坚持自强与国际合作来解决目前的困境。

华为的研发实力领先业界,但是在研究力量和方向配备上,要敢于大胆突破,敢于将鸿蒙推入竞争,鲲鹏和昇腾的生态发展与软件的开发决不停步。

值得一提的是,任正非在此次讲话中对研发提了"聚焦"要求,在场景化应用中,必须重视客户需求,必须依靠行业专家,如煤矿军团要探索出一条 5G+人工智能改变社会的道路来,真正使 5G 改变社会成为现实。不能再简单地认为,以"连接为主"去加什么,就会是什么,这会误导我们努力的方向,增加客户的负担。

此次讲话任正非重点强调了利润的重要性,尤其提到创造价值、创造利润的重要性。他认为华为是一个科技集团,更是一个商业集团,成功的标志还是在盈利的能力,没有粮食,心会发慌。不要空谈,要走上前线,支撑胜利,创造利润,要逐渐从销售收入导向,转向加大利润的考核权重,各产品线、各地区部不要盲目地争夺什么第一,更要关注夯实生存与发展的基石。现在华为没有长期争夺第一的基础条件。要创造价值、合理利润,使公司健康成长。

人才是核心竞争力,尽管身处困境,稀缺人才依旧是任正非关注的重点。任正非鼓励华为 2012 实验室要敞开胸怀,周公吐哺,引进人才,特别是稀缺人才或天才,在薪酬上也要跟上水平,坚定不移地向前进,不要考虑公司的财力,要积累起领先世界产品的要素能力与技术能力,造就一大批有综合能力的领袖。

任正非表示,华为的一切都要继续正常运转。在未来三到五年薪酬结构不会变化的原则下,让优秀员工加速进步。在待遇政策不变的基础上,晋升下降机制逐步优化,素质要与贡献结合起来考核,坚持在战火中选拔优秀员工的路线不动摇。宰相必起于州郡,猛将必发于卒伍。

【故事点评】

任正非的《星光不问赶路人》这篇讲话道出了华为应对危机的战略和华为未来的发展方向,让世界为之震撼。

任正非的这篇文章主要表达了五个方面的内容:一是强调华为在科学上要敢于大胆突破,敢于将鸿蒙推入竞争,鲲鹏和昇腾的生态发展与软件的开发决不停步。二是鼓舞士气,不要因美国一时打压而沮丧,放弃全球化的战略。三是要敞开胸怀,周公吐哺,引进人才,特别是稀缺人才或天才,坚决不移地向前进,不要考虑公司的财力。四是强调创造利润的重要性,企业成功的标志还是在盈利的能力上。华为要逐渐从销售收入导向,转向加大利润的考核权重,只有保持合理的利润,公司才能健康成长。五是华为要向一切先进的人学习。

任正非的《星光不问赶路人》,显示了华为的定力、魄力、能力。美军上将马丁·邓普西说过:"要让打胜仗的思想成为一种信仰;没有退路就是胜利之路。"任正非告诉华为人,在困难面前,我们别无选择,只有义无反顾地去奋斗。无论外部环境多么复杂,压力多大,华为内部还要继续维持其强大的斗志、执行力。跨过去这个坎,华为将会真正的爆发,无论是5G、鸿蒙系统、芯片,还是人工智能以及未来的6G,华为都将是最强参与者和领导者。

请客吃饭，上级买单

华为公司内部有一个规定，只要是有上级参与的非公就餐，必须由上级来结账，也就是"请客吃饭，上级买单"。

任正非说："我鼓励华为各级干部经常'吃吃喝喝'，但是有一个规矩——谁官大谁买单。"

这一规定已经列入 2013 年的《华为公司干部工作作风的八条要求》，此规定的第二条提出："不给上级送礼（贺卡、邮件、短信、鲜花除外）。有上级参加的非因公就餐应由上级付账（AA 制除外），更不允许以公费名义报销因私就餐费用。"

在很多场合，任正非都提到要发扬光大华为的"吃文化"："你感觉自己进步了，就自己请自己撮一顿；你要当好领导，那么，多请部下吃几顿饭，在轻松自由的氛围里，很轻易就做到了上下沟通，协同工作，部门的效率也就提高了；你想做大秘书也要多请客，你的工作经过沟通而开放了，大家帮助你，互相又了解，你就能成为'大秘'；搞管理的，更要经常这样在一起聚餐，谁请下属吃饭多，谁升得就快。"

华为管理顾问吴春波在《华为没有秘密》写道："2015 年 5 月一个周末，任总约我出去喝茶，因堵车，去得晚了，喝茶改成了吃饭。吃完饭，任总说还是按老规矩，我来结账。20 多年来，我与任正非一起吃过多次饭，每次都是他抢着付钱。"

在华为，还流传着老板任正非请驻外员工叶树吃饭的故事。

叶树是一位已经在北极圈驻扎多年的华为员工，代表了无数离别故土、远离亲情、穿行在世界各地的开拓者。2002年3月18日，叶树根据自己在俄罗斯北极地区安装GSM设备的经历，撰写了《北极圈内的华为GSM》一文，他在文章中许了一个心愿："只想祈求北极的这股北风，能把我们的喜悦一路吹到中国去，吹到南部中国那座年轻的城市里，吹到那群年轻的人群中去。"

说者无意，听者有心。时隔八年，2010年8月，任正非去北冰洋看望员工，亲身体会到了那里的艰苦。回来后他说："我们各级部门，都要关心在艰苦地区工作的员工的学习与成长，那儿接收新的信息难，接触尖端技术难，但他们的精神十分宝贵。"任正非在内部发邮件说："什么时候他（叶树）回深圳，我想请他吃饭。"

正准备出国的叶树听说此事后，非常感动，表示"任总的这封邮件是我收到的最好的送行礼物，也是北极圈这个团队，以及同样在海外奋斗过的兄弟姐妹们得到的最好的礼物"。

【故事点评】

在外人眼里，任正非只有事业，永远没有柔情。但人性终究是复杂的，工作中，任正非是一个"六亲不认"的"暴君"；生活中，他却是一个充满温情的感性之人。

民间有一个说法："领导请你吃饭，不是让你品尝美食，而是让你过来买单。"很多领导喜欢吃喝，却是巧立名目让下属请客，把团队搞得乌烟瘴气。试问，这种喜欢占下属便宜的领导，下属能服他吗？团队风气能好吗？作为一名合格的领导者，应该向任正非学习，要鼓励各级管理者做一个"吃货"，经常跟下属一起吃吃饭、聊聊天，以增进沟通，提振士气。但是，有一个铁律：请客吃饭上级买单，绝不允许下属请领导。

"我一生中最大的憾事"

1987年,任正非因上当受骗被南油集团炒了鱿鱼,此时,他的妻子又与他离了婚,失去经济来源的他,把父母亲接到深圳一起生活。在父母亲的支持和鼓励下,他度过了人生最灰暗、最艰难的时期。

任正非在《我的父亲母亲》一文中写道:"我一生中最大的憾事就是在我母亲去世的时候,我看了母亲最后一眼,母亲溘然去世。如果8日上午我给母亲打了电话,拖延她一两分钟出门,也许她就躲过了这场灾难……这是我一生中最大的憾事!"

前几年我每年也去看看母亲,但一下飞机就给办事处接走了,说这个客户很重要,要拜见一下,那个客户很重要,要陪他们吃顿饭,忙来忙去,忙到上飞机时回家取行李,与父母匆匆一别。母亲盼星星盼月亮,盼着唠唠家常,一次又一次的落空。他们总是说你工作重要,先工作,先工作。

2001年2月3日,由于我要赶回北京,随胡锦涛副主席访问伊朗,在昆明我只能待一天。

这次我还与母亲约好,今年春节我不工作,哪儿也不去,与几个弟妹陪她到海南过春节,好好聊一聊,痛痛快快聊一聊。以前,我节假日多为出国,因中国过节,外国这时不过节,正好多一些时间工作,这次我是彻底想明白了,要陪陪母亲,我这一生还没有好好陪过她。没想到终成泡影。

2月8日那天,圆满结束对伊朗的访问,我们刚把胡副主席送上飞机,就接到纪平的电话，说我母亲上午10时左右，从菜市场出来，提着两小包菜，被汽车撞成重伤，孙总已前往昆明组织抢救。由于相隔千万里，伊朗的通信太差，真使人心急火燎。飞机要多次中转才能回来，在巴林转机要待6.5个小时，真是心如煎熬，又遇巴林雷雨，飞机又延误2个小时，到曼谷时又再晚了10分钟，没有及时赶上回昆明的飞机，直到深夜才赶到昆明。

回到昆明，就知道母亲不行了，她的头部全部给撞坏了，当时的心跳、呼吸全是靠药物和机器维持，之所以在电话上不告诉我，是怕我在旅途中出事。我看见母亲一声不响地安详地躺在病床上，不用操劳、烦心，好像她一生也没有这么休息过。

我看了母亲最后一眼，母亲溘然去世。1995年我父亲也是因为在昆明街头的小摊上，买了一瓶塑料包装的软饮料喝后，拉肚子，一直到全身衰竭去世。

……

回顾我自己已走过的历史，唯一有愧的是对不起父母，没条件时没有照顾他们，有条件时也没有照顾他们。（注：由于受版面限制，本文收录时有删节压缩）

任正非后来到日本访问时说，"我写的《我的父亲母亲》一文，日本朋友也译成了日文、英文让员工传阅，他们误认为我是孝子。我是因为没有尽到照顾父母的责任，精神才如此内疚与痛苦。我把全部精力献给了工作，忘了父母的安危，实际上是一个不称职的儿子。"

【故事点评】

任正非讲的这个故事催人泪下。任正非怀着极大的愧疚和痛苦的心情追忆去世的母亲，从这个故事中我们能真切地感受到他在写此文时滴落的泪水和浓浓亲情。正如联想创始人柳传志所说："这是一位企业家灵魂的自我表白，是一位孝子如泣如诉的祭文，更是中国当代商业领袖艰辛成长史的写照。"

悼念杨琳

1997年3月30日,任正非得知华为市场部秘书处主任杨琳在旅途中出车祸身亡的消息后极为震惊,内心万分悲痛。

杨琳即将从市场部调到华为公司总裁办担任任正非的秘书,任正非亲自撰文悼念自己"未能上任"的秘书杨琳,《悼念杨琳》一文刊发在《华为人》报上。阅读此文,我们可以感受到任正非内心最柔软的一面。

休假归来,郑黎告诉我杨琳在海南旅游出车祸已去世了,顿时我惊呆了。我还问了是哪个杨琳,郑黎说是市场部的杨琳。我立即打电话找张建国,他家人讲他出差了,我还诧异了,节日期间出什么差。我又打电话给几位公司领导,结果他们都知道杨琳出车祸了,因为我在外地,他们关心我的身体和安全,没有即时告诉我。但已经组织善后队伍出去了,张建国、朱建萍、唐明惠、唐修文早已飞去海南了。顿时我泪如雨下,多么好的一位同志,我们从此再也看不见她了。

半个月前,她还在来自市场前线的汇报会上,代表100多名秘书发言呢! 她的音容笑貌还在我们脑中萦绕,而现在香消玉殒了。

杨琳什么时候来公司的,已记不清了,我本人几年来也没有与她说过几句话、谈过一次心。对她的了解是从每次评工资的标杆争论里,是从大大小小的各会务准备过程,是从她作为市场部秘书代表在汇报上的发言中。杨琳是一位出色的秘书,踏踏实实、不声不响、一点一滴的,一直做到市场部秘书处的主任,她让市场部秘书们在秘书大比武中获得了较好的成绩;她定期对秘书文档的检查评比、规范,都收到了很好的效果。

前一次市场部的高层领导与我谈,市场发展太快了,杨琳的管理有点跟不上了。我说,一是人力不足,事务太多。我答应在春节后补充一大批秘书给她们,把管理者的压力降下来,使她们有学习的机会。二是春节后杨琳调到我的办公室来,给我做几个月的秘书,我来带一带,培养培养这些革命功臣,不要忘记这些英雄。旅游车的相撞,使她成了我未能上任的秘书,我悔不该前几年不能挤十分钟与她多说几句话,也算送一送她。这些年来,我几乎卖给了市场部,不停地让我出访、接待客户,竟然很少有时间与员工谈心,这会成为我将来的一大悔恨。

她永远作为一名无名英雄,被我们怀念。我建议熟悉她的人,要把她的事迹写出来以教育后人,向她学习。

华为的光辉是由成千上万微小的萤火虫点燃的。萤火虫拼命发光的时候,并不考虑别人是否看清了它的脸,光是否是它发出的。没有人的时候,他们仍在发光,保持了华为的光辉与品牌,默默无闻,毫不计较。他们在消耗自己的青春、健康和生命。华为是由无数无名英雄组成的,而且无数的无名英雄还要继续涌入,他们已在创造历史,华为的光辉历史,我们永远不要忘记他们。当我们的产品覆盖全球时,我们要来纪念这些为华为的发展贡献了青春与热血的萤火虫。(注:由于受版面限制,本文收录时有删节压缩)

【故事点评】

杨琳是任正非"未能上任"的秘书,她其实代表了十几万名拥有奉献精神的华为战士!华为能有今天的规模,正是因为有一批一批前赴后继的奋斗者冲锋在前线。任何时候,做企业必须拼搏,不拼搏就没有出路,这也是华为强调"惶者生存",到今天还持续坚持艰苦奋斗的原因。

在写这本书稿时,笔者又认真读了一遍任正非写的《悼念杨琳》这篇文章,读到"把最无私的爱藏于最深的心底"时,心灵又一次受到震撼。士为知己者死!通过这个感人故事,您还认为任正非只有"狼性",没有"人性",没有人情味吗?

"我对不起女儿"

2018年12月1日,任正非的大女儿、华为副董事长孟晚舟从香港飞往布宜诺斯艾利斯,中途停留温哥华机场。应美国的要求,加拿大执法部门趁机将其非法逮捕。虽然孟晚舟现在已经保释,但仍被软禁在异国他乡,有家难回,前途未卜。

在被加拿大拘押的第二天,孟晚舟通过丈夫,给父亲任正非写了一张纸条:"爸爸,所有的矛头都是对准你的,你要小心一点。"

任正非后来在接受采访时透露:"按原计划,我将和孟晚舟同在加拿大转机,后因故延期,遂在他地转机。"由此可见,美国的矛头最初主要对准的是华为掌门人任正非,只是由于航班延期,任正非躲过一劫,孟晚舟替父蒙难。

2019年,任正非多次在华为总部接受中外媒体采访,在谈到女儿孟晚舟时,任正非真情流露:"我非常想念我的女儿","我对不起女儿"。

任正非说:"孟晚舟和我本来是去阿根廷开同一个会议,而且她还是会议的主要主持者。她是在加拿大转机,不幸就被扣留了。我晚她两天才出发,是从另外的地方转机的。我们会通过法律程序来解决这件事情。作为孟晚舟的父亲,首先感谢中国政府维护孟晚舟作为中国公民的权益,为她提供了领事保护。我也感谢社会各界人士对孟晚舟所表达的支持、关心和关注。"

任正非还透露："我非常想念我的女儿。我与女儿(晚舟)现在就是打打电话,讲讲笑话,晚舟也很坚强"。

任正非平静地说："我这辈子最对不起的就是自己的孩子,孩子很小的时候我就去当兵了,和小孩的沟通很少,也没有建立起感情。我创业时太忙,与他们的沟通时间少,我年轻时公司处于生存的垂死挣扎中,很少与小孩来往,我亏欠他们太多。他们自己对自己要求很高,他们很努力,比如小女儿中学时每个星期要跳 15 个小时的舞蹈,大学时做作业做到凌晨两点,甚至四五点钟。"

记者又问："那您后悔吗?"

任正非说："没有后悔,只是对不起女儿,她(孟晚舟)是替我受罪……"

任正非这一番话让我们看到,这个营收千亿、中国最强科技企业的领军人,其实也有柔情的一面,在谈论女儿时也会眼睛湿润,因为在此时,他只是一个父亲。

任正非之所以觉得自己亏欠女儿太多,主要是在女儿童年时期,自己没有尽到做父亲的责任。

父女俩虽然在同一个公司上班,但碰面的机会很少,只有开重要会议时才能坐在一起,但谈论的依旧是工作上的事。

任正非整天忙于工作,对女儿不够关心,对女儿关怀的话说得太少,深藏于心不免让人觉得有点冷淡,所以他说"对不起女儿"。

2019 年 10 月 25 日是任正非 75 岁的生日。当日上午,"华为心声社区"贴出其女儿孟晚舟微信朋友圈的最新截图。在这条朋友圈中,孟晚舟用排比句"父爱如高山、如天空、如大海"来表达对父亲的感谢,并遥祝父亲生日快乐!

这条朋友圈还附上了一张孟晚舟的照片和署名"猪儿"(孟晚舟)致老爸的信。

　　孟晚舟同时在朋友圈配发了一张照片,她的脚踝上依旧戴着电子镣铐。

　　这封信字迹娟秀,字里行间的父女亲情真挚动人。照片上的孟晚舟穿着黑色羊绒上衣、搭配棕色真丝半身裙,挽着简单的发髻,优雅美丽,即便脚戴镣铐,依旧气度从容,面带笑容望着远方,明暗的光影弥漫着一种浪漫主义情调。

　　很多网友看到她脚上依旧戴着电子脚镣,心酸不已!一位网友留言:明明文字这么俏皮轻松,怎么看着还是热泪盈眶了呢?!

　　网友把这种身陷囹圄却还舒适优雅的大气称为"晚舟 style",而这 style 当然并非一朝一夕炼成的。

　　后来,有记者问任正非:您长期以来总是回避媒体采访,但是自从发生孟晚舟事件后,您却一反常态,频繁接受国内外媒体的采访,是为了救您的女儿吗?

> 老爸，
>
> 又是你的生日了，不知不觉中，你又年轻了一岁。
>
> 往年你的生日，我们都会团聚在一起。你这个寿星总是会亲自下厨，做我们喜欢吃的各种菜菜，总是会从下午四点就开始追命连环call，催着我们赶紧回家。今年，女儿无法陪在你的身边，尝你的饭菜，听你的唠叨，摸你的胡碴，亲你的笑脸，还有，受你的批评！这些，都请你先欠着哈，等我回来，你再慢慢地还哈！
>
> 亲爱的老爸，生日快乐！
>
> 猪儿
> 2019年10月25日

任正非回答说："我也不只是为了救我的女儿，也为了救我们公司，所以我要挺身而出。"

孟晚舟在加拿大法庭上大义凛然地说："我是清白的，我不怕死，但绝不让华为和中国蒙羞！"拳拳之心，令人感佩！

后来，华为员工特意制作了一款"盼归杯"，将美好的心愿印在杯子上："灯塔在守候，晚舟早归航。"

华为董事长梁华表示："这是在孟晚舟事件后，华为员工特意制作的，用以声援孟晚舟。我本人也很牵挂她，我们应该更好地聚焦工作，案件已

盼归杯

在司法过程中,华为将继续支持孟晚舟追求正义与自由。华为内部应该更好地做好本职工作,困难和挑战让我们更坚强。感谢全球所有支持华为和孟晚舟的人!"

2020年12月5日,加拿大司法部表示,"只要孟晚舟承认部分控罪,她就可以回国"。面对"回国的诱惑",孟晚舟义正词严地予以回绝:"我是无辜的,没有犯下任何美国、加拿大方面所指控的罪行,不会承认莫须有的罪名。"虎父无犬子,孟晚舟不愧是任正非的女儿!

我国外交部新闻发言人也再次明确表示:"孟晚舟女士是无辜的,孟晚舟事件的性质十分清楚、明确,完全是美国政府出于打压中国高技术企业发展的政治目的,而加拿大在其中扮演了非常不光彩的角色,是一起彻头彻尾的、地地道道的严重政治事件。中国政府维护中国公民和企业正当合法权益的决心坚定不移,将继续敦促加方认真对待中方的严正立场和关切,纠正错误做法,尽快释放孟晚舟。"

【故事点评】

"冷酷"一词是外界对任正非比较常见的一个评价。任正非性格暴躁,脾气不好，说话往往直言不讳。其实，任正非的内心从不缺乏细腻柔情。"我非常想念我的女儿"，"我亏欠女儿太多，陪伴太少"，"女儿是替我受罪"，从任正非这些话中，足见他的慈父之心！

　　孟晚舟是一个普通的人，任正非又何尝不是一个普通的父亲、一个普通的老人？但为了救女儿，76岁的任正非一改过去的神秘低调，挺身而出，频繁接受中外媒体采访，回应外界关切；为了带领华为走出困境，他选择了坚强，面对美国的极限打压，他并没有妥协，想尽一切办法解决断供的难题。从这个故事中，我们不仅看到了任正非铮铮铁骨的一面，也看到了他父女连心、柔情似水的一面。"灯塔在守候，晚舟早归来"，我们祝愿孟晚舟早日归来！

后记

这本书是我继出版《华为还能走多远》《华为知识型员工管理之道：用好人，分好钱》《任正非：成就员工就是最好的人性管理》《任正非和华为：非常人非常道》之后的第五本华为系列作品，也是我追踪采访和潜心研究华为23年取得的又一项成果，倾注了我很多的心血。这些书出版后受到广大读者的欢迎与好评，并入选各类畅销书榜。对于一名作家而言，作品被广大读者认可是最大的满足！

众所周知，任总善于演讲，是一位讲故事的高手，大家都热衷于听他讲故事。因为，故事直接打动的是人心，而非头脑；打动的是人的感情，而非理性。相比理论思辨和道德说教，故事更容易被记住、被传播，听者更容易产生效仿的情感冲动。

为了写好这本书，我专门到深圳住了3个月时间，每天与华为职员一起喝咖啡，聊天，听他们讲任总给他们讲的故事。我把这些故事详细地记录下来。应讲述者的要求，我在这里隐去了他们的姓名，谢谢他们的支持和无私奉献！

为了确保故事的真实性，我用了一年多的时间，查阅了任正非历年的400余篇讲话，翻阅了自1996年以来《华为人》报和大量文献资料，然后分类整理、精心挑选出了任总讲的100个经典故事，奉献给广大读者，唯愿大家能从中获取智慧与启迪。

为了便于读者理解这些故事,我在写作过程中引用了任总讲的原话,交代了故事的背景和出处,讲述了不为人知的细节和轶事,同时对故事进行了深入解读,并对每个故事进行了点评。

带着钦佩和感动,终于写完了这部书稿。2020 年,对于华为,对于中国,对于全世界,对于我们自己来说,都是极不平凡、难以忘怀的一年。在历时一年多的写作过程中,华为不畏强敌、艰苦奋斗、惊心动魄、跌宕起伏、向死而生的感人故事一直鼓舞着我。当我从电脑里调出书稿时,心情并不轻松释然。笨拙的笔无法记录全部,留给我的还有许多遗憾,有待今后弥补!读者若能从这些故事中获得一点启发或感悟,我将为自己艰辛的劳动感到无限的欣慰!

这本书能够顺利出版,得益于华中科技大学出版社社长阮海洪、总编辑姜新祺的大力支持,他们在审阅书稿后欣然决定出版本书,并将本书列为公司 2021 年重点图书。大众分社社长亢博剑精心策划,为本书出版付出了辛勤的劳动。我在此向他们表示衷心的感谢!

由于本人水平有限,再加上时间仓促,书中难免出现不当和浅显之处,敬请读者原谅、指正。欢迎您对本书提出宝贵意见或建议,在此先行表示感谢!我的电子信箱:ysh5198@163.com,微信:ysh752522712(加微信时请务必注明您的真实姓名、工作单位和职务)。期待与您交流!

佘胜海

2021 年 1 月 8 日于北大燕园